자신과 마주하는

임제록

자신과 마주하는 임제록

관심觀心 성운갑 강설

조계종
출판사

컴퓨터와 인터넷으로 촉발된 현대사회의 지식 정보혁명은 우리 인간 생활에 획기적인 변화를 가져왔다. 정보혁명과 과학기술의 발달로 산업사회에서 정보사회로 변화하면서 자본과 노동보다 지식과 정보가 중요시되며, 이것이 가치 창출로 이어지고 있다. 여기서 한 발 더 나아가 인류의 모든 정보와 지식, 그리고 데이터가 글로벌 차원에서 서로 연결·융합되어 새로운 산업과 가치를 창출하는 초연결 사회超連結社會로 이행되어가고 있다.

4차 산업혁명 시대의 특징인 초연결 사회는 세상의 모든 만물에 다양한 센서를 장착하여 인터넷으로 연결되고Internet of Things, IOT/Internet of Everything, IOE, 환경과 우리의 지능까지 컴퓨터화되며, 오프라인Off-Line의 현실 세계와 온라인On-Line의 가상 세계가 결합되어 현실과 가상공간의 구별이 없어진다. 그리고 머지않아 사고, 학습, 자기 계발 등을 컴퓨터가 대신하는 인공지능 사회가 도래할 것이라 예측되고 있다.

물리적 세계의 사물이 네트워킹과 컴퓨팅 능력을 탑재하게 되면, 사물은 살아 있는 사물로 거듭 태어나고, 사람과 소통하는 주체로서 기능하게 된다. 또한 센서 기술과 인공지능 기술이 발전하면서 인간의 감각기관이 신체 밖으로 나온다. 모터가 인간의 운동기관 역할을 대신하고, 컴퓨터가 인간의 신경계를 대신한다. 향후 인간의 운동기관, 감각기관, 신경계를 하나의 생물체로 엮은 '생물과 컴퓨터의 융합 시대'로 나아갈 전망이다. 융합 시대의 상징이라고 할 수 있는 사이보그CYBernetic ORGanism는 넓은 의미로 자율제어 기술cybernetic과 생명체organism의 결합이며 생명체와 기계를 뒤섞은 존재라고 할 수 있다.

이렇게 되면 사이보그는 인간인지 로봇인지 구분이 점점 힘들어지게 된다. 지금까지는 인간, 기계, 로봇, AI(인공지능) 등의 기술이 따로 분리하여 존재했다. 그러나 초연결 사회에서는 상호 간에 연결성이 깊어지면서 인간 그 자체의 의미를 재정립하는 문제에 봉착하게 되는 것이다.

결국 진정한 자아 정체성이 모호해지고 자기를 잃어버리는 현실에 직면할 때 우리는 자신의 정체성에 대해 심각하게 질문하게 될 것이다. 즉 "진정한 나 자신은 무엇인가?" 하는 근본적인 질문을 스스로 던지게 되는 것이다. 따라서 우리의 정체성을 진정 이해하고 확립하는 것이야말로 앞으로 고도화되는 초연결 사회에서 우리가 해야 할 가장 시급하고 중요한 일이라 하지 않을 수 없다. 우리가 우리 자신의 당체當體를 이해하게 될 때, 우리가 어디에서 와서 어디로 가는지를 알게 된다. 세상이 무엇인지, 그리고 어떻게 살아야 하는지를 알게 되는 것이다.

이러한 본질적이고 근본적인 질문을 하지 않음으로써 그 해답도 찾지 못한다면, 우리는 살아도 제대로 삶의 진수를 맛보지 못하고 사는 것이며, 자신이 진정 무엇인지도 모르고 살아가기 마련이다.

우리의 본질을 추구하는 질문이야말로 근본적인 질문이다. 이 근본 질문에 답하는 것이야말로 이 시대를 사는 우리 모두에게 주어진 시대 소명이며, 타고날 때부터 지니고 있는 삶의 존재 이유이다.

이러한 점에서 『임제록臨濟錄』은 현대를 사는 우리에게 주어진 시대 소명인 자기의 정체성, 즉 우리 자신의 당체, 참모습을 찾는 작업에 진정한 빛을 밝혀주는 크나큰 등불이 될 수 있다고 믿어 의심치 않는다. 『임제록』만큼 그 어떤 것도 우리 자신의 실상을 여실히 들여다보고 정체성을 확실하게 제시하고 있는 것은 없기 때문이다. 그래서 자신의 정체성 확립이라는 시대정신에 참으로 부합하는 『임제록』을 통해 우리 자신의 본래 모습을 찾아가는 데 도움이 되고자 『임제록』을 해설해야 되겠다는 뜻을 세우고 이 글을 쓰게 되었다.

임제 의현臨濟義玄(?~867) 스님은 자신들의 참모습을 자기 마음속에서 찾을 생각은 하지 않고 문자나 언어 등 외상外相이나 타인에게서 찾고 구하는 것을 극력 반대했다. 그래서 불수인혹不受人惑이라 하여 다른 사람의 유혹이나 속임수에 넘어가지 말라고 했다. 우리의 참모습은 우리 자신에게 있고, 우리는 타고날 때부터 이러한 능력을 이미 지니고 있다는 것이다. 이러한 임제 스님의 정신은 자칫 복잡다단한 현대사회에서 길을 잃고 헤매게 될 우리들에게 바른길을 제시한다.

임제 스님은 달마의 정통 법맥을 이은 6조 혜능 선사의 5대손으로, 선불교의 정신을 우뚝 세운 거목이다. 『임제록』은 예로부터 모든 선서禪書 가운데 왕이라는 칭호를 들어왔으며, 진서珍書 중의 진서로 평가받았다. 그래서 선이라고 하면 임제 스님을 대표적으로 떠올리고, 선종 중에서도 임제종이 실질적으로 천하를 지배하고 종풍이 계속 이어져 왔다.

우리가 일반적으로 성품이니 부처니 하고 말할 때, 그것은 상당히 개념적·추상적으로 우리에게 다가오는 것이 사실이다. 그러나 임제 스님은 '활발발한 용用'으로, 그것도 눈앞에서 그대로 작용하는 살아 있는 부처로서 자신을 거듭 태어나게 하고 있다. 마음의 법을 저 멀리 밖에 있는 그 무엇이 아니라 바로 눈앞에서 작용하는, 현실적인 마음작용으로 정립한 것이다. 진리는 저 멀리 우리가 닿을 수도 없고 가볼 수도 없는 곳에 있지 않고, 바로 지금 눈앞에서 그대로 작용하고 있다. 임제 스님은 이렇게 목전현용目前現用하는 자신의 움직임이 진정한 살아 있는 부처임을 강조한다. 경전 속에 있는 죽은 문자 부처에 매달리지 말라고 한다. 임제 스님을 통해 우리 자신이 살아 있는 부처라는 사실에 눈뜨게 되며, 평상시의 마음이 진여의 작용이자 도이며 일상사의 일 그 자체가 부처의 일임을 깨닫게 된다. 그렇게 우리는 존귀한 존재이고 귀인貴人이다.

임제 스님은 강조점이 분명 여타의 고승 대덕들과는 다른 데가 있다. 조사 스님에 따라서는 성품에 강조점을 두고 불성佛性을 위주로 하는 견성법見性法을 강조하는 경우가 있는가 하면, 성품보다는 작용의 뜻이 강한 마음을 강조하는 스님도 있다. 특히 마조 도일馬祖道一(709~788) 스님은 마음을 강조하여 '즉심즉불卽心卽佛', '평상심시도平常心是道'라 했다. 그러나 임제 스님은 성품이나 마음보다는 성품의 작용, 마음의 작용에 더욱더 강조점을 둔다. 지금 법문을 듣고 있는 자신으로서 청법저인聽法底人, 차별 없는 참사람으로서 무위진인無位眞人 등 자기 자신에 강조점을 둔다. 『임제록』은 한마디로 "작용하는 자신이 부처"임을 만천하에 알리고 있다. 지금 그리고 여기에서 보고 듣고 말하고 행동하는, 살아 움직이는 자신이 진정한 부처라는 것이다.

『임제록』을 해설하면서 핵심을 놓치지 않으려고 나름대로 노력해

보았으나 여전히 눈 밝은 사람이 보면 미진한 점이 많을 것이다.

임제 스님은 이름을 떠나고 문자를 떠날 것을 강조하고, 임제 자신이 한 말이나 글귀도 따라가서는 안 되며, 경전과 어록은 모두 '똥을 닦는 휴지'라고 말했다. 여기에다 해설이니 강의니 하여 또다시 언어를 덧붙이고 문자를 추가함으로써 참으로 허물에 허물을 더하고 쓸데없는 군더더기를 추가할 뿐이라는 생각이 들기도 한다.

모든 법문은 독약이라는 말이 있다. '팔만대장경'은 달을 가리키는 손가락으로, 누구든지 손가락을 보지 말고 달을 보아야 한다고 말한다. 팔만대장경만이 아니라 모든 조사 스님들이 말한 법문 역시 손가락이기는 마찬가지다. 손가락만 쳐다보면 모두가 그 말에 다 죽는다. 그래서 독약이다. 임제 스님의 속 깊은 뜻은 문자나 글귀에 따라가지 말고, 고정관념에도 머무르지 말고, 말 밖에 있는 근본 뜻을 알아차리라고 하는 말씀이다. '근본 뜻', 즉 '달'을 보라는 말씀이다.

필자는 말 속의 깊은 뜻을 깨달아 들어가는 데 조금이라도 도움이 되었으면 하는 바람으로 『임제록』을 해설했다고 밝혀두고 싶다. 부디 이 『임제록』 해설을 읽으면서 문자와 글귀에 따라가지 말고 말 밖에 있는 깊은 참뜻을 깨우치길 빌어본다. 이 책이 자신의 정체성을 찾아가는 작업에 조금이라도 일조가 되었으면 하는 서원을 가져보며 독자 제위의 많은 질책과 조언을 바란다.

끝으로 필자에게 마음의 전모와 내용을 일러주시고, '7자 화두'를 주시고, 화두를 참구하는 데 많은 도움을 주신, 마음의 영원한 스승이신 천친 큰스님께 머리 숙여 감사의 예를 올린다. 또 이 책이 출판될 수 있도록 물심양면으로 진심 어린 협조를 해주신 조계종출판사 최승천 사장님과 출판사 가족 여러분께 감사드린다. 특히 탁월한 통찰력과 해박한 안목을 겸비하고 있는 평소 존경하는 대한불교조계종 불교사회연구소의 고명석 선생의 편집 과정에서의 조언은 이 책이 세상에 나올 수 있도록 하는 데 크나큰 힘이 되었다. 그간의 노고에 대해 감사드린다.

불기 2563년(2019년) 9월
관심觀心 성윤갑

| 차례 |

1장

서문序文

서문序文은 『임제록』 전체를 압축한 내용으로서, 명문으로 손꼽힌다.

『임제록』 전편에서 볼 때 서문은 가장 나중에 쓰인 글로, 임제 스님이 열반한 후에 마방馬防이 썼다. 마방은 여러 벼슬을 지낸 관료이자 당시에 뛰어난 명사가 아닌가 생각된다.

서문에서는 임제 스님이 수행하던 시절부터 깨달음을 체험하는 과정을 소개하고 있다. 임제 스님은 임제원臨濟院에 주석하면서 학인들을 제접하고 자신의 독특한 가풍을 드러내 보여주었다. 미묘하게 응대하여 법을 펼치니 모든 경계에 어떤 자취도 남기지 않았다. 끝으로 유유자적한 노년의 일과 입멸 후의 뒷일을 부촉하는 내용 등을 간략히 기록하고 있다.

진주鎭州 **임제 혜조 선사**臨濟慧照禪師 **어록 서문**

연강전延康殿의 학사이며, 금자광록金紫光祿의 대부이며,
진정부眞定府의 안무사요, 겸하여 마보군馬步軍의 도총관이며,
지성덕군知成德軍의 부사인 마방馬防이 쓰다.

임제 스님은 황벽黃檗 스님에게서 매서운 몽둥이세례를 받고 나서
비로소 대우大愚 스님의 옆구리에 주먹질을 할 수 있었다.
황벽 스님의 간절한 노파심을 깨우쳐준 대우 스님은
임제 스님을 "이 오줌싸개 어린놈"이라고 했고,
황벽 스님은 "이 미친놈이 또다시 여기 와서
호랑이 수염을 잡아당긴다"라고 했다.
험한 골짜기에 소나무를 심은 것은 후인들을 위한 본보기요,
팽이로 땅을 팠으니 황벽 스님과 유나는 거의 산 채로 생매장당할 뻔했다.
황벽 스님은 후배 임제 스님을 인가하다가
갑자기 스스로 입을 쥐어박았다.
임제 스님은 황벽 스님과 이별하며 떠날 때
법을 전한 것을 증명하는 경상[궤안, 机案]을 오히려 불사르라 하였다.
그러나 황벽 스님은 가져가서 사람들의 입방아를 차단하게 하라고 하였다.
하남 지방 아니면 하북 지방으로 교화하러 가겠다고 임제 스님은 말하고,
옛 나루터에 임해 있는 임제원에서 오가는 사람들을 건네주며 제도하였다.
요새要塞가 되는 나루터에 눌러앉았으니 그 절벽의 높이는 만 길이나 되고
사람도 빼앗고 경계도 빼앗는 수단으로 뛰어난 기봉의 선객들을 길러내고
삼요삼현三要三玄으로 납자들을 단련하였으며

항상 집 안에 머무르면서도 길에서 떠나지 않았다.

무위진인無位眞人이 항상 얼굴을 통해 드나들고

두 선당의 수좌가 동시에 '할喝'을 함에 주객이 분명하다.

비춤과 작용이 동시[照用同時]라 본래 앞뒤가 없고

거울은 만상을 비추고, 빈 골짜기는 메아리를 전하네.

신출귀몰한 대응은 방향을 알 수 없어서 그 흔적을 남기지 않았어라.

옷깃을 젖히고 남쪽으로 내려가 대명부에 머무르니

흥화興化의 존장 스님은 임제 스님이 법을 이어받은 사람이라 여겨

동당에 모시니라.

스님은 구리로 된 물병과 쇠로 만든 발우뿐,

방문을 닫아걸고 말을 하지 않았다.

소나무는 늙었고 구름은 한가하니, 유유자적하도다.

면벽하고 앉으신 지 오래지 않아 은밀히 입멸 후의 뒷일을 부촉하였다.

"나의 정법을 누구에게 전할까. 눈먼 당나귀에서 모조리 없어지는구나!"

원각 종연 노스님[圓覺 老演]이 이 임제록을 널리 유통시키려고

점검해 보니 아무런 잘못이 없었다.

오직 한마디 할[一喝]을 남기노니 오히려 헤아려 보아야 할지니라.

안목을 갖춘 선사들은 부디 가르침을 잘못 전하지 마라.

선화宣和 2년(1120년) 중추일에 삼가 서문을 쓰다.

진주 임제 혜조 선사 어록

삼성사三聖嗣에 주지 법을 이은 소사小師 혜연慧然이 수집함.

鎭州臨濟慧照禪師語錄序

延康殿學士 金紫光祿大夫 眞定府路安撫使 兼 馬步軍都總管 兼 知成
德軍府事 馬防 撰 黃檗山頭 曾遭痛棒 大愚肋下 方解築拳 饒舌老婆
尿牀鬼子 這風顚漢 再捋虎鬚 巖谷栽松 後人標榜 钁頭斸地 幾被活埋
肯箇後生 驀口自摑 辭焚机案 坐斷舌頭 不是河南 便歸河北 院臨古渡
運濟往來 把定要津 壁立萬仞 奪人奪境 陶鑄仙陀 三要三玄 鈐鎚衲子
常在家舍 不離途中 無位眞人 面門出入 兩堂齊喝 賓主歷然 照用同時
本無前後 菱花對像 虛谷傳聲 妙應無方 不留朕蹟 拂衣南邁 戾止大名
興化師承 東堂 迎侍 銅缾鐵鉢 掩室杜詞 松老雲閑 曠然自適 面壁未
幾 密付將終 正法誰傳 瞎驢邊滅 圓覺老演 今爲流通 點檢將來 故無
差舛 唯餘一喝 尙要商量 具眼禪流 冀無賺擧

宣和庚子仲秋日 謹序

鎭州臨濟慧照禪師語錄 住三聖嗣法小師慧然集

❁

서문은『임제록』전체를 압축한 내용이므로 서문의 내용 하나하나에
해석을 가하는 것은 본 내용에 들어가서 하면 될 것이다. 여기서는 중
요한 사안을 몇 가지로 나누어 간략히 짚고 넘어가는 것이 낫지 않을
까 생각된다. 우선 서문의 내용 전면에 흐르는 임제 스님의 정신을 짚
고 넘어가겠다.

임제 스님의 핵심 사상을 한마디로 얘기하기는 어렵다. 임제 스님
은, "마음의 법은 형상이 없어서 온 시방법계를 관통하고 있으며 눈
앞에 그대로 작용하고 있다"라며 목전현용目前現用을 강조한다. 필자

는 이 '목전현용'을 임제 스님의 핵심 사상이라고 본다. 임제 스님은 법을 깨치고 열반하실 때까지 이 목전현용의 법을 쓰고도 다 쓰지 못했기 때문이다.

목전현용은 '눈앞에 그대로 작용하고 있다'라는 뜻이다. 무엇이 작용하고 있느냐? 진여일심眞如一心이 작용한다. 작용은 다름 아닌 진여의 작용이며, 진여의 성품은 작용 속에 있다. 성재작용性在作用이다. 작용은 묘용이며, 묘용은 진여의 항사묘용恒沙妙用이다. 항사묘용이란 인도 갠지스강의 모래알처럼 헤아릴 수 없는 묘한 작용을 일컫는다. 보고 듣고 하는 모든 마음의 작용이 다름 아닌 진여의 작용이며, 이러한 마음작용을 하는 자신이 다름 아닌 부처라는 것이다.

이 목전현용에서 '할喝'이 나오고 '무위진인無位眞人'이 나오며, 일 없는 '무사시귀인無事是貴人'이 나오고, '진정견해眞正見解'가 나오는 등 모든 이론 체계와 수행 체계가 여기에서 나오지 않은 것이 없다.

서문의 주요 사안을 몇 가지로 나누어 보면, 임제 스님이 깨친 기연과 황벽 스님과 이별하고 떠날 때 책상을 불사르라고 한 사연이 있다. 그리고 임제원에서 선객들을 길러내고 운수납자들을 단련시켜 눈을 열어준 중생제도가 있으며, 말년의 유유자적한 삶의 모습과 열반할때 법을 삼성 스님에게 전한 내용 등으로 간략히 나누어 볼 수 있다.

| 임제 스님이 깨친 기연 |

임제 스님은 목주睦州 스님의 안내로 불교의 대의大義를 황벽 스님에게 물었다가 질문이 떨어지기가 무섭게 몽둥이를 얻어맞고 쫓겨났다. 이런 일이 세 차례나 있자, 황벽 스님과는 인연이 없는 것으로 알고 대우 스님에게로 갔다. 그리고 임제 스님은 대우 스님의 벽력같은 고함소리를 듣는 순간 확철대오廓徹大悟했다. 대우 스님의 "황벽 스님이 노파심절로 너를 위해 그렇게 철두철미한 법문을 했는데 자신이 허물이 있는지 없는지를 따지고 있느냐!"라는 고함소리를 듣는 순간 임제 스님은 깨달았다.

임제 스님은 "불법의 대의가 무엇입니까?" 하고 물었을 때 황벽 스님이 세 차례 20방씩 60방을 몽둥이질한 그 소식을 깨친 것이다.

몽둥이질이 무엇이기에 여기서 깨달았다는 것인가?

몽둥이질이 다름 아닌 '목전현용'이다. 몽둥이질이 눈앞에서 드러나는 진여의 작용이다. 어째서 이것이 진여의 작용인가? 진여를 깨쳐봐야 안다. 흉내 내본들 단박에 들킨다. 누구나 따라 할 수는 있다. 그러나 거기에 살아 움직이는 활발발한 용이 없다. 모름지기 깨쳐보고 몸으로 느껴봐야 참 생명을 체험한다.

임제 스님이 깨닫고서 "황벽 스님의 불법이 단순하구나"라고 한 말에 대우 스님은 임제의 멱살을 잡고 "이 오줌싸개 어린놈"이라고 했다. 그러자 깨달은 도리를 다한 임제 스님은 대우 스님의 옆구리를 주먹으로 세 번 쥐어박았다. 가장 높은 경지도 하천한 것으로 추락시키는 솜씨다. 임제 스님이 황벽 스님에게 다시 돌아와 황벽 스님의 뺨을 후려친 행위는 호랑이 수염을 잡아당기는 솜씨다. 멱살을 잡고 옆구리를 쥐어박고 후려친 것을, 아는 사람은 다 안다. 이것이 '목전현용'이고 '진여대용眞如大用'임을 말이다.

| 경상을 불사르라고 한 사연 |

임제 스님은 황벽 스님과 이별하고 떠날 때, 불법을 전한 것을 증명하는 책상을 주어도 받지 않고 오히려 불을 사르라고 하였다. 경상은 법을 전하는 것을 증명하는 것이 아니고, 물으면 답하고 후려치고 손바닥으로 때리는 '목전현용', 즉 '활발발한 용'만이 진정 살아 움직이는 법이다. 이 법이야말로 법을 전하는 진짜 법이다. 그래서 불을 사르라고 한 것이다.

| 눈을 열어주는 중생제도 |

임제원은 옛 나루터에 접해 있었다. 임제 스님은 강을 건너게 해주듯이 사람들을 건지고 눈을 열어주는 중생제도를 했다. 사람도 빼앗고 경계도 빼앗는 수단과 삼요삼현으로 수행납자들을 단련시켰다. 중생을 제도하는 신출귀몰한 대응은 흔적이 없어 자취를 남기지 않았다. 오가는 무수한 사람들을 실어 날랐지만 실은 한 사람도 실어 나른 적이 없다.

| 유유자적한 삶의 모습 |

홍화사興化寺로 온 뒤로 가진 것도 없고 하는 일도 없이 노년을 보내는 임제 스님의 모습에서 한가한 도인의 본모습을 본다.

가진 것이라고는 구리로 만든 물병과 쇠로 만든 발우뿐이다. 이것 외에 가진 것은 없다. 여기서 '가진 것'은 외부의 물건이나 내부의 마음을 은유적으로 나타낸다. 내부의 마음도 가진 것이 없어 이미 구경무심究竟無心이니 문을 닫고 도통 말이 없다. 세월이 가면 늙는 것은 연기緣起의 섭리이듯이 이미 늙은 소나무와 같다. 그러나 연기는 진여이므로 영원히 늙지 않고 불생불멸하는 진여일심은 흘러가고 흘러온다. 하늘을 흐르는 흰 구름처럼 한가하고 유유자적하다.

| 법을 삼성에게 전함 |

임제 스님이 열반하실 때 삼성 혜연三聖慧然 스님에게 "이후에 누가 그대에게 물으면 무어라고 말해주겠는가?"라고 묻자, 삼성 스님이 "할喝"을 하므로 임제 스님은 "나의 정법안장이 이 눈먼 나귀한테서 모조리 없어질 줄 누가 알겠는가?"라고 말했다.

삼성 스님의 고함소리에 임제 스님의 정법안장이 산산조각이 나서 사라졌다. 눈먼 당나귀의 뒷발에 차여 완전히 없어져버렸다. 임제의 정법안장뿐만 아니라 부처도 뒷발에 차여 없어지고 중생도 뒷발에 차여 사라졌다. 고함소리에 모든 것이 다 사라지고 아무것도 남아 있지 못했다. 그때 참으로 새로운 정법안장이 뚜렷이 드러났다. 이것이 임제 스님이 이미 기대하고 벌여놓은 열반식의 전등傳燈•의 한 장면이라고 해야 한다.

서문이 임제록 전체의 내용을 압축하고 있듯이 임제록 대요大要를 간추려 하나의 도표를 만들어보았다.

• 불법(佛法)의 정맥(正脈)을 주고받는 일을 등불에 비유하여 일컫는 말.

| 임제록 대요 |

자신이 작용하는 것
· 요용변용要用便用
· 파득변용把得便用
· 불용변휴不用便休
· 항사묘용恒沙妙用

작용하는 자신
· 청법저인聽法底人
· 보고 아는 자신

작용하는 진인眞人
· 조사와 부처[祖佛]
· 무위진인無位眞人
· 무의도인無依道人
· 대자유인大自由人
· 대해탈인大解脫人

진정견해眞正見解
· 심법무형心法無形
· 통관시방通貫十方
· 목전현용目前現用

심법무형心法無形
· 무형상
  無形相
· 무근본
  無根本
· 무주
  無住
· 무의지
  無依支

통관시방通貫十方
· 편현구해사계
  徧現俱亥沙界
· 수섭재일미진
  收攝在一微塵
· 능생만법
  能生萬法

목전현용目前現用
· 견문각지등
  見聞覺知等
· 육반신용
  六般神用
· 일용즉용
  日用卽用

구경무심究竟無心
· 삼세육추멸각
  3細6麤滅却
· 망멸증진
  妄滅澄眞
· 원증견성
  圓證見性

임제 4할
· 금강왕보검
  金剛王寶劍
· 금모사자
  金毛獅子
· 탐간영초
  探竿影草
· 부작일할용
  不作一喝用

이론체계
· 삼구법문
  3句法門
· 삼현삼요
  3玄3要
· 사료간4料簡
· 사조용4照用
· 사빈주4賓主

수행방법
· 불수인혹
  不受人惑
· 구법득법
  求法得法
· 방도참선
  訪道參禪
· 체구연마
  體究研磨

일상생활
· 수처작주
  隨處作主
· 입처개진
  立處皆眞
· 평상심시도
  平常心是道
· 무사시귀인
  無事是貴人

2장

상당上堂

상당上堂이란 말 그대로 법좌에 올라서 하는 법문을 말한다. 그래서 법문의 내용도 가장 격조와 품위를 높이 갖추고 있다. 이 상당 법문은 임제 스님이 직접 하신 말씀이므로 깨달음의 본질을 드러내고 있다고 할 수가 있다.

상당 법문에서는 종지宗旨나 종풍宗風을 거량한다. 주로 결제와 해제 및 그 외의 의미 있는 날에 총림에서 행한다.

1. 왕상시가 법문을 청하다

1) 입을 열 수가 없고 발붙일 곳도 없다

지방 장관 왕상시王常侍가 여러 관료들과 함께

임제 스님께 법상에 오르기를 청하니,

스님이 법상에 올라 말하였다.

"산승이 오늘 하는 수 없이 인정에 이끌려 겨우 이 자리에 올랐으나,

만일 조사의 문하에 일대사인연을 들어 보이는 것은

곧바로 입을 열 수가 없고 그대들이 발붙일 곳도 없다.

그런데 산승에게 오늘 왕상시가 간곡히 청하니

어찌 근본 가르침을 숨길 수 있겠는가?

여기에 이름난 장군[作家]이 있다면

곧바로 진영을 펼치고 깃발을 펴서 대중들에게 그 증거를 보여라."

府主王常侍 與諸官 請師陞座 師上堂云 山僧 今日 事不獲已 曲順人

情 方登此座 若約祖宗門下 稱揚大事 直是開口不得 無儞措足處 山僧
此日 以常侍堅請 那隱綱宗 還有作家戰將 直下 展陣開旗麼 對衆證據看

✿

'일대사인연一大事因緣'은 조사들이 면면히 이어온 전통이다. 이것은
다름 아닌 '마음이 곧 부처요, 부처가 곧 마음'임을 일컫는다. 마음의
성품을 보면 곧 성불인즉, 견성즉불見性卽佛이다. 마음의 참 성품은 청
정한 마음이요, 진여眞如의 마음이다.

진여의 마음은 무명무상절일체無名無相絶一切로서 말로 할 수가 없
고, 모습[相]을 떠나 있어 입을 열 수가 없으며, 일체가 끊어진 자리이
므로 발붙일 데가 없다. 근본 종지란 무념無念을 으뜸으로 삼고 망심
妄心이 일어나지 않음을 참뜻[無念爲宗 妄心不起爲旨]으로 삼는 것을 말
한다.

그런데 일대사인연은 입을 열어 말할 수도 없고 발 디딜 곳이 아무
것도 없다고 해놓고, 그 뒤에 근본 도리를 숨기지 않는다고 한 이유는
왜일까? 숨기지 않는다면 드러낸다는 것인데, 앞뒤 말이 서로 배치되
는 게 아닌가 하고 의심할 수가 있다. 여기에 깊은 뜻이 있음을 알아
차려야 한다.

'무념無念'은 유무나 선악처럼 상대되는 두 모양의 번뇌를 영원히
떠난 진여정념眞如正念을 말한다. 이는 망심이 없을 뿐이지, 바른 생각
이 없는 것은 아니다. 무념은 제8아뢰야식의 근본 무명인 미세 망념
까지 일어나지 않는 상태를 일컫는다. 일체 망념이 다 떨어지면 자연
히 청정해진다. 말할 수도 없고 발 디딜 곳도 없다. 청정해지면 아무
것도 없는 단멸斷滅이 아니라 여기서 일체만법一切萬法의 묘용妙用이

나온다. 근본 종지인 무념은 망념을 여의었을 뿐이요, 진여 정념이 없는 것은 아니다. 진여의 작용은 정념으로서 근본 가르침을 드러낸다. 그러므로 입을 열어 말할 수 없는 근본 도리를 숨기지 않고 드러낼 수 있다. 진여 본체와 활용은 둘이 아니고 다르지 않기 때문이다. 이것이 깊은 뜻이다. 이러한 진여의 활발발한 용用을 드날릴 자가 있으면 어디 한번 나와서 그 솜씨를 보이라고 말하고 있는 것이다. 장수가 전장에서 일합을 겨루는 분위기다. 그만큼 긴박하고 스릴이 넘친다.

2) 불법의 대의大意

한 스님이 물었다.
"불교의 대의大意는 무엇입니까?"
임제 스님이 바로 "할!"을 하니
그 스님이 절을 하였다.
임제 스님이 말했다.
"이 스님과는 그래도 말을 나눌 만하구나."

僧問 如何是佛法大意 師便喝 僧 禮拜 師云 這箇師僧 却堪持論

❁

불법의 대의란 불교가 추구하는 진리다. 마음의 본래 성품인 진여가 다름 아닌 진리이다. 진여는 분명 지금 이 자리에서 역력히 존재하지만, 말로 따라잡기 힘들다. 모양을 떠나고 말을 떠나 있기 때문이다.

물을 마시면 차고 더운 것을 분명히 알고, 배고프면 밥 달라 하고 목마르면 물 달라고 하는 것은 인지상정이다. 그러나 그 작용의 본체인 진여를 찾고자 하면 멀어지고, 구하고자 하면 곧 어긋난다. 말로 하거나 설명할 수가 없으므로 활발발한 용으로 드러내는 수밖에 없다. 성품의 작용이 입에 있으면 '할'을 하고 몸에 있으면 '절'을 한다. 그래서 불법의 대의를 활발발한 용으로 드러내자니 임제 스님은 '할'을 하고 법을 물은 스님은 '절'을 한 것이다.

그런데 '절'을 한 행위를 일컬어 예배나 공경의 뜻으로 새긴다든지 감사의 은혜를 나타낸 것이라고 해서는 안 된다. 이때의 절은 작용을 드러낸다. 그리고 임제 스님이 말을 나눌 만하다는 것도 수긍이나 인정쯤으로 여겨서도 안 된다. 수긍이나 부정, 인정이나 불인정 차원에서 떠나 있음을 알아야 한다. 말을 나눌 만하든 나눌 만하지 않든, 그 두 가지는 서로 다르지 않다. '할'을 하고 '절'을 하는 행위는 바로 눈앞에서 용을 드러내는 목전현용目前現用의 자리다. 이러한 법의 자리에는 생멸변견生滅邊見이 사라지고 모든 것이 원융무애圓融無礙하다.

3) 세 번 묻고 세 번 얻어맞다

한 스님이 물었다.

"선사께서는 어떤 사람의 노래를 부르며 누구의 종풍宗風을 이었습니까?"

임제 스님이 말했다.

"나는 황벽 스님 처소에서 세 번 물었다가 세 번 얻어맞았다[三度發問 三度被打]."

그 스님이 머뭇거리며 무어라고 말하려는 순간,

임제 스님이 "할喝!" 하고 나서 바로 때리면서 말하였다.

"허공에 말뚝을 박지 마라."

問 師唱誰家曲 宗風 嗣阿誰 師云 我在黃檗處 三度發問 三度被打 僧
擬議 師便喝 隨後打云 不可向虛空裏釘橛去也

✿

종풍宗風이란 한 종문에서 전통으로 내려오는 독특한 가르침이나 지
도 방법을 말한다. 세 번 묻고 세 번 얻어맞은 것[三度發問 三度被打]이
황벽과 임제 스님의 종풍이자 불법을 드러내는 모습이다. 묻고 때리
고 얻어맞는 것 외에 사실 불법을 명쾌하게 한마디로 정리할 수 있는
것은 없다. 불법을 명쾌하게 정리한다고 해서 기상천외한 언구로 정
의를 한다든지 아주 쉬운 논리로 설명을 하는 순간, 그것은 불법이 아
니고 독약이 되는 줄을 알아야 한다.

  "허공에 말뚝을 박지 마라"라는 말은, 말뚝은 땅에다 박아야지 허
공에 말뚝을 박아보았자 어리석은 짓에 불과하다는 뜻이다. 어떻게
허공에다가 말뚝을 박을 수가 있겠는가? 무슨 노래니 종풍이니 하면
서 허공에다 말뚝을 박는 어리석은 짓거리를 하지 말라는 당부다. 종
풍은 종풍이 아니므로 종풍이기 때문이다. 그러나 현실적으로 사람
들을 가르치고 지도하는 방법으로서의 종풍은 없어서는 안 된다. 그
래서 사람들에게 불법을 드날릴 명백한 종풍이 필요한 것이다. 그러
나 종풍은 종풍이 아니므로 허공에다 말뚝을 박는 일처럼 흔적이 없
어야 한다는 깊은 뜻을 동시에 읽어야 한다.

4) 잡초를 호미로 맨 적이 없다

어떤 좌주座主가 물었다.

"삼승십이분교三乘十二分敎가 불성佛性을 밝힌 것이 아니겠습니까?"

임제 스님이 말했다.

"잡초를 호미로 맨 적이 없다."

다시 좌주가 "부처님께서 어찌 사람을 속였겠습니까?" 하니

임제 스님이 말했다.

"부처님이 지금 어디에 있단 말인가?"

좌주가 말을 못 하니 임제 스님이 말했다.

"상시 앞에서 노승을 속이려 하는구나. 어서 빨리 물러나라.

다른 사람이 묻는 것까지 방해하고 있구나."

有座主問 三乘十二分敎 豈不是明佛性 師云 荒草 不曾鋤 主云 佛豈
賺人也 師云 佛在什麼處 主無語 師云 對常侍前 擬瞞老僧 速退速退
妨他別人請問

✿

좌주가 부처님의 삼승십이분교三乘十二分敎, 즉 팔만대장경 속에 불성
이 다 밝혀져 있는 것이 아니냐고 묻고 있다. 팔만대장경은 중생을 위
해 불법을 밝힌 위대한 법문임에는 틀림없다. 그런데 임제 스님이 '깨
치기 전에는 다 소용이 없으며 팔만대장경도 소용이 없다'라는 말을
자주 하니 여기에 대해서 물은 것이다. 다시 말해서 이 좌주는 삼승십
이분교의 말에 따라가지 말고 말 밖의 깊은 뜻을 알아차리라는 임제

스님의 뜻을 모르고 질문하고 있는 모양새다.

팔만대장경은 부처님의 말씀이지 부처님의 마음이 아니다. 대장경은 달을 가리키는 손가락일 뿐 달 자체가 아니며, 불성을 가리키는 손가락일 뿐 불성 자체는 아니다. 이러한 이치를 모르고 불성 운운하니 임제 스님은 "잡초를 호미로 맨 적이 없다"라고 답하고 있는 것이다.

잡초를 제거하려면 호미로 매야 한다. 잡초는 번뇌를 비유한다. 번뇌를 제거하려면 번뇌를 끊는 수행이 필요하다. 그러나 어느 세월에 팔만사천이나 되는 번뇌를 다 제거한단 말인가! 말이 안 되고 허송세월만 보내기 십상이다. 번뇌는 끊을 필요도, 제거할 필요도 없다. 성품을 보고 깨치기만 하면 번뇌 그대로가 '보리菩提'이다. 이것이 임제 스님이 "잡초를 맨 적이 없다"라고 설한 깊은 뜻이다.

다시 좌주가 "부처님이 어찌 사람을 속였겠습니까?" 하고 반문하니, 임제 스님이 "부처가 어디에 있단 말인가?"라고 받아친다.

사실 좌주는 살아 있는 눈앞의 부처를 놓치고 있다. 좌주 자신도 부처고, 임제 스님도 부처다. 묻고 반문하고 하는 그 사람이 바로 부처다. 이렇게 엄연히 살아 있는 부처를 보지 못하고 대장경 속의 죽은 문자 부처를 내세워 부처를 운운하고 있으니, 임제 스님은 '나를 속이려 한다면 물러나라'고 꾸짖는다.

문자를 떠나고 말을 떠나 말 밖의 깊은 뜻을 깨달을 때, 팔만대장경의 진정한 뜻에 다가간다. 그럴 때 비로소 팔만대장경이 참 생명으로 거듭 태어난다.

5) 입을 열면 일대사와는 벌써 교섭할 수 없게 된다

"오늘의 법연은 일대사一大事를 위한 것이니,

다시 묻고 싶은 사람이 있으면 빨리 물어라.

그대들이 겨우 입을 여는 순간, 일대사와는 벌써 교섭할 수 없게 된다.

왜 그런가? 보지 못했는가.

세존께서 '법은 문자를 떠났으며 원인[씨]에도 속하지 않고

연緣에도 있지 않다'라고 하셨기 때문이다.

그대들의 믿음이 모자라는 까닭에

오늘 이렇게 어지러이 갈등의 말을 번거롭게 하는 것이다.

왕상시와 여러 관원들을 가로막아 불성을 어둡게 할까 염려된다.

산승이 물러가는 것이 차라리 낫겠다. '할!'

믿음의 뿌리가 약한 사람들은 마침내 공부를 마칠 날이 없다.

오래 서 있었으니 편히 쉬어라."

復云 此日法筵 爲一大事故 更有問話者麽 速致問來 儞纔開口 早勿
交涉也 何以如此 不見 釋尊云 法離文字 不屬因不在緣故 爲儞信不及
所以今日葛藤 恐滯常侍與諸官員 昧他佛性 不如且退 喝一喝云 少信
根人 終無了日 久立珍重

✿

임제 스님은 묻고 싶은 사람이 있으면 빨리 물으라고 해놓고서는 입
을 열면 일대사와는 벌써 교섭할 수 없다고 말한다. 분명히 물으라고
해놓고서는 입을 열면 안 된다는 말을 하고 있다. 어떻게 하라는 말인

가? 이러한 임제 스님의 서로 모순되는 듯한 말은 이치를 깨치지 않고서는 돌파할 수 없는 하나의 관문이다.

일대사는 우주와 생명의 실상이다. 만법은 진여의 묘용이 연을 따라 지어낸 것으로 진여가 만법의 실상이다. 진여는 문자를 떠나고 원인과 조건에도 속하지 않으며 불생불멸하고 부증불감이다. 법은 모든 상을 떠나 있으므로 거기에는 말과 말 없음의 양변이 사라지고 없다. 그래서 이러한 자리에 서서 입을 열면 벌써 틀린다고 말하고 있다. 그러나 일체의 양변이나 변견이 사라지고 없는 법의 자리에서 진여의 묘용이 연을 따라 또한 만상을 지어내고 있다는 사실도 잊어서는 안 된다. 이 자리에서는 모든 양변이 서로 모순되는 것이 아니라 모순 그대로 서로 어울려 원융무애하며, 변견이 그대로 서로 통하고 통일을 이룬다. 말을 하고 말을 하지 않는 것이 서로 모순되지 않고 모순이 허용되며 통일된다. 모순은 갈등이지만, 여기에는 갈등한다 해도 갈등이 없다.

중도진여의 일심의 법에는 종일 말을 해도 말한 적이 없고 입을 열어도 입을 연 적이 없다. 입을 열지도 않고 혀를 놀리지도 않지만, 분명히 법을 물을 수 있는 것이다. 유有와 무無, 생生과 멸滅이 변견의 차원에서는 모순되고 갈등이 일어 독약이 되지만 중도정견에서는 유와 무가 서로 통하고 생과 멸이 둘이 아니며 원융무애하다. 우리 자신이 보고 듣고 하는 것이 다름 아닌 진여의 대용이다. 이것을 믿지 못하니 오늘 어지러이 갈등의 말을 번거롭게 했다는 것이다. 본래로 있는 여여한 성품을 믿지 못하면 일대사를 마칠 날이 없다.

2. 대비천수천안大悲千手千眼 중에서
어느 것이 바른 눈인가?

임제 스님이 하루는 하북부에 가니,

왕상시가 임제 스님께 법문해주시기를 청하여 법좌에 올랐다.

그때 마곡麻谷 스님이 나와서 물었다.

"대비관세음보살의 천수천안千手千眼 중에 어느 것이 바른 눈[正眼]입니까?"

임제 스님이 말했다.

"대비관세음보살의 천수천안 중에서 어느 것이 바른 눈인가?

빨리 말하라."

그러자 마곡 스님이 임제 스님을 법좌에서 끌어내리고

대신 법좌에 올라앉았다.

임제 스님이 마곡 스님 앞으로 가까이 가서

"안녕하십니까[不審]?" 하고 인사를 하니,

마곡 스님이 머뭇거리자 임제 스님도 똑같이

마곡 스님을 법좌에 끌어내리고 다시 그 자리에 앉았다.

마곡 스님은 곧바로 밖으로 나가버렸다.

그러자 임제 스님도 곧 법좌에서 내려왔다.

師 因一日 到河府 府主王常侍 請師陞座 時 麻谷出問 大悲千手眼 那
箇是正眼 師云 大悲千手眼 那箇是正眼 速道速道 麻谷 拽師下座 麻谷
却坐 師近前云 不審 麻谷 擬議 師亦拽麻谷下座 師却坐 麻谷 便出去
師便下座

❀

"대비관세음보살의 천수천안 중에 어느 것이 바른 눈입니까?"라는
마곡 스님의 질문을 잘 들여다보아야 한다. 여기에 궁지로 몰아넣는
함정이 있다. 마곡 스님의 질문의 요지는 '천 개의 눈' 중에서 '바른
눈'과 '그릇된 눈'은 어느 것이냐는 물음이다. 여기에는 바른 눈과 바
르지 못한 눈의 양변을 설정하고 어느 하나를 선택하라는 함정이 도
사리고 있다. 어느 하나를 선택하는 순간 변견에 빠지고 말기 때문이
다. 그리고 바른 눈으로 어느 하나를 택하는 순간, 바른 눈은 틀 지워
지고 한정된 하나의 한계를 갖게 된다. 바른 눈은 한계나 한정, 지칭
이나 대상을 떠나 있기 때문이다.

　말로 대답하는 것은 바른 눈이 아니다. 그리고 경전 상에 있는 관세
음보살의 천수천안은 살아 움직이는 눈이 아니라 그저 문자 속의 죽
은 눈에 지나지 않는다. 문자 속의 눈을 상대해서 이러니저러니 대답
하는 것은 죽은 눈이고 바른 눈이 아니다. 바른 눈은 진여일심을 보고
진여의 작용으로 보는 활발발한 용이다.

　임제 스님이 이러한 마곡 스님의 질문 속에 있는 함정을 모를 리가

없다. 마곡 스님이 사용하던 함정의 올가미를 도리어 빼앗아서 마곡 스님에게 덮어씌우는 기발한 수법을 사용하고 있다. 마곡 스님의 질문을 임제 스님이 똑같이 받아서 되묻는 것이야말로 상대의 언행이나 공격 수단을 역이용해서 상대를 공격하는 전형적인 수법이다. 마곡 스님이 던진 질문을 쫓아가지 않고 질문을 던진 마곡 스님에게 되돌린다. 그래서 임제 스님이 "대비관세음보살의 천수천안 중에서 어느 것이 바른 눈인가? 빨리 말하라"고 마곡 스님을 다그치는 것이다. 그러나 마곡 스님 역시 눈 밝은 조사임에 틀림없다. 그래서 임제 스님을 법좌에서 끌어 내리고 대신 법좌에 오르는 활발발한 용을 보이고 있다.

똑같이 묻고 말하라고 다그치는 행위가 별 게 아니고 그저 그런 것이라고 이해해서는 안 된다. 꿈에서 깨어나 보지 않고서는 꿈인 줄을 모르듯이 깨쳐보지 않고서는 이러한 내용이 활발발한 용으로 응대하는 것이라는 이치를 알기란 쉽지 않다.

임제 스님의 "안녕하십니까?" 하는 인사는 단순한 인사말이다. 그러나 깊은 뜻이 담긴 인사말이다. 인사말은 밥 먹고 세수하고 차 마시고 하는 것과 마찬가지로 일상사의 평범한 일이다. 이러한 일상사의 인사가 다름 아닌 활발발한 작용임을 놓쳐서는 안 된다.

그리고 법좌에서 서로 끌어 내리고, 법좌에 올라앉고 법좌에서 내려오는 이러한 모든 행동이 서로 주고받는 치기 어린 장난쯤으로 생각해서는 안 된다. 임제 스님과 마곡 스님의 이러한 일거수일투족은 살아 있는 진정한 바른 눈을 보여주며, 활발발한 용 그 자체이자, 서로 바뀌가며 상즉상입相卽相入하는 무애자재無礙自在한 경지를 보여준다. 이것이 바른 안목을 가진 자의 작용임을 알아차려야 한다.

3. 붉은 몸뚱어리에 한 무위진인無位眞人이 있다

임제 스님이 법상에 올라 말했다.

"붉은 몸뚱어리에 한 무위진인無位眞人이 있다.

항상 그대들의 얼굴로 드나드니 아직 보지 못한 사람들은 잘 살펴보아라."

그때 한 스님이 나와서 물었다.

"어떤 것이 무위진인입니까?"

임제 스님이 법상에서 내려와서 그의 멱살을 꽉 움켜잡고 물었다.

"말해봐라, 말해. 어떤 것이 무위진인인가?"

그 스님이 머뭇거리자 임제 스님은 그를 밀치며

"무위진인이라니 이 무슨 마른 똥 막대기인가"라 하고는

방장실로 돌아가버렸다.

上堂云 赤肉團上 有一無位眞人 常從汝等諸人 面門出入 未證據者 看
看 時 有僧出問 如何是無位眞人 師下禪牀 把住云 道道 其僧 擬議 師
托開云 無位眞人 是什麼乾屎橛 便歸方丈

✿

'무위진인無位眞人'이란 '차별 없는 참사람'이다. 왜 차별이 없는가? 진여는 일체의 차별을 떠나 있기 때문이다. 형태도 없고 무수한 이름도 사라지고 없는 무형상無形相, 무이명無異名이며, 무분별無分別이다. 무분별이므로 하나의 동일 형상이다. 이것이 항상하고 여여한 진여의 모습이다. 이 자리는 평등의 자리로서 남녀노소와 지위고하가 사라지고 없다. 아무런 차별이 없는 동등한 자리이다.

이러한 절대 평등한 진여의 체득은 팔만대장경을 읽고 외우며, 믿고 이해한다고 이루어지는 것은 아니다. 본래부터 이미 모든 존재가 진여의 상태를 갖추고 있다. 이미 원만하게 이루어져 있어 더 보태고 뺄 것이 없다. 그러나 번뇌 망념으로 뒤덮여 진여를 가리고 있으므로 이를 보지 못할 뿐이다. 그러므로 단순히 경을 읽고 이해하는 해오解悟의 수준이 아니라, 근본 망념과 일체 번뇌를 탈각해야만 진정한 진여를 증득한다. 그런 일체 번뇌를 멸각하고 진여를 증득한 자가 무위진인이다. 그 참사람은 차별을 떠나 있기에 부처니 조사니 하는 분별이 없으며 그러한 지위에도 머물지 않는다. 만약 부처니 조사니 하는 지위에 머문다면 그는 무위진인이 아니다.

그 무위진인은 발가벗은 검붉은 우리 몸뚱어리이다. 그는 이 몸뚱이 그 자체로 보고 듣고 말하고 냄새 맡고, 손에 있으면 잡고 발에 있으면 걸어 다닌다. 보고 듣고 말하는 우리 자신이 무위진인이다. 그런데 한 스님이 자기 자신이 바로 무위진인이라고 했건만 그 깊은 뜻을 모르고 "어떤 것이 무위진인입니까?" 하고 물으니 임제 스님은 자상하게도 살아 있는 무위진인을 보여주기 위해 법상에 내려와서 멱살을 움켜잡고 '무위진인이 어떤 것인가를 말해보라'고 했고, 그 스님이 머뭇거리자 밀쳐버렸다.

　내려오고, 잡고, 말해보라고 하고, 밀쳐버리는 이 활발발한 작용을 하는 사람이 다름 아닌 무위진인임을 보여주고 있는 것이다. 이 눈앞에 생생하게 살아 움직이는 무위진인을 보지 못하고 문자 속에 얽매여 무위진인을 찾으니, 그러한 무위진인은 마른 똥 막대기에 지나지 않음을 말하고 있다.

4. 주인과 손님이 분명하다

1) 이 '할'은 어디에 귀착되느냐?

임제 스님이 법상에 오르자, 한 스님이 나와서 절을 하였다.

임제 스님이 바로 "할"을 하자, 그 스님이 말했다.

"노화상께서 사람을 떠보지 마십시오."

임제 스님이 말했다.

"네가 말해보아라. 이 '할'은 어디에 귀착되느냐[落在什麼處]?"

그 스님이 바로 "할"을 했다.

또 어떤 스님이 물었다.

"어떤 것이 불법의 대의입니까?"

임제 스님이 곧바로 "할"을 하니, 그 스님은 절을 하였다.

임제 스님이 말했다.

"네가 한번 말해봐라. 이 할이 훌륭한 할인가?"

"좀도적[草賊] 이 크게 패했습니다."

임제 스님이 다시 말했다.

"허물이 어디에 있느냐?"

"두 번 죄를 범하면 용서하지 않겠습니다."

임제 스님은 곧바로 "할"을 했다.

上堂 有僧出禮拜 師便喝 僧云 老和尙 莫探頭好 師云 儞道 落在什麼
處 僧 便喝 又有僧問 如何是佛法大意 師便喝 僧 禮拜 師云 儞道 好
喝也無 僧云 草賊 大敗 師云 過在什麼處 僧云 再犯 不容 師便喝

❀

임제 스님은 진여대용의 활발발한 묘용을 통해서 무위진인을 드러낸
다. 그 수단이 다름 아닌 '할喝'이다. '할'은 살아 움직이는 작용을 드
러낸다. 그래서 절을 하건 불법을 묻건 '할'을 한다. 법을 바로 보이는
'할'도 '할'이고, 사람을 떠보는 '할'도 '할'이며, 상대를 제압하는 '할'
도 역시 다 똑같은 '할'이다. 이러한 '할'은 깨친 자의 활발발한 작용이
지 깨치지도 못한 자가 흉내 내는 '할'은 아니다. 아무것도 모르면서
함부로 고함을 치고 방망이질을 해대면, 이는 미친 짓이다.

　이 상당 법문에서는 두 스님이 임제 스님과 법 거량을 한다. 또 같
은 거량이지만 대응 방법이 다르다.

　어떤 스님이 법상 앞으로 나와서 임제 스님께 절을 하니, 곧장 임제
스님이 '할!'을 한다. 그랬더니 그 스님은 쓸데없이 남의 속을 떠보지
않는 것이 좋다고 말한다. 사람을 떠보지 말라고 한 그 스님에게 임제
스님이 할의 귀착점을 물었더니, 그 스님이 곧바로 '할'을 하고 있는
형국이다. 이때 '할'을 할 것이 아니라 귀착점을 묻고 있기 때문에 귀

착점에 걸맞은 다른 것을 드러내든지 아니면 절을 하는 것이 차라리 적절하다. '절'할 때 '절'을 해야지 '절'할 때가 아닌데 '절'을 하면 상황 파악을 못 하는 것이다. 마찬가지로 '할'을 할 때도 '할'을 할 때 '할'을 해야지 무조건 맹목적으로 '할'을 하면 적절치 않다.

다음으로 불법의 대의를 묻는 스님에게 임제 스님이 '할'을 하니, 그 스님이 '절'을 한 것은 용用으로 적절히 대응하는 형국이다. '절' 역시 작용이기 때문이다. 다시 임제 스님은 '할'을 하며 고함을 친 것이 잘한 것이냐고 물으니, '실패한 좀도둑'이라고 답하고 있다.

고함을 잘 치고 못 치고 하는 것은 변견의 함정으로, 깨친 자의 눈으로 보면 잘함과 잘못함이 둘이 아니다. 그 스님은 이미 임제 스님의 함정을 알아차리고 있으므로 임제 스님을 실패한 좀도둑이라고 말한다. 이는 도둑이 제대로 훔쳐보지도 못하고 발각이 났다는 의미다. 도둑질하려다가 도적질을 하지 못하고 실패했다는 뜻이다. 이는 임제 스님이 도둑질을 하려다가 실패해서 낭패를 당했다, 라고 해석된다. 그러나 이렇게만 알아서는 좀 부족하다. 말을 따라가면 낭패를 당한다. 말 밖에 있는 깊은 뜻을 읽어야 한다. 여기서 도둑은 마음을 훔친 자를 말한다. 마음을 훔치는 자는 마음을 깨친 자이다. 마음을 깨친 자에게서는 도둑과 도둑이 아닌 자가 둘이 아니다. 실패와 성공이 서로 다르지 않다. 진여의 작용에는 도둑과 도둑 아닌 자, 성공과 실패가 서로 다르지 않고 통한다. 그러므로 임제 스님뿐만 아니라 부처와 조사가 모두 다 실패한 좀도둑이라고 할 수 있다.

다시 "허물이 어디에 있는가?" 하고 물으니 "두 번 죄를 범하면 용서하지 않는다"라고 말한다. 첫 번째의 죄가 '할'을 '잘한 것인가?' 하고 물은 것이라면, 두 번째 죄는 '무엇을 잘못했는가?' 하고 물은 것이다. 왜 죄를 범했다고 하는가? 잘하고 잘하지 못하고, 허물이 있고 허물이 없고 하는 변견의 망념으로 묻고 있기에 죄를 범하는 것이라고 말하고 있는 것이다. 그래서 임제 스님의 마지막 할은 죄니 용서니 하는 것을 한 방에 날려 보내는 할이고 대용大用의 할이다.

2) 서로 보고 동시에 '할'을 하다

그날 양당의 두 수좌가 서로 마주 보고 동시에 "할" 하였다.
어느 스님이 임제 스님에게 물었다.
"그 '할'에 손님과 주인이 있습니까?"
임제 스님이 말했다.
"손님과 주인이 분명히 있다."
임제 스님은,
"대중들아, 임제의 손님과 주인의 말귀[賓主句]를 알고자 하면
승당의 두 수좌에게 물어보아라" 하고는 자리에서 내려왔다.

是日 兩堂首座相見 同時下喝 僧 問師 還有賓主也無 師云 賓主歷然
師云 大衆 要會臨濟賓主句 問取堂中二首座 便下座

❁

양당의 수좌란, 선원 총림의 주요 두 권역을 총괄하는 부방장격 스님을 일컫는다. 이 양당의 두 수좌가 만나서 서로 바라보고 동시에 할을 했는데, 그 할에 '손님과 주인이 있느냐'는 어느 스님의 물음에, 임제

스님은 왜 손님과 주인이 분명 있다고 말하는가? 그리고 왜 알고 싶으면 두 수좌에게 물어보라고 말하는가? 손님과 주인은 주관과 객관으로서 주객이 분명 있다고 말하는 이유는 무엇인가?

두 수좌가 서로 보고 동시에 할을 한 것은 활발발한 진여의 용으로 응대다. 양당의 수좌는 법을 아는 스님이요, '할'을 할 줄 아는 스님이다. 진여는 그 체가 주객으로 나누어지기 이전이고 분별의 티끌이 한 점도 없으며 본래무일물本來無一物의 경지이다. 그러나 본래무일물의 경지는 아무것도 없는 단멸이 아니다. 분별의 티끌이 한 점도 없는 무분별의 지혜가 밝고 밝게 비치고 있는 묘용妙用의 경지이다.

진여의 묘용에 서면 만상은 원융무애하고 자유자재하다. 일체가 원융圓融하고 주관과 객관 역시 무애無礙한 대오大悟의 경지이므로 주관·객관이 분명히 있으며 손님과 주인이 분명히 있다. 집착하고 분별하며 물들어 있는 주객이 아니라, 주객이 서로 통하고 주객이 둘이 아닌 정견에 선 주객이 분명히 있다. 그래서 손님과 주인의 구별이 분명하다고 말하고 있는 것이다.

그리고 알고 싶으면 물어보라고 한 것은, 그 스님으로 하여금 양당의 수좌에게 임제의 손님과 주인의 도리에 대해 묻고 배우라는 뜻이다. 양당의 수좌는 법을 아는 스님으로서 임제의 손님과 주인의 도리를 능히 가르치고 지도할 수 있는 역량을 갖추고 있기 때문이다. 임제의 손님과 주인의 도리를 깨닫게 되면 자신이 바로 직접 활발발한 용그 자체가 되어 활용이 능수능란하다. 용을 깨닫고 느끼게 되면 삼라만상이 다 항사묘용으로 이루어져 있음을 체득한다.

5. 불법의 대의大意가 무엇인가?

1) 불자를 세워 들다

임제 스님이 법상에 오르자, 한 스님이 물었다.

"무엇이 불법의 대의大意입니까?"

임제 스님이 불자拂子°를 세워 들었다.

그러자 그 스님이 곧 "할"을 하니, 임제 스님이 바로 후려쳤다.

또 다른 스님이 물었다.

"무엇이 불법의 대의입니까?"

임제 스님이 또 불자를 세워 들자, 그 스님도 곧바로 "할"을 하였다.

임제 스님이 또 "할"을 하니 그 스님이 머뭇거리자,

임제 스님이 바로 후려쳤다.

° 짐승의 꼬리털이나 삼 따위를 묶어서 자루에 맨 것. 원래 인도에서는 벌레를 쫓을 때 사용했
  으나 중국과 우리나라에서는 선종의 승려가 번뇌와 어리석음을 물리치는 표지로 지닌다.

上堂 僧問 如何是佛法大意 師竪起拂子 僧 便喝 師便打 又僧 問 如何
是佛法大意 師亦竪起拂子 僧便喝 師亦喝 僧 擬議 師便打

❀

"무엇이 불법의 대의大意입니까?"라는 질문은 잘못되었다. 불법은 말
로써 묻고 대답할 수가 없기 때문이다. 묻고 대답할 수 있다면 그것은
불법이 아니다. 불법, 그 진리는 말을 떠나 있기 때문이다. 불법의 대
의란 사실 묻고 있는 그 자신에 있다. 그 자신이 바로 진리의 현현이
다. 불법이 그 자신인 줄을 모르고 밖을 향해 찾고자 묻는 것이 잘못
이다. 그래서 말로 나타낼 수 없어서 불자拂子를 세워 들어 불법의 진
수를 드러내 보인 것이다. 불자를 세워 든 행위가 뭐 그리 대단한 것
이냐고 말할지 모른다. 그러나 불자를 세워 든 것이야말로 활발발한
용으로 질문에 대한 대답이다. 불자를 세워 든 것이나 석가모니가 대
중에게 연꽃을 들어 보인 것이나 다를 바 없기 때문이다.

남을 따라 할을 하고 방망이질을 하고 경전이나 어록을 읽고 이해
해서 흉내 내는 짓거리에는 생명이 없다. 누구나 다 흉내 내고 따라
할 수는 있다. 그러나 생명을 지닌 활발발한 용이 되려면 스스로 깨달
아야 한다. 근본무명根本無明을 탈각하고 만상이 어떻게 진여의 묘용
으로 지어지는지 묘용의 메커니즘을 실제로 깨달아야 진정한 진여를
체득한 사람이 된다. 이러한 사람이 할이나 방망이질을 할 때, 그때의
할이나 방망이질은 생명으로 고동친다. 그러하지 않고 따라 하고 흉
내 내는 자는 머뭇거리고 주저한다. 한 대 후려쳐서 맞아야 한다.

몽둥이나 고함을 치는 것에 해답이 있다고 잘못 알아서는 안 된다.
몽둥이와 고함소리 밖에 있는 깊은 뜻을 알아차려야 한다. 그것이 몽

둥이와 할의 진정한 의미이다.

2) 다시 한번 그 몽둥이를 얻어맞고 싶구나

곧이어 임제 스님이 말했다.
"대중들아! 무릇 법을 구하는 사람들은
목숨 잃는 것도 피하지 말아야 한다.
나는 20년 전에 황벽 스님의 회상에 있을 적에
세 번이나 불법의 대의를 물었다가 세 번이나 몽둥이로 얻어맞았다.
그때 마치 향기로운 쑥 가지로 쓰다듬어주는 것 같았다.
지금 생각해보니 다시 한번 몽둥이[一頓棒, 20방]를 얻어맞고 싶구나.
누가 나를 때려주겠는가?"
그때 한 스님이 대중 가운데에서 나와서 말하였다.
"제가 때려드리겠습니다."
임제 스님이 몽둥이를 집어 건네주어 그 스님이 받으려는 순간,
임제 스님이 곧바로 그 스님을 후려쳤다.

師乃云 大衆 夫爲法者 不避喪身失命 我二十年 在黃檗先師處 三度問
佛法的的大意 三度蒙他賜杖 如蒿枝拂著相似 如今 更思得一頓棒喫
誰人 爲我行得 時 有僧出衆云 某甲 行得 師拈棒與他 其僧 擬接 師便打

❀

임제 스님은 왜 몽둥이를 건네주려고 하다가 그 스님이 받으려고 하

자 곧바로 후려쳤는가? 임제 스님의 '다시 한번 맞고 싶구나' 하는 말씀을 잘 들여다보아야 한다. 이 말은 20년 전에 황벽 스님에게서 얻어맞았던 체험을 떠올려서 하는 말이다. 황벽 스님이 하사한 몽둥이는 살아 있는 활발발한 용의 가르침이었다. 그러므로 이 말은 지금 여기 활발발한 용의 작용을 한번 드러내어 보이라는 뜻이다. 단순히 몽둥이를 다시 맞고 싶다고 피상적으로 받아들여서는 안 된다. 몽둥이 밖의 큰 뜻을 읽고 대처해야 한다.

그러나 이 스님은 임제 스님의 맞고 싶다는 말을 피상적으로 받아들여서 건네주는 몽둥이로 한 대 칠 생각으로 받아들인다. 그래서 임제 스님이 곧바로 그 스님을 후려친다. 불법의 대의를 '후려치는 행위'를 통해서 드러내고 있는 것이다. 이 스님은 전혀 공부가 되어 있지가 않다.

모름지기 법을 구하고 법을 얻고자 하는 자는 목숨을 잃는 것을 두려워하지 말아야 한다. 경전이나 선사의 말을 피상적으로 받아들이고 말을 따라다니기만 해서는 결코 법을 얻을 수가 없다. 선사의 말은 진흙 속의 가시나 밥 속의 모래와 같이 함정이 도사리고 있다. 그 함정 속으로 옴짝달싹 못 하게 가둬버리는 경우가 허다하다. 이러한 선사의 말을 돌파하기 위해서는 자기의 몸을 잊어버리고 법을 구하는 발심이 일어야 한다.

6. 석실행자가 방아를 찧다

1) 어떤 것이 칼날 위의 일입니까?

임제 스님이 법상에 오르자, 어떤 스님이 물었다.

"무엇이 칼날 위의 일[劍刃上事]입니까?"

임제 스님이 말했다.

"위험하다, 위험해[禍事禍事]!"

그 스님이 머뭇거리자, 임제 스님이 곧바로 후려쳤다.

上堂 僧問 如何是劍刃上事 師云 禍事禍事 僧 擬議 師便打

❀

'칼날 위의 일[劍刃上事]'이란 언어로 표현할 수 없는 절대 경지를 말
한다. 언어로 표현할 수 없는 일을 언어로 표현하기를 바라며 물으
니, 임제 스님이 참으로 "위험하다, 위험해[禍事禍事]!"라고 말한 것이

다. 이러한 임제 스님의 말을 단지 표현할 수 없는 경지를 표현하라고 한 말이라고 봐서는 뭔가 부족한 감이 있다. 말할 수 없는 경지인 '칼날 위의 일'을 "위험하다, 위험해!"라고 말로 드러낸 것을 잘 살펴야 한다. 말할 수 없는 경지를 말로써 나타낸 것이므로 여기서 서로 간에 모순이 있는데, 이 모순을 놓쳐서는 안 된다. 여기에 임제 스님의 깊은 뜻이 숨어 있다.

절대의 경지는 사실 일체의 말과 이름, 모습이 끊어지고 없다. 모든 것이 부정된다. 그러나 말과 이름, 모습이 부정된 그 자리에는 절대 진여의 묘용이 함께 움직이고 있다. 그래서 모든 것이 묘용으로 지어지고 모든 것은 묘용의 다른 형상일 뿐, 묘용 차원에서는 다 같다. 이 묘용의 자리에서 모순은 융합되고 합해진다. 말할 수 없는 경지와 말로써 나타낸 것이 다 긍정되는 것이다. 둘이 다르지 않다.

그래서 칼날 위의 일이란 묘용에서 보면 언어표현을 긍정하고 포용하는 것이다. '위험하다, 위험해!'라고 하는 뜻을 알지 못하고 그 스님이 머뭇거리자 임제 스님이 곧바로 후려쳤다. 또다시 칼날 위의 일을 '후려치는 행위'를 통해서 드러내고 있는 것이다.

2) 깊은 우물에 빠졌다

한 스님이 물었다.
"저 석실 행자가 방아를 찧다가 발 때는 것을 잊었다 하니
어느 곳으로 간 것입니까?"
임제 스님이 말하였다.

"깊은 우물에 빠졌다."

問 祗如石室行者 踏碓忘却移脚 向什麼處去 師云 沒溺深泉

❀

정진이 순일純一하여 디딜방아를 찧다가 생각이 끊겨 무심의 경지에
든 것은 드문 일이긴 하다. 그러나 무심이라고 다 진정한 무심은 아니
다. 우리들의 의식은 항상 일어나지만 일어나지 않는 경우가 있다.

무상천無想天에 태어나는 것을 비롯해 정적인 느낌과 지적인 구상
작용까지도 멸하는 무상정無想定과 멸진정滅盡定에 든 무심의 두 선정
에는 의식이 일어나지 않으며, 잠잘 때와 기절했을 때도 의식이 일어
나지 않는다. 이것을 흔히들 다섯 가지 무심이라고 한다.

무상정에서 깨면 다시 의식이 살아나므로 아직 여섯 가지 거친 번
뇌인 6추六麤의 경계에 머물며, 멸진정에 이르러야 6추를 완전히 끊
지만, 이는 아직 근본무명의 세 가지 번뇌인 3세三細*가 남아 있는 가무
심假無心이다. 근본무명의 3세를 완전히 끊어야 진정한 구경무심究竟
無心이다.

진여 본성을 보고 일체의 번뇌가 찰나에 멸각될 때가 진정한 무심
이다. 이 경지에 이르러야 디딜방아를 찧다가 생각이 끊어져 다리 옮
기는 것을 잊어버리지 않고 방아를 잘 찧게 된다. 석실행자가 디딜방
아를 찧다가 발 떼는 것을 잊어버리는 것 역시 무심이라고 할 수는 있

---

* 근본 마음인 아뢰야식(阿賴耶識)은 자체상인 무명업상(無明業相)과 인식 주관인 능견상(能
見相), 인식 대상인 경계상(境界相)의 세 가지 상을 지니고 있다. 이 세 가지 상은 미세 번뇌이
며 근본무명이다. 이것을 아뢰야식의 삼세무명(三細無明)이라 한다.

지만, 발 떼는 것을 잊어버리는 삼매는 바람직한 삼매가 아니라고 할
수 있다. 왜냐하면 이러한 삼매는 지혜의 작용이 사라지고 없기 때문
이다.

구경무심은 명징하게 깨어 있는 것이다. 고요하여 밝게 비추는 것
이다. 디딜방아를 찧으면 발 떼는 것을 잊어버리지 않고 방아를 잘 찧
는 것이 옳다. 발 떼는 것을 잊어버리는 무심의 경지는 진정한 구경무
심이 아니다. 그래서 임제 스님은 깊은 우물에 빠져버렸다고 석실행
자를 평한 것이다.

3) 알거나 알지 못하거나 모두가 틀린 것이다

임제 스님이 이어서 말하였다.
"나는 나에게 찾아오는 어떠한 사람에 대해서도 잘못 보지 않는다.
그가 어디에서 왔는지 모두 안다.
만약 이처럼 온다면[與麼來] 마치 자기 자신을 잃어버린 것과 같고,
만약 이처럼 오지 않는다면[不與麼來] 그는 밧줄이 없는데도
스스로 묶여 있는 것과 같으니
언제든지 함부로 이리저리 짐작하지 마라.
'알거나 알지 못하거나[會與不會] 모두가 틀린 것이다.'
나는 분명히 이렇게 말하거니와,
천하 사람들이 폄하하고 헐뜯더라도 상관하지 않겠다.
오래 서 있었으니 돌아가 쉬어라."

師乃云 但有來者 不虧欠伊 總識伊來處 若與麼來 恰似失却 不與麼來
無繩自縛 一切時中 莫亂斟酌 會與不會 都來是錯 分明與麼道 一任天
下人貶剝 久立珍重

❀

임제 스님은 자기를 찾아오는 사람에 대해서 그 사람의 경지와 수행
정도가 어떠한지를 다 안다고 말하고 있다. 또 여마래與麼來(이처럼 옴)
와 불여마래不與麼來(이처럼 오지 않음)를 언급하면서 함부로 짐작하지
말라고 한다. 여마래는 자기 자신을 잃어버린 것처럼 순순히 오는 것
을 말하고, 불여마래는 밧줄도 없는데 스스로 묶여 있는 것과 같이 순
순히 오지 않는 경우다. 여마래와 불여마래는 하나의 양변이다. 양변
은 한 극단에 치우친 견해이며 망념이다. 그러므로 언제든지 함부로
이리저리 짐작하지 말라고 하는 것이다.

　알거나 알지 못하거나[會與不會] 모두가 틀린 것이라는 말씀도 같은
뜻이다. '회會'는 깨쳐서 안다는 것이고 '불회不會'는 깨치지 못해서 알
지 못한다는 의미다. 회나 불회 역시 하나의 양변이다. 아는 것이 있
기 때문에 모르는 것이 있고, 모르는 것이 있기 때문에 아는 것이 있
다는 것은 양변에 치우친 견해다. 회가 깨쳐서 안다는 것이라 하여도
깨치지 못한 불회와 양변에 머물고 있는 한 그것은 진정한 깨침이 아
니다. 진정한 깨침은 회와 불회가 서로 통하고 막히지 않으며 서로 걸
림이 없다. 그러나 회가 불회와 양변이 되어 머물고 있다면 이것은 진
정한 무상대도無上大道가 아니다. 그래서 분명히 말해도 삼십방이요,
분명히 말하지 못해도 삼십방이라고 덕산 스님이 말했던 것이다.

　임제 스님은 이 말에 대하여 천하 사람들이 다 헐뜯더라도 상관하

지 않겠단다. 여기에서 임제 스님의 확철대오하여 양변을 완전히 벗어나 무상대도를 성취한 당당하고 우뚝 솟은 기개를 엿볼 수가 있다. 무상대도를 성취한 자는 비방이나 칭찬에 흔들리지 않는다. 비방과 칭찬이 둘이 아니고 다르지 않음을 알기 때문이다. 폄하하면 폄하하는 대로, 칭찬하면 칭찬하는 대로 마음에 아무 거리낌이 없다. 양변을 떠나지도 않고 양변을 싫어하지도 않는다. 이것이 진정한 지혜이고 해탈이며, 일체 처에 무심한 사람이다.

7. 고봉정상과 네거리에 있다

임제 스님이 법상에 올라 말했다.
"한 사람은 고봉정상孤峯頂上에 있어서 몸이 더 나갈 수 없고,
한 사람은 네거리에 있어서 또한 앞으로 뒤로도 나갈 수 없다.
어떤 사람이 앞에 있고 어떤 사람이 뒤에 있는가?
유마힐이라고도 하지 말고 부대사라고도 하지 마라.
편히 쉬어라."

上堂云 一人 在孤峯頂上 無出身之路 一人 在十字街頭 亦無向背 那
箇在前 那箇在後 不作維摩詰 不作傅大士 珍重

❀

고봉정상에 서 있어서 몸을 움직여 더 나아갈 길이 없다는 것은 무슨
뜻인가? 고봉정상은 궁극의 경지로서 도를 성취한 자리를 말한다. 도
를 성취한 자리는 몸이 가상 공체假相空體임을 알아 어디든지 나아갈

수 있는데도 왜 나아갈 길이 없다고 하는가? 말을 따라가서는 안 된다. 말에 걸려 넘어져서는 안 된다. 깨달음의 성품의 자리에서 보면 나아갈 길이 없는 것이 그대로 나아갈 길이다.

그렇다면, 네거리에 있으면서 앞뒤 어디든 갈 수 없다는 말은 무슨 뜻인가? 네거리는 저잣거리요, 세속의 세계다. 하지만 네거리는 사통 팔달로 통하지 않는 길이 없다. 그런데 앞으로든, 뒤로든 어디로도 갈 수 없다고 하는가? 이 또한 분별 집착의 입장에서 보면 서로 모순이 되지만, 무애자재한 성품으로 보면 어디든 갈 수 없다는 말은 어디든 갈 수 있다는 뜻이다.

이 법문에서는 고봉정상의 궁극의 경지에 들어선 사람과 저잣거리 세상에서 분별없이 사람들과 어울려 지내는 사람 중에 누가 더 훌륭한 경지에 있는가를 묻고 있다. 그러면서 설법을 통해 말을 많이 한 부대사傳大士도 되지 말고, 말이 없는 불이법문不二法門으로 유명한 유마힐維摩詰도 되지 말라고 말하고 있다. 여기서 우리는 누가 더 나은가 하는 물음에 속지 말아야 한다.

누가 더 나은가, 라는 말씀에 따라 어느 누구를 선택하는 순간 분별 망념分別妄念에 빠진다. 긍정과 부정, 앞과 뒤의 양변을 다 끊어야 한 다. 그래서 유마힐도 부대사도 되지 말아야 한다. 그때 일체분별 망념 이 다 끊어진 깨끗하고 밝고 밝은 성품의 경지가 드러난다.

청정한 성품에서 모래알 수만큼 많은 성품의 작용이 일어난다. 이 러한 활발발한 작용이 연을 따라 만상을 지어내는 것이다. 거기에는 또한 긍정도 있고 부정도 있고, 앞과 뒤가 있으며 유마힐도 부대사도 있다. 유마힐과 부대사는 본 성품에서는 하나지만 분별의 눈으로 보 면 두 사람은 다르다. 물론 진실은 하나지만 말이다.

허망분별虛妄分別로 보면 유마힐과 부대사가 서로 막혀 있고 통하지 않지만, 밝은 눈으로 보면 유마힐과 부대사는 둘이 아니며 서로 합하고 걸림이 없는 사이다. 그러므로 부대사도 되고 유마힐도 되라는 말이다.

아무 말 않고 가만히 있는 것을 '묵默'이라 하고, 말을 하고 이야기하는 것을 '설說'이라고 한다. 묵이란 막고 비우는 '차遮'를 말하고, 설이란 비추는 '조照'라고 할 수 있다. 유마힐도 되지 말고 부대사도 되지 말라는 말씀은 묵도 하지 말고 설도 하지 말라는 뜻이다. 양변을 비워 모두 버리는 것을 '쌍차雙遮'라 한다. 한 점의 분별 티끌도 없이 쌍차하면, 바로 그 자리에 양변을 두루 비추고 살리는 광명이 빛난다. 이를 양변 모두 살린다 해서 '쌍조雙照'라 한다. 지혜의 빛으로 비추어 보면 묵이 곧 설이고 설이 곧 묵이다. 이렇게도 저렇게도 할 수 없는 가운데 묵도 하고 설도 할 수 있다는 말이다. 묵묵할 때 설하고, 설할 때 묵묵한 것으로 된다. '묵시설默時說'이고 '설시묵說時默'이다.

8. 집 안과 길거리에 있다

임제 스님이 법상에 올라 말하였다.
"한 사람은 영원히 길에 있으면서[在途中] 집을 떠나지 않고[不離家舍],
한 사람은 집을 떠나 있으나[離家舍] 길에도 있지 않다[不在途中].
어느 쪽이 인간과 천상의 공양을 받을 만한가?" 하고는
곧바로 법상에서 내려왔다.

上堂云 有一人 論却在途中 不離家舍 有一人 離家舍 不在途中 那箇
合受人天供養 便下座

❀

가사家舍는 집 안의 일로서 깨달음의 지혜와 이치를 나타내며, 도중途
中은 바깥일로서 실천 행동과 구체적인 현상을 나타낸다. 이러한 비
유는, 문수는 언제나 집안일을 담당하지만 바깥일에도 어둡지 않고,
보현은 언제나 바깥일을 담당하지만 집안일에도 어둡지 않다는 말에

서 나온 것이라 짐작된다. 문수는 지혜의 상징으로서 집안일을 도맡고, 보현은 바깥에서 중생을 위한 보살행을 하는 것으로 대표되기 때문이다.

한 사람은 길거리(바깥일, 사事, 행行)에 있으면서 집(집안일, 이理, 지智)을 떠나지 않고, 또 한 사람은 집에도 있지 않고 길거리에도 있지 않다. 도중途中과 가사家舍가 묘한 대조를 이루고 있다. 한 사람은 이理와 사事를 다 처리하는 사람이고, 또 한 사람은 이와 사에 어느 것도 관계하지 않는 사람이다. 한 사람은 긍정을, 또 한 사람은 부정을 나타낸다. 둘 중의 어느 쪽이 최상의 공양을 받을 만한가? 임제 스님의 물음에 따라 어느 한쪽을 선택하는 순간 낭패에 빠진다. 어느 하나의 변견에 빠져서는 안 된다. 긍정이든 부정이든 말이다.

성품에서 볼 때 긍정과 부정은 서로 다르지 않고 하나로 통한다. 긍정도 성품을 나타내고 부정도 성품을 나타내기 때문이다. 막히지 않고 원융하다. 이理와 사事의 어느 것에도 물들지 않을 때, 그때 이와 사의 조화를 이룬다.

이와 사의 어느 것과도 관계하지 않을 때, 즉 이와 사의 양변을 다 떠날 때, 이와 사가 끊어진 진여 성품의 자리에 선다. 거기서 분별 집착의 이와 사는 사라지고 중도 정견의 이와 사가 자리한다. 중도 정견의 이와 사는 서로 통한다. 즉리 즉사卽理卽事이다. 이런 사람은 이와 사를 모두 처리하는 사람이다. 그래서 한 사람은 길거리에 있으면서 집안일을 떠나지 않고, 다른 한 사람은 길거리에 있지 않으면서 집안일을 떠난다는 것은 비추어서 막는 '조이차照而遮'와 막아서 비추는 '차이조遮而照'가 서로 어울림을 보여준다. 차례만 다를 뿐 막음과 비춤을 함께하는 데는 다름이 없다.

9. 삼구三句, 삼현三玄, 삼요三要

1) 어떤 것이 삼구三句입니까?

임제 스님이 법상에 오르자, 한 스님이 물었다.

"어떤 것이 제1구第一句입니까?"

임제 스님이 말하였다.

"삼요三要의 도장을 찍으니 붉은 점이 비뚤어지고 말았다.

말을 하려고 머뭇거리기도 전에 주객이 분명히 나누어진다."

그 스님이 또 물었다.

"어떤 것이 제2구第二句입니까?"

임제 스님이 말하였다.

"묘해妙慧문수가 어찌 무착無着의 물음을 용납할 수 있겠으며

방편지가 근본 절대지를 저버릴 수가 있겠는가?"

그 스님이 또 물었다.

"어떤 것이 제3구第三句입니까?"

임제 스님이 말했다.

"무대 위의 꼭두각시 조종하는 것을 잘 보아라.

밀었다 당겼다 하는 것이 모두 무대 뒤의 사람이 움직인다."

上堂 僧問 如何是第一句 師云 三要印開 朱點側 未容擬議主賓分 問
如何是第二句 師云 妙解豈容無著問 漚和爭負截流機 問 如何是 第三
句 師云 看取棚頭弄傀儡 抽牽都來裏有人

❀

삼구三句 법문은 한 생각이 일어나기 전의 무생無生의 경지로서 본래
여여한 자리에서 출발하여 주객으로 나누어지고, 그 주객에 다시 언
어를 붙여서 상을 지어내는 과정을 밝히고 있다. 이 삼구 법문에는 진
여의 자리에서 주객으로 분리 대립하는 현실의 삶과, 그 주객의 삶에
서 진여의 자리로 귀입하는 수행의 흐름을 나타내는 두 가지 내용이
공존한다. 이러한 법문을 통해 우리는 어떻게 현실 삶에 물들고 집착
해가는 것인가를 주객의 구조를 통해서 알 수가 있으며, 또한 모든 갈
등과 대립의 주객 구조를 탈피하는 것이 다름 아닌 본심의 진여한 자
리로 돌아가는 것임을 알게 된다.

　제1구는 주관과 객관이 나누어지기 이전의 소식으로, 본래 그대
로 여여한 자리로서 도장을 허공에다 찍는 것에 비유한다. 삼요三要
의 도장이란 제법실상諸法實相의 진리를 도장으로 비유하여 말한 것
이다. 제1구는 진리의 도장을 찍었는데 반듯하게 찍지 못하고 비뚤어
지게 찍어서 잘못되었다는 뜻이다. 도장을 잘못 찍은 것이다. 그런데
사실 도장을 찍는 행위 자체가 벌써 진리와 멀어진 것이다. 말을 하려

고 머뭇거리기도 전에, 한 생각 내기도 전에 벌써 주관과 객관, 손님과 주인이 나뉘어버린 것이다. 삼요의 도장을 찍느니, 붉은 점이 삐뚤어졌느니, 하는 순간에 이미 진정한 진리는 물 건너간다. 이미 진리는 물 건너갔고, 주관과 객관이 나누어져 버렸다. 제1구에는 진리의 도장 같은 것도 없다. 도장도 없는데 잘 찍고 잘못 찍는 것이 어디 있겠는가?

제2구는 주관과 객관이 나누어지긴 했으나 그렇게 흔적이 오래가지는 않는 상태로, 물에다 도장을 찍은 것에 비유한다. "묘해妙慧가 어찌 무착의 물음을 용납할 수 있겠느냐"는 의미를 살펴보자.

묘해妙解는 문수보살文殊菩薩을 가리키는 말이다. 문수보살은 대지혜보살이다. 근본지根本智를 깨닫지 못한 무착無着은 깨달음을 얻기 위해 오대산의 문수보살을 친견하러 간다. 하지만 근본지를 깨달은 문수와 그것을 깨닫지 못한 무착 사이에는 문답 자체가 불가능하다. 참다운 진리는 문답을 떠나 있으며 묻고 답할 수가 없기 때문이다. 진리는 이름과 모습이 발붙일 데가 없어 모든 경계를 끊은 무명무상절일체無名無相絶一切다. 손에 잡을 수도 없고 어떤 언설도 따라붙지 못한다. 그러나 그렇다고 하더라도 중생을 구제하려면 손을 놓고 있을 수는 없지 않은가. 그래서 방편으로 차별적인 상대지相對知를 통하여 중생을 깨우치게 된다. 근본 절대지는 입을 열어 말할 수 없지만, 중생 구제를 위해 부득불 방편지方便智를 사용할 수밖에 없다는 뜻이다. 중생 구제의 목표를 달성하면 그때 가서 방편문方便門을 버리면 된다.

제3구는 주관과 객관에다 언어를 붙여 실재하는 상을 지어내어 집착하고 끌려다니는 삶이다. 마치 진흙에다 도장을 찍는 것과 같다. 꼭 두각시는 스스로 움직일 수가 없다. 항상 조종하는 자가 있다. 조종하는 자는 누구를 말함인가? 자기 자신을 믿지 않고 남의 유혹에 속아 넘어갈 때 그 남[他]이 나를 조종하는 자이다. 그 조종하는 자는 사람에 국한되지 않는다. 자신 속의 허망분별과 망념 역시 자신을 조정하는 자이다.

우리는 주관과 객관의 상에다 언어와 문자를 붙여서 구체적인 의미를 부여하여 실재하는 모습으로 만든다. 허망분별로 만든 허상을 실재하는 상으로 착각하고 집착하는 것이 일반적인 사람들이 살아가는 모습이다. 허상에 붙들려 집착하여 움켜쥐고 싸우고 투쟁을 일삼는데, 이것은 허망분별이 자신을 조정하기 때문이다. 이런 분별 집착의 상이 다름 아닌 진흙에다 찍는 도장이다.

2) 어떤 것이 삼현삼요三玄三要입니까?

임제 스님이 또 말하였다.
"일구一句의 말은 반드시 삼현문三玄門을 갖추고 있고,
일현문一玄門은 반드시 삼요를 갖추고 있어서 방편도 있고 작용도 있다.
그대들 모든 사람들은 이것을 어떻게 이해하는가?" 하고는
법상에서 내려왔다.

師又云 一句語 須具三玄門 一玄門 須具三要 有權有用 汝等諸人 作麼生會 下座

삼현삼요三玄三要는 사람을 만났을 때, 또는 제자들을 점검하고 이끌때 말의 활용을 나타내고 근기에 따른 교화 방법을 보여준다.

'삼현三玄'은 현중현玄中玄, 구중현句中玄, 체중현體中玄을 일컫는다.

현중현玄中玄은 일체의 논리나 말의 속박에서 벗어난 진실한 말이다. 그래서 만 리에 티끌 먼지와 연기가 다 끊겼다고 표현하기도 하고, 삼세제불三世諸佛도 입을 대어 말할 수 없다고도 한다. 송대宋代의 고탑주古塔主(?~1045) 스님은 침묵하거나 소리 지르고 몽둥이로 때리고 하는 양구방할良久棒喝이 여기에 해당된다고 말한다.

구중현句中玄은 분별에 빠지지 않고 언어에 구애되지 않는 진실을 나타내는 말이다. 무엇이든 닿으면 찔러 죽이듯이 여기 와서 어리대면 누구든지 생명을 잃는다. 고탑주 스님은 조사의 공안인 '뜰 앞의 잣나무[庭前柏樹子]'나 '조사가 서쪽에서 온 뜻[祖師西來意]' 등이 여기에 해당된다고 말한다.

체중현體中玄은 말의 실천 속에 나타나는 진실이다. 상대의 능력이나 근기에 따라 사리를 밝혀주는 것으로, 기틀을 따라 법을 쓰되 사事와 리理, 모든 것이 다 분명한 것을 일컫는다. '춘삼월 호시절', '태평한 좋은 시절'이라고 이른다. 고탑주 스님은 만법유식萬法唯識의 도리나 화엄의 사사무애事事無碍 도리 등이 이에 걸맞다고 한다. 고탑주 스님은 이렇게 삼현의 차제를 둔다.

그러나 한마디 말에는 삼현이 갖추어져 있다. 한마디 말에서만 그런 것이 아니라 모든 존재와 모든 사물, 마음에도 다 그렇다.

이러한 삼현은 본질적으로 공空·가假·중中 삼제三諦와 다르지 않다. 현玄이란 어둡고 고요하며 텅 빈 것을 의미한다. 모든 항사묘용이 모두 이 현을 쫓아 나온다. 그러므로 현에는 유와 무가 함께 머물며, 진여 본체인 공과 묘용이 함께 갖추어져 있다. 현은 진공묘유眞空妙有를 다른 말로 표현한 것이라 할 수 있다. 삼현 중에서 현중현은 진공묘유 그 자체를 말한다. 그래서 티끌이 다 끊겼다고 하는 것이다. 구중현에서 말이란 진여의 묘용이 지어낸 가상假相으로서, 가假 속에 진여의 묘용이 있으므로, 말은 가假로서 그 속에 진여를 품고 있다고 할 수 있다. 체중현은 선문답을 하거나 말을 주고받는 과정에서 중도 진여에 서서 분별分別 망어妄語는 끊고 정어正語를 드러낸다.

진여의 묘용이 연을 따라 만상을 지어내니 모든 사물이 진여공이고 연에 따라 변하는 가假이며, 가 그대로가 공이므로 중中이다. 공·가·중 모두 진여일심의 작용이다. 그러므로 공가중은 하나이면서 서로 간에 통하고 막히지 않으며 원융무애하다. 삼현도 이와 다르지 않다. 이런 점에서 볼 때 고탑주 스님이 삼현을 공부를 해 나가는 차례이고, 계단이라고 설명하는 것은 잘못되었다고 할 수 있다.

'삼요三要'란 세 가지 중요한 요점을 말한다. 제1요第一要는 대기大機, 즉 큰 기틀을 말하는데, 부처와 조사도 몸을 버리고 목숨을 잃는 곳이기 때문에 거기서 한 생각을 내게 되면 벌써 천 리 만 리 법과는 멀어진다. 그래서 큰 기틀을 일체의 자취가 다 사라진 곳으로 비유한다.

제2요第二要는 대용大用을 일컫는다. 법을 확철하게 깨쳐 살활자재殺活自在하게 법을 활용하는 경지이다. 아무리 법문을 많이 기억하더라도 불법을 바로 깨치지 못하면 송장과 마찬가지라고 비유한다.

제3요第三要는 대기대용大機大用을 한 번에 쓰는 것을 말한다. 삼천대천세계의 모든 차별을 한가지로 평등하게 비춘다고 비유한다.

이 삼요 역시 어떤 말에도, 무슨 사물에도, 어떤 마음에도 다 존재한다. 삼요를 본질과 현상과 그 작용인 체體·상相·용用에 대비해 볼 수 있다. 체體는 마음의 청정과 텅 비어 있음을 나타낸다. 상相은 대용을 통해 가상공체假相空體의 삼라만상을 지어낸 모습으로, 이 상 속에는 대기대용이 제시되어 있다. 바로 진여일심에 보배창고와 갖가지 공덕이 갖추어져 있는 것이다. 그리고 용用은 묘용의 마음 씀으로, 보살이 다양한 방편으로 중생을 구제하는 이타적인 작용과 활동을 보여준다. 그래서 체상용은 대기, 대용, 대기대용과 궤를 같이한다.

그렇다면 일구一句 중에 삼현문三玄門이 있고, 일현문一玄門에 반드시 삼요三要가 포함되어 있으므로, 일구에는 구요九要가 모두 갖추어져 나타나는 것인데, 삼현삼요는 사람을 만날 때나 제자들을 이끌 때 말의 활용이나 근기의 활용을 나타낸다고 했다. 그렇지만 삼현삼요의 궁극적 지향점은 진여와 진여의 용에 맞추어져 있음을 잊어서는 안 된다. 말을 활용할 때나 근기에 따라 활용할 때, 진여에 뿌리를 두고 진여의 용에 바탕하여 행해지도록 함으로써 진여를 깨닫도록 해야 하기 때문이다.

옛 성현들은 삼현삼요에 무슨 깊은 진리가 담겨 있느냐며 너무 집착하지 말라고 당부했다. 삼현삼요를 설법한 임제 스님의 속뜻을 알고 그 말은 잊어버려야 한다고 강조했다. 말을 따라가서는 끝내 삼현삼요의 뜻은 모르게 된다. 그러므로 뜻을 얻고 나면 말은 잊어버려야 성품에 다가갈 수 있다. 이 삼현삼요를 하나로 뭉뚱그려 설명해보겠다.

보통 사람들은 분별망상으로 허상을 세워 형상이 있는 듯이 여긴다. 그러나 만상은 가상 공체다. 만상은 진여의 묘용이 연을 따라 지어진 것이므로 체體는 진여공眞如空이며, 가상이다. 가상은 허상이며 비실재이다. 가상은 그 체가 공으로서 가즉공假卽空인 것이다. 바로 중中이다. 만상은 묘용의 입장에서 볼 때 가상으로서 서로 상즉상입相即相入하는 중도이다. 결국은 묘용이 가상 공체를 지어내고 가상은 중도라는 것이다.

공가중과 체상용은 가상假相, 공체空體, 용중用中의 조합을 통해 용用 하나에로 귀일한다. 용은 곧 체와 다르지 않고 진여로 돌아간다. 공·가·중에서 가假를 예를 들어 말하면, 가假 속에 체상용體相用이 갖추어져 있기에 가의 체體는 공이며, 상相은 가상이며, 가의 용用은 연에 따른 다양한 움직임과 활동인 이용異用이다. 마찬가지로 공과 중 각각에도 체상용이 갖추어져 있다. 마음이든 물질이든 모든 연기 소생법은 공가중과 체상용을 아울러 갖추고 있다. 삼구에도 똑같이 이러한 이치가 적용된다. 제1구에도 삼현이 갖추어져 있고, 1현에도 삼요가 갖추어져 있다. 그래서 제1구에는 9요가 갖추어져 있다는 것이다. 마찬가지로 제2구, 제3구, 각각도 9요를 갖추고 있다.

그런데 삼구 각각이 9요를 갖추고 있다는 것은, 다른 말로 하면 삼구가 각각 다르지 않고 같다는 것인바, 앞에서 삼구를 말할 때 고탑주 스님이 깊고 얕은 심천深淺이 있는 것으로 표현하고 있는 것은 왜일까? 제1구에서 깨달으면 부처와 조사의 스승이 되고, 제2구에서 깨치면 인간과 천상의 스승이 되고, 제3구에서 깨달으면 자기도 스스로 제도하지 못한다고 말하고 있으므로 심천은 분명히 있다. 그러나 삼구를 깊이 들여다보고 3구의 본성을 파악하면 이러한 모순은 더 이상 모순이 아님을 알게 된다.

삼구를 주관·객관의 차원에서 나누어 보면 제1구는 주객 미분의 상태이고, 제2구는 주객이 이분화된 상태이며, 제3구는 주객이 분리되어 고착된 상태라고 말할 수 있다. 이러한 주객 분리 현상은 성품의 묘용이 연을 따라 지어낸 것임에는 틀림이 없다. 하지만 주객 분리 현상도 깊이 들여다보면 그 본성은 진여 성품이다. 말하자면 삼구는 모두 가상 공체로서, 체가 진여공으로서 동일하며, 진여공이 지어낸 주관과 객관이라는 가상의 모습을 하고 있는 것이다.

그러므로 삼구의 주관·객관인 가상은 그대로 진여공으로서 가즉 공假即空이고 공즉가空即假이다. 주관과 객관이라는 가상이 그대로 진여의 작용이다. 주관과 객관의 차별 현상은 그대로 진여공의 평등 무차별과 다르지 않다. 그러기에 삼구는 분명 심천이 있으면서도 심천이 있지 않으며 분명히 우열이 있으면서도 우열이 절대로 없다. 모르고 보면 분명히 심천이 있지만, 알고 보면 심천이 있어도 심천이 있는 것이 아니다.

3장

시중示衆

시중示衆은 문자의 뜻 그대로, 대중들에게 보이는 것으로 대중들에게 가르침을 설한다는 의미다. 그러므로 시중은 상당 법문에 비해 훨씬 격식에서 자유로운 법문이라 할 수 있다. 형식 면에서도 상당은 법상에 높이 올라가서 하는 데 비해, 시중은 마치 강의하듯이 책상을 놓고 의자에 앉아서 한다. 상당 법문은 높고 높은 법을 드러내기 때문에 대중들이 알아듣고 알아듣지 못하고에 상관이 없이 행해지지만, 시중은 친절하게 자세히 풀어서 설명하는 경우가 많다. 시중은 한마디로 임제 스님의 대중 법문이다.

1. 임제 스님의 사료간四料簡

임제 스님이 저녁 법문[晚參, 만참]에서 대중들에게 말하였다.
"어느 때는 사람(주관)을 빼앗고 경계(객관)를 빼앗지 않으며
어느 때는 경계를 빼앗고 사람을 빼앗지 않으며
어느 때는 사람과 경계를 함께 빼앗고
어느 때는 사람과 경계를 모두 빼앗지 않는다."

師晚參 示衆云 有時 奪人不奪境 有時 奪境不奪人 有時 人境俱奪 有
時 人境俱不奪

❀

사료간四料簡은 사람들을 제접提接할 때 법을 쓰는 네 가지 방법으로,
주관과 객관, 사람과 경계를 조합해 네 가지로 하여 대처하는 법을 말
한다. 주관과 객관, 그리고 사람과 대상은 우리의 삶에 있어 가장 중
요한 핵심 요소이다. 우리는 주관과 객관, 사람과 경계에 물들어 집착

하고 살아가기 때문에 고통의 바다를 표류한다. 이를 깨우치기 위해 사료간을 내세워 말하고 있는 것이다. 주관에 물들어 있으면 주관을 빼앗고, 객관에 물들어 있으면 객관을 빼앗아 깨우치고, 주관과 객관을 다 빼앗아 깨우치기도 하고, 주관과 객관을 다 인정하면서 깨우치기도 한다.

그때 한 스님이 물었다.

"어떤 것이 사람을 빼앗고 경계를 빼앗지 않는 것입니까?"

임제 스님이 말하였다.

"따스한 봄날에 만물이 소생하니 땅은 비단을 편 듯하고 어린아이의 늘어뜨린 머리카락은 명주실처럼 희구나."

스님이 또 물었다.

"어떤 것이 경계를 빼앗고 사람을 빼앗지 않는 것입니까?"

임제 스님이 말하였다.

"왕의 법령이 천하에 두루 시행되고 변방의 장수는 전쟁을 종식시켰도다."

그 스님이 또 물었다.

"어떤 것이 사람과 경계를 함께 빼앗는 것입니까?"

임제 스님이 말하였다.

"병주并州와 분주汾州는 소식이 끊어지고 각기 한 지방에서 독립하였도다."

스님이 또 물었다.

"어떤 것이 사람과 경계를 모두 빼앗지 않는 것입니까?"

임제 스님이 말하였다.

"왕은 보배 궁전에 오르고 노인은 태평가를 부른다."

時 有僧問 如何是奪人不奪境 師云 煦日 發生鋪地錦 孾孩垂髮白如絲
僧云 如何是奪境不奪人 師云 王令 已行天下徧 將軍塞外絕煙塵 僧云
如何是人境 兩俱奪 師云 幷汾絕信 獨處一方 僧云 如何是人境 俱不
奪 師云 王登寶殿 野老謳歌

❀

첫째, 주관을 부정하고 객관을 살리는 것으로, 사람은 빼앗고 경계는
빼앗지 않는다. 경계를 빼앗지 않고 객관을 살리니 세상은 더없이 아
름답다. 마치 봄날의 따스한 햇빛에 만물이 소생하여 땅에 비단을 편
듯하다고 말한다. 또한 사람은 빼앗고 주관을 부정하는 것을 어린아
이의 늘어뜨린 머리카락에 비유하여 명주실처럼 희다고 표현하기도
한다. 사람을 빼앗는 것을 왜 이렇게 표현하고 있는 것일까? 어린아
이의 머리카락은 검다고 해야 하는데, 왜 반대로 희다고 표현하고 있
는가? 그것은 어린아이의 머리카락이 희다고 반대로 말함으로써 사
람을 빼앗는 것을 나타내는 것이다.

   둘째, 객관을 부정하고 주관을 살리는 것으로, 경계는 빼앗고 사람
은 빼앗지 않는다. 왕의 명령이 천하에 두루 잘 시행되어 태평성대를
이루고, 변방을 지키는 장수는 엄정하게 명령을 시행해 전쟁할 일이
없도록 만들었다는 말이다. 왕은 나라 안 경계에서, 장군은 나라 밖
경계에서 각자 할 일을 다해서 전쟁을 종식하고 태평성대를 이루게
한 것을 이렇게 표현하고 있다.

   셋째, 주관과 객관을 다 부정했을 때, 사람과 경계를 모두 빼앗을
때다. 이를 '병주와 분주는 중앙과 소식이 끊어지고 각기 한 지방을
차지하였다'라고 표현하고 있다. 병주와 분주는 중원에서 멀리 떨어

진 변방이다. 전쟁 등이 일어나면 소식이 끊겨 고립되어 연락이 두절된다. 서로 간에 소식을 모른 채 무관하게 사는 모습이다.

넷째, 주관도 인정하고 객관도 인정하고 있는 것으로, 사람과 경계를 모두 빼앗지 않는다. 이를 '왕은 보배 궁전에 오르고 노인은 태평가를 부른다'고 표현하고 있다. 각자가 서로의 위치에서 최선을 다하는 것이다. 왕은 왕의 자리에서 치세를 잘하고, 백성들은 아무런 속박 없이 생활에 만족하며 살고 있다. 앞에서는 모두 부정적으로 말하고 있는 데 반해 여기서는 모두 긍정하고 인정한다.

우리는 주객의 이분 구조를 통해 드러내고자 하는 사료간의 깊은 뜻을 이해해야 한다. 주관과 객관의 이분 구조는 우리 삶을 갈등과 대립의 나락으로 떨어트리는 근본 원인이다. 즉 모든 갈등과 대립, 온갖 번뇌망상을 불러일으키는 장본인이다. 이러한 주객 이분 구조를 붕괴하지 않고서는 진여의 성품에 다가갈 수가 없다. 그러나 우리의 인식 구조가 주객의 이분 구조 속에서 가동되고 있음을 잊지 말아야 한다.

객관을 주관으로 하여금 알게 하는 것이 다름 아닌 인식 활동이다. 우리의 주관은 분별이라는 색안경을 끼고 대상을 인식함으로써 '옳다/그르다, 좋다/나쁘다, 선이다/악이다, 밉다/곱다' 등의 천차만별의 분별을 일으킨다. 이러한 인식 활동은 끊임없이 상속되고 상相으로서 집착되며 내면에 언어로 저장되고 이것이 업이 되어 고통을 발생시키는 육추六麤의 번뇌를 지어낸다. 근본 의식의 삼세三細도 마찬가지로 주관과 객관으로 분리되어 근본무명을 중심으로 능견상能見相과 경계상境界相을 지어내는 것이다. 이처럼 주객의 이분 구조는 삼세 육추와 팔만사천 번뇌를 지어내는 장본인이다.

임제 스님은 이러한 주객의 이분 구조를 붕괴시키기 위해 사료간을 통해 우리로 하여금 깨우치게 한다. 주객의 이분 구조는 깨친 자의 눈으로 보면 마음이 지어낸 구조에 지나지 않는다. 주관도 마음이고 객관도 마음이 지어낸 것이다. 주관과 객관이 대립하는 것은 그 둘이 서로 다르다는 인식을 전제하지만, 주관과 객관이 똑같이 마음이라면, 주관과 객관의 이분 대립은 일원화됨으로써 갈등이 사라지기 마련이다.

그리고 주관과 객관을 지어낸 마음도 묘용이 연을 따라 지어낸 허망분별로서 마음이라고 할 것도 없다. 마음의 본 성품에서 볼 때 일체 이름과 모습을 떠나 있으므로 주관과 객관은 없지만, 진여의 묘용이 연을 따라 주관과 객관을 지어냈으므로 진여본성에서 주관과 객관은 서로 다르지 않으며 하나로서 원융무애한 중도이다.

그러므로 요약하면, 사료간은 주객의 이분 구조가 고통을 가져오는 무명번뇌의 당사자로서 주객의 이분 구조를 파괴하여 마음의 성품인 진여로 귀입歸入하기 위한 방법이라고 할 수 있다. 그래서 주관을 빼앗기도 하고 객관을 빼앗기도 하는 것이다. 다시 말해서 주관과 객관을 모두 빼앗으면 일체의 모든 것을 부정하여 일체가 끊어지게 된다. 그리고 주관과 객관을 모두 빼앗지 않으면 일체의 모든 것을 긍정하여 일체를 모두 비추어 다 살아나게 된다. 사료간의 근본 메시지는 주객의 양변을 모두 빼앗는 동시에 양변을 모두 살리는 데 있다. 이것이 원융무애한 중도의 도리이다.

2. 진정한 견해[眞正見解]를 가져야 한다

1) 수승함을 구하지 않아도 수승함이 저절로 온다

임제 스님이 이어서 말하였다.

"오늘날 부처님 법을 배우는 사람이 가장 중히 여길 것은

진정견해眞正見解를 구하는 일이다.

만약 진정견해만 얻는다면 나고 죽음에 물들지 않고

가고 머무름에 자유로워 수승함을 구하지 않아도 수승함이 저절로 온다.

수행자들이여!

예부터 선지식들은 모두가 그들만의 특별한 교화의 방법이 있었다.

지금 산승이 사람들에게 가르쳐 보여준 것은

다만 그대들이 다른 사람의 미혹을 받지 않는 것이다[不受人惑].

자신의 바른 안목을 작용하게 되면 곧바로 작용할 뿐이다[要用便用].

더 이상 머뭇거리거나 의심하지 마라.

요즘 공부하는 사람들이 진정견해를 얻지 못하는 것은

그 병이 어디에 있는가?

병은 스스로 믿지 않는 데 있다[病在不自信處].

그대들이 만약 스스로를 믿지 못하면,

곧 바쁘게 이리저리 쏘다니면서 일체 경계를 좇아 끌려가며,

수만 가지 경계에 자신을 빼앗겨 자유롭지 못한 것이다.”

師乃云 今時學佛法者 且要求眞正見解 若得眞正見解 生死不染 去住
自由 不要求殊勝 殊勝 自至 道流 祇如自古先德 皆有出人底路 如山
僧指示人處 祇要儞不受人惑 要用便用 更莫遲疑 如今學者不得 病在
甚處 病在不自信處 儞若自信不及 卽便忙忙地 徇一切境轉 被他萬境
回換不得自由

❀

진정견해眞正見解란 무엇인가? 이를 풀어보면 '바르고 참된 견해'이
다. 불교에서는 정견正見을 강조한다. 그런데 단순히 바른 견해가 아
니고 '참된 바른 견해'는 무엇을 말하는가?

정견이 그릇된 견해에 비해서 바른 견해라면, 참된 바른 견해는 바
른 견해[正見]와 그릇된 견해[邪見]에 머물러 있는 것이 아니라, 이러한
대립되는 양변을 다 초월한 견해이다. 그리고 양변을 다 떠나 초월한
것에 그치지 않고 정견과 그릇된 견해를 다 포함하면서 정견과 사견
이 둘이 아닌 중도정견中道正見을 말한다.

중도정견은 일체의 유무나 생멸의 변견 망념을 끊어낸 자리이다.
망념을 끊어낸 성품의 자리에서 진여의 작용이 모든 것을 지어내어,
거기에는 또한 유와 무가 있고 생과 멸이 있다. 이때 유와 무, 생과 멸

은 분별견해처럼 서로 막히고 단절되어 있는 것이 아니라 서로 통하고 원융하여 무애하다. 이것이 중도정견이다. 그러므로 중도진여는 허망한 분별이 사라지고 진리가 드러나는 망멸진증妄滅證眞의 구경무심究竟無心이라고 할 수 있으며, 이 자리가 바로 원만하게 자신의 성품을 본 원증견성圓證見性이며 구경각究竟覺이다.

임제 스님은 중도정견에 입각한 진정견해를 얻는다면 생사에 오염되지 않고, 가거나 오거나 자유롭다고 말한다. 진정견해는 중도정견이므로 생과 사가 둘이 아니고 서로 통하므로 생과 사에 집착하여 물들지 않는다. 가고 머무는 것 역시 중도진여의 자리에서 보면 모두 다 가상으로서 어디에도 얽매이지 않고 자유롭다. 그러므로 진정견해만 얻는다면 나고 죽음에 물들지 않고 가고 머무름에 자유롭다.

그리고 수승함을 구하려 하지 않아도 수승함이 저절로 이루어진다. 수승함이란 뛰어난 경지로서, 다름 아닌 깨달음을 말한다. 그러므로 진정견해를 얻고 나면 수승한 깨달음은 구하려 하지 않아도 그것이 저절로 이뤄진다는 의미다.

임제 스님이 가르치는 핵심은 남의 잘못된 주장에 속아 넘어가지 말라는 데 있다. 이것이 바로 '남의 미혹에 매이지 마라'라는 가르침이다. 여기에서 '남'은 누구를 말하는지 잘 들여다보아야 한다. 물론 자기 자신이 아닌 타인은 다 남이라고 할 수 있다. 그러나 그러한 남도 물론 포함되지만, 선지식이니 조사니 고승대덕이니 부처니 하는 사람들이 다 포함되는 그러한 남이다. 왜냐하면 이러한 모든 사람들의 법문이나 가르침도 언어 문자로 이치를 드러내기 때문에, 거기에는 한계가 있을 것이므로 거기에 속아 넘어가서는 안 되기 때문이다. 그리고 부처와 조사는 물론이고 자기 자신한테도 속아 넘어가지 않아야 한다. 왜냐하면 속아 넘어가는 당사자는 다름 아닌 자기 자신이기 때문이다. 누구든지 자신을 속이지 못하도록 자신이 속히 진정견해를 얻어야 한다.

그다음 우리가 주의를 기울여야 할 대목은 "자신의 바른 안목을 작용하게 되면 곧바로 작용할 뿐이다[要用便用]"라는 내용이다. 이는 작용하는 자신을 의심하지 말고 더 이상 머뭇거리지 말라는 것이다. 자신의 지혜의 바른 안목을 사용하고 싶으면 곧바로 사용하라고 말하고 있다.

그렇다면 '자신의 지혜의 바른 안목을 사용한다'라는 말은 무엇을 뜻하는가? '진여의 작용이 눈에 있어 본다'는 말이다. 이 말이 요용변용要用便用, 즉 작용하게 되면 곧 작용할 뿐이라는 말이다. 보게 되면 보고, 듣게 되면 듣는다는 것이다. 이러한 요용변용 역시 중도정견인 진정견해의 작용이다. 그러므로 진정견해 외에 다른 것에는 미혹되거나 속지 말고, 작용하는 자신을 의심하지 말고 더 이상 머뭇거리지 말라고 하는 것이다.

그렇다면 작용이란 무엇을 말함인가? 성품은 작용하는 데 있다는 것이다. 성재작용性在作用이다. 부처의 성품인 진여가 체體라면, 용用은 진여의 묘용이다. 그 묘용이 작용이다. 깨친 눈으로 보면 우리가 보고 듣고 냄새 맡고 말하고 손을 움직이고 발로 걷고 하는 것이 그대로 진여의 작용이다.

움직임이란 마음의 움직임이요, 움직임 그대로가 작용이다. 움직임과 작용 이외에는 마음이 없고, 마음 밖에는 움직임이 없다. 인연따라 만들어지고 작용하고 있는 모든 삼라만상 속에 마음 또한 작용하고 있는 것이다. 진여의 작용은 항하恒河(갠지스강)의 모래알처럼 다

함이 없기에 항사묘용恒沙妙用이라 한다. 진여의 작용이 아님이 없다.

이러한 진여와 진여의 작용은, 누구든지 중생들의 마음속에 가지고 있다. 다시 말하자면 중생들은 마음 가운데 영원한 생명과 무한한 능력을 지니고 있다. 이러한 작용은 자기에게 이익을 주는 것은 물론이고 남에게도 이익을 준다. 작용하는 자신은 진여의 자신이다. 진여는 평등하여 차별이 없다. 차별 없는 진여가 활발발하게 작용하는 사람이 무위진인無位眞人이다.

이 단락에서 깊이 들여다보아야 할 대목은 '진정견해를 얻지 못하는 병은 다른 데 있지 않고 스스로 믿지 않는데 있다[病在不自信處]'라는 대목이다. 자신 안에 진여가 움직이고 있는데, 이를 믿지 않는다는 것이다. 자신이 본래 부처요, 무위진인인데 이를 믿지 못하고 다른 데서 찾으니 병이 생긴다. 다른 곳을 찾아 이리저리 분주하게 움직여보지만 결국에는 어긋나고 말 뿐이다. 어긋나면서 좌절하고, 그러면서 병이 깊어만 간다.

중국의 한 비구니 스님의 오도송悟道頌을 소개해보면 이렇다. 스님은 봄을 찾아서 신발이 닳도록 헤맸지만, 돌아오는 길에 우연히 매화 향기를 마주치고는, 이미 그 나뭇가지 위에 봄이 와 있음을 알아차린다. 이렇듯 자신 안에 향기 그윽한 부처의 모습이 살아 있음을 믿어야 한다.

'내가 바로 본래 부처'라는 확고한 믿음을 지니면 정신없이 분주하게 바깥의 일체의 경계에 휘둘리지 않으며 모든 경계에 자유롭게 될 것이다. 그렇게 믿고 행하면 깨달음은 온전히 드러나게 된다.

2) 일없는 사람일 뿐이다

"그대들이 생각 생각마다 밖으로 찾아 헤매는 마음을 쉴 수 있다면
곧 조사와 부처[祖佛] 더불어 다름이 없느니라.
그대들이 조사와 부처님을 알고자 하는가?
다만 내 앞에서 법문을 듣고 있는 그대 자신[聽法底人]이 조사이자 부처이다.
공부하는 사람들이 이를 철저히 깨닫지 못하기에
곧장 자신 밖을 향해 내달리면서 조사와 부처를 찾아 헤매고 있다.
그렇게 해서 설사 밖에서 구하여 얻는다 하더라도
모두 번지르르한 문자일 뿐이다.
마침내 살아 있는 조사의 생생한 마음은 얻지 못할 것이다.
착각하지 마라, 여러 선덕들이여!
지금 바로 자신이 부처라는 사실을 깨닫지 못한다면,
만겁천생萬劫千生을 삼계에 윤회하여 좋아하는 경계에 이끌려 다니느라
나귀나 소의 배 속에 태어날 것이다.
도를 배우는 여러 벗들이여!
산승의 견해로 볼 때 그대들도 석가와 다름이 없다.
지금 여러 가지로 작용하는 곳에 모자라는 것이 무엇인가?
여섯 갈래[眼・耳・鼻・舌・身・意]의 신령스런 빛이 잠시도 쉰 적이 없다.
이와 같이 볼 수 있는 견해를 얻을 때
비로소 참으로 한평생 일없는 사람[一生無事人]이 된다."

儞若能歇得念念馳求心 便與祖佛不別 儞欲得識祖佛麼 祇儞面前聽法
底是 學人 信不及 便向外馳求 設求得者 皆是文字勝相 終不得他活祖

意 莫錯 諸禪德 此時 不遇 萬劫千生 輪廻三界 徇好境掇去 驢牛肚裏
生 道流 約山僧見處 與釋迦不別 今日多般用處 欠少什麼 六道神光
未曾間歇 若能如是見得 祇是一生無事人

✿

법문을 듣고 있는 바로 그 사람이 조사이고 부처이다. 법문을 듣는다
는 것은 진여의 작용이기 때문이다. 그런데 보통 사람들은 이를 모르
고 밖을 향해 부처를 찾고 조사를 찾으며 마음을 헐떡거린다.

　법문을 듣고 있는 사람[聽法底人]에 대해 더 깊이 들어가 보자.

　법문을 들으려면 인식 주체인 '근根'과 인식 대상인 '경境', 그리고
인식 작용인 '식識' 세 가지의 화합이 이루어져야 한다. 이 셋이 화합
하여 일어나는 최초의 미세한 마음작용이 '촉觸'이다. 이 촉으로 인해
우리는 어떤 대상을 인식하고 판단한다. 구체적으로 말하자면, 눈으
로 사과를 보고 '아, 저것이 맛있는 빨간 사과로구나'라고 인식할 때,
눈이 사과와 접촉하고, 느끼고, 옛 기억을 모아 생각하며 취하려고 움
직일 때, '아, 내가 먹음직한 빨간 사과'라고 인식한다는 것이다. 그런
데 본 대로 인식하지 않고 자신의 선입견에 따라서 다르게 인식한다.
같은 사과를 보더라도 어떤 사람에게는 '맛있는 사과', 어떤 사람에게
는 '따라오는 강아지를 쫓을 무기'로 보인다.

　인식 주체인 근根은 보통 '눈'·'귀'·'코'·'혀'·'몸'·'마음'인 안
眼·이耳·비鼻·설舌·신信·의意의 육근六根으로 분류된다. 인식 대
상인 경境은 '색깔'·'소리'·'냄새'·'맛'·'닿음'·'마음의 대상'으로
일컬어지는 색色·성聲·향香·미味·촉觸·법法의 육경六境으로 분
류된다. 그리고 인식 작용은 눈으로 보고 판단하는 안식眼識, 귀로 소

리를 듣고 판단하는 이식耳識, 코를 통한 비식鼻識, 혀를 통한 설식舌識, 닿음을 통한 신식身識, 종합적으로 판단하는 의식意識의 육식六識으로 나뉜다.

그런데 우리 마음이 삼독으로 물들어 있으면 육근의 작용은 육적六賊으로 변하여 작용한다. 반면 진여자성을 매개로 하면 육근의 작용은 여섯 가지 신통묘용으로 드러난다.

진여자성을 보지 못하면 육적이지만, 진여자성을 깨치면 육근 전체가 신통묘용인 것이다. 마찬가지로 진여자성의 빛이 육식에 나타나면 안식부터 신식까지 전오식前五識은 성소작지成所作智가 되고, 의식은 묘관찰지妙觀察智가 되며 제7식인 자아의식으로서의 말나식未那識, Manas은 평등성지平等性智가 되며, 제8식인 아뢰야식은 대원경지大圓鏡智가 된다.

말하자면 대립 분별 의식이 사라지고 무분별 지혜가 드러나는 것이다. 그리고 육경이 진여자성을 매개로 하면 그 특정한 모습에 머무르지 않고 진리 그대로 드러난다. 법문을 듣는 이식耳識 또한 무분별지로서 분별이나 집착함이 없는 지혜로서 진여의 작용임을 알게 된다.

그러므로 머무는 바 없이 마음을 내는 것이고, 이러한 사람은 다름 아닌 진여의 작용을 하는 사람, 즉 참사람인 '진인眞人'이다. 그러므로 법문을 듣고 있는 이 사람은 깨친 눈으로 보니 작용하는 사람이고 무위진인無位眞人으로서 조사祖師이며 부처님이라고 하는 것이다.

보고 듣고 하는 자신이 바로 작용하는 자신으로서 부처와 다르지 않음을 의심하지 않는다면 주저할 것도 없고 생각 생각에 밖을 향해 헤매는 마음을 갖지 않게 될 것이다. 이렇게 숨 쉬고 움직이고 맥박이 뛰는, 보고 듣고 하는 자신이 살아 있는 부처다. 그러므로 '착각하지 마라'라는 말은, 작용하는 자신 그대로가 부처라는 이 진실을 믿고 바로 보아 번지르르한 언어와 문자에 따라가지 말고 그 무엇에도 집착하지 말라는 뜻이다. 작용하는 자신 밖에서 부처를 구하러 다니면 남의 미혹에 빠지고 속아서 천생만겁토록 삼계윤회를 하고 나귀나 소가 되어 단지 물과 풀등 욕심을 채우는 일만 하고 다니게 될 뿐이다.

지금 여기에 있는 자기는 석가세존과 다름없다. 진여자성의 빛이 육근의 문을 통해서 비치니 지금 여러 가지로 마음 씀에 부족한 것이 없다. 온 세계에서 자유자재하게 부처님의 법을 쓴다. 그러기에 육근 전체가 신통이며 모두 다 진여대용이 아님이 없다. 육근의 작용이 여섯 가지 신통묘용이라는 것이다. 보고 듣고 냄새 맡고 맛보고 하는 등의 작용이 무분별지로서 전혀 물들지 않는 청정한 행이며 신통이고 묘용이라는 말이다.

작용하는 자신은 진여의 움직임으로 한평생 일없는 사람으로서 무사인無事人일 뿐이다. 한평생 일없는 사람은 일을 하되, 일을 떠나 일과 함께 놀며 즐긴다. 일[事]의 본성이 가상공체假相空體임을 꿰뚫고 있고, 일체의 번뇌망상이 찰나에 멸각되어 한가한 도인일 뿐이다. 더 이상 부처도 조사도 구할 필요가 없는 사람이다. 일없는 사람은 매사에 무심하고 편히 쉬는 자이고, 대자유인이며 대해탈인이다.

3) 밖으로 구하지 마라

"대덕아! 삼계三界는 불타는 집과 같아 편함이 없다.
이곳은 그대들이 오래 머물 곳이 못 된다.

무상無常을 알리는 죽음의 신이 한 찰나 사이에
귀한 사람 천한 사람, 늙은이 젊은이를 가리지 않고 목숨을 빼앗아 간다."

大德 三界無安 猶如火宅 此不是儞久停住處 無常殺鬼 一刹那間 不揀
貴賤老少

✽

삼계三界는 무엇인가? 언필칭 삼계란 탐욕의 세계, 형상의 세계, 선정
의 세계를 일컫는즉, 인간이 사는 다양한 세계를 이른다. 그것은 말하
자면 탐욕, 분노, 어리석음에 물든 삼독三毒의 세계다. 탐욕이 욕계欲
界이고, 성냄은 색계色界이며, 어리석음은 무색계無色界이다. 무명無
明은 삼독의 뿌리다. 이러한 무명은 진여의 본체를 가리고 있다. 그래
서 삼계를 삼독으로 불타는 집에 비유한 것이다. 그곳은 오래 머물 곳
이 못 된다.

　삼독을 끊고 무명을 걷어낸 진여의 세계야말로 영원히 머물 곳임
을 암시하고 있다. 모든 것은 무상하다. 모든 마음과 물질은 연에 따
라 만들어지고 흩어지기 때문에 무상하며 영원하지 않다. 이러한 무
상은 사람을 죽이는 귀신과 같아서 한 찰나 사이에 남녀노소, 귀한 사
람, 천한 사람 가리지 않고 없애버린다.

"그대들이 조사, 부처님과 다르지 않고자 한다면 부디 밖으로 구하지 마라.
그대들의 한 생각 마음의 청정한 빛은 그대 자신 속의 법신불이고,
그대들 한 생각 마음의 분별없는 빛은 그대 자신 속의 보신불이며,
그대들 한 생각 마음의 차별 없는 빛은 그대 자신 속의 화신불이다.

이 세 가지의 불신佛身은 지금 내 앞에서 법문을 듣고 있는

바로 그대들 자신이다.

부디 밖을 향해 찾지만 않으면 삼신三身의 이런 공용을 갖춘다.

경학을 공부하는 사람(경론가)에 의거하면

이 세 가지 불신에 도달함을 궁극의 경지로 삼으나

산승의 견해로는 그렇지 않다.

세 가지 불신이란 이름과 말이며, 또한 세 가지 의지인 것이다.

옛사람이 말하기를 몸[佛身]이라고 하는 것은 이치에 따라 세운 것이고

국토는 바탕에 따라 논한 것이다.

법성신, 법성토는 이 빛의 그림자[光影]인 줄 분명히 알아야 한다.”

儞要與祖佛不別 但莫外求 儞一念心上 淸淨光 是儞屋裏法身佛 儞一
念心上 無分別光 是儞屋裏報身佛 儞一念心上 無差別光 是儞屋裏化
身佛 此三種身 是儞卽今目前聽法底人 祇爲不向外馳求 有此功用 據
經論家 取三種身 爲極則 約山僧見處 不然 此三種身 是名言 亦是三
種依 古人云 身依義立 土據體論 法性身法性土 明知是光影

✿

작용하는 자신이 조사이고 부처이므로 자신 외에 밖으로 구하지 말
라고 말하고 있다. 밖에서 구하지 말라고 할 때, 여기서 ‘밖’은 물론 자
신 밖에서 구하는 일체의 것을 말한다. 자신이 부처인데 그 부처를 자
신 밖에서 구한다면 이는 말이 안 된다. 비록 팔만대장경이나 조사 어
록을 공부한다고 하더라도 인위적으로 의미를 부여한 언어 문자를
따라가는 공부도 모두 밖에서 구하는 일일 뿐이다. 팔만대장경도 중

생의 병을 치료하기 위한 방편 가설임을 알아야 한다. 그러므로 문자와 언어에 집착하거나 따라가지 않고 자기의 마음을 바로 가리켜 마음의 작용을 깨닫는 것이야말로 제대로 된 공부라 할 수가 있다.

법신불法身佛은 여래의 참된 몸으로 공空이자 진여 자체를 말한다. 이 법신불을 자성신自性身이라 부르는 이유는, 진여인 불변의 법 그 자체가 부처님의 본성, 즉 자성自性이기 때문이다. 자성신은 일체의 형상도 없고 빛깔도 없으며 맑고 고요하여 말로 설명할 수 있는 차원을 떠나 있다. 이는 허망분별의 의타기성依他起性이 단절되어 본래적인 진실한 원성실성으로 전환되는 것으로, 이러한 의타기의 전환을 전의轉依라고 한다. 전의는 곧 깨달음으로 자성신의 특질이다. 그래서 임제 스님은 "마음의 청정한 빛은 그대 자신 속의 법신불이다"라고 말하는 것이다.

보신불報身佛은 수용신受用身이라고 하는데, 이는 법신불에 바탕하고 있으면서, 그 자성신 자체가 흘러 나와서 활동하는 불신佛身을 말한다. 수용신은 두 가지 성격을 지니고 있다. 하나는 자리自利, 즉 지혜의 자수용신自受用身이고, 다른 하나는 이타利他, 즉 자비의 타수용신他受用身이다. 자수용신과 타수용신은 결국 동일한 법신불을 지혜와 자비, 자리와 이타, 향상문과 향하문의 방면으로 나누어 설명한 것으로, 이 둘은 서로 떠날 수 없는 상보적 관계 또는 불이不二의 관계라 할 수가 있다. 특히 보신불의 분별하지 않는 지혜 성격을 강조하여 임제 스님은 "마음의 분별없는 빛은 그대 자신 속의 보신불이다"라고 말하고 있는 것이다.

화신불化身佛은 10지地에 이르지 못한 보살이나 이승, 범부 등을 교화하기 위해 그들의 능력이나 근기의 차별에 따라 갖가지 형상으로 변화하는 불신을 말한다. 수용신은 10지에 이른 보살들은 교화하지만, 그에 이르지 못한 각양각색의 천차만별의 모든 중생들에게까지 교화의 영역을 미치지 못한다. 여기에 화신이 필요하게 되는 것이다. 화신은 잘난 사람이든 못난 사람이든 차별 없이 교화한다. 임제 스님은 차별 없는 이타 자비를 강조하는 측면에서 "마음의 차별 없는 빛은 그대 자신 속의 화신불이다"라고 말하고 있다.

　여기서는 법신, 보신, 화신의 세 가지 몸으로 나누어 설명하지만 이는 진여, 한마음의 빛을 세 가지로 나누어 설명한 것에 지나지 않는다. 하나의 진여 본체를 나누어 보니 삼신불로 말하는 것이지 본체는 진여 하나로 같은데 쓰임이 다른 것이라고 해야 한다. 그러므로 동체이용[同體異用]이라고 할 수 있다.

　자기 마음속에 삼신불이 다 갖추어져 있으며, 이 마음속 삼신불을 바로 깨치면 그 사람이 조사인 부처이고 부처인 조사이다. 그래서 지금 이 순간 법문을 듣고 있는 사람이 조사요, 부처와 다르지 않다고 말하고 있는 것이다. 삼신불이 진여 광명의 작용이듯이 법문을 듣고 있는 우리 자신도 진여 광명의 작용으로 똑같다. 이러한 삼신불과 다르지 않은 작용하는 자신을 믿고, 다른 곳에서 찾고 구하지만 않는다면 삼신불의 공덕 작용이 작용하는 우리 자신에게 있다고 말하고 있다. 공덕 작용이 무엇인가? 보고 듣고 말하고 행동하며 손에 잡고 걸어 다니는 등의 것들이 신통묘용이고 무량공덕이다.

　세 가지 불신은 경론을 공부하는 사람들이 불법의 최고 가르침으로 삼고 있지만, 임제 스님이 보기에는 불신이란 이름과 말뿐이며, 또한 세 가지 의지[三種依]로 발생된 것일 뿐이라고 말하고 있다. 세 가지 불신은 언어 문자로 이치를 드러낸 방편 가설이다. 그런데 이를 모르고 이를 진리 그 자체로 받아들인다면 이는 곧 말을 따라 죽음에 이르게 되는 독약이 되는 것이다.

　바로 앞에서 삼신불은 진여 본체는 같으나 쓰임이 다르다고 말했으면서 여기서 삼신불이 오직 이름과 말뿐이라고 하는 것은 서로 모순이 되지 않는가 하고 생각이 들 것이다. 그러나 서로 앞뒤가 다른 듯이 말하고 있는 것을 잘 들여다보아야 한다. 삼신불은 동체 이용으로 진여 본체로서는 같으나 작용이 서로 다르다. 작용이 서로 다르다는 것은 갠지스강의 모래알처럼 작용하는 형상이 서로 다르기 때문이다. 삼신불은 다 같이 진여 본체로서 같지만 작용이 달라 서로 다른 작용 형상을 지니게 되었다는 것이다. 다른 형상을 지녀도 진여의 작용에는 다름이 없다. 하나의 진여를 법신이니 보신이니 화신이니 하고 이름을 갖다 붙이는 것이다. 그러나 그렇게 이름을 붙인다고 하여 무슨 실체가 따로 있는 것이 아니며 모두 다 진여의 작용일 뿐이다. 그러므로 이름을 붙인 세 가지 불신은 실체가 없기에 모두 다 이름뿐이고 형상이 변하기 때문에 그림자라고 하는 것이다.

　법성法性의 몸을 불佛이라 하고, 법성의 국토[土]를 정토淨土라고 하는데, 법성의 몸이든 법성의 국토이든 모두 진여당체에 의지하여 지어낸 그림자이다. 이 빛의 그림자光影이다. 빛은 내 마음속에 빛나는 진여의 빛이다. 바로 법성의 몸이든 법성의 국토이든 모두 다 진여자성이 지어낸 작용 형상임을 설명하고 있는 것이다. 몸이나 국토가 그 본체는 진여자성이나, 모습은 진여자성에 의지하여 지어낸 가상이다. 가상은 허깨비이고 물거품이며 그림자이다.

　그래서 법성신, 법성토가 진여 마음의 빛 그림자에 지나지 않는 것이라고 말하고 있는 것이다. 법성신, 법성토가 빛의 그림자라면 이러한 그림자, 즉 세 가지 법신은 오직 이름과 말뿐이라는 것은 당연한 이치다. 그러나 우리는 그림자인 가상으로서의 삼신불을 없애버리고 진여자성인 삼신불을 볼 수 없다. 그림자인 가상 그대로가 진여자성과 다르지 않다. 그래서 세 가지 불신을 통하여 작용하는 자신과 다르지 않음을 보임으로써 이러한 삼신불과 다르지 않은 자신을 믿고, 밖으로 구하거나 밖을 향해 찾지 말라고 신신당부하고 있는 것이다.

4) 모든 곳이 돌아가 쉴 곳이다

"대덕들이여! 그대들은 또한 그림자를 조종하는 사람임을 알라.
이것이 모든 부처의 근본이다.
그렇게 되면 모든 곳이 도를 닦는 이들의 돌아가 쉴 곳이다.
그대들의 사대四大(지地, 수水, 화火, 풍風)로 된 이 육신은
법을 설하거나 법을 들을 줄 모른다.
폐脾, 위胃, 간肝, 담膽도 설법을 하거나 법을 들을 줄 모른다.
허공도 설법을 하거나 들을 줄 모른다.
그렇다면 무엇이 설법을 하고 법을 들을 줄 아는가?
그대들 눈앞에 역력하고 아무 형체도 없이 홀로 밝은
이것이 바로 설법을 하고 법을 들을 줄 안다.
만약 이와 같이 볼 줄 안다면 곧 조사, 부처와 다르지 않다."

大德 儞且識取弄光影底人 是諸佛之本源 一切處 是道流 歸舍處 是儞
四大色身 不解說法聽法 脾胃肝膽 不解說法聽法 虛空 不解說法聽法

是什麼 解說法聽法 是儞目前歷歷底 勿一箇形段孤明 是這箇 解說法
聽法 若如是見得 便與祖佛不別

❀

앞에서 법성의 불신과 법성의 불국토는 자성의 그림자에 지나지 않
음을 보았다. 불신과 불국토는 진여당체의 그림자이고, 그 그림자를
조종하는 것은 우리들 자신의 진여라는 말이다. 진여당체가 모든 부
처의 근본이다. 이 진여가 만상을 지어내므로 만상 그대로가 진리 아
님이 없다. 그래서 모든 삶의 모습이 도를 닦는 이들의 돌아가 쉴 곳
이라고 말하고 있는 것이다. 진여자성을 바로 보는 것이야말로 망멸
진증妄滅證眞의 구경무심이며 구경의 안심입명처安心立命處이다.

　사대로 이루어진 육신이나 오장육부, 허공은 법을 설하거나 법을
들을 줄 모른다. 그러면 도대체 무엇이 법을 설하고 들을 줄 아는가?
"그대 눈앞에 역력하고 뚜렷하고, 형체도 초월한 홀로 밝은 바로 이
것目前歷歷底 勿一箇形段孤明"이 듣고 말할 줄 안다는 것이다. 이것은
무엇을 말하는가? 바로 마음의 법이다. 마음의 법은 형체도 없으며
눈앞에서 항상 활발발하게 작용하여 홀로 밝은 빛을 발한다. 마음의
법은 다름 아닌 진여일심이며 진여자성이다. 진여자성인 이 마음이
설법을 하거나 법을 듣는 자이며 역력하고 뚜렷한 형체도 없이 홀로
밝은 자이다. 그 진여자성이 바로 조사요, 부처이며 나 자신이다.

　앞서 임제 스님은 먼저 세 가지 불신을 말하면서 동체이용同體異用
을 설하였다. 세 가지 불신은 본체가 진여이고 진여의 작용이라는 점
을 분명히 밝혔다. 그리고 세 가지 불신은 명칭과 말뿐이며 진여자성
의 그림자일 뿐이라고 말하였다. 그러면서 여기서는 마음의 그림자

를 조정하는 정체를 알아내라고 말하고 있는 것이다. 삼종 불신이 마음의 그림자이므로 집착하지 말라고 해놓고선 다시 그림자의 정체를 알아내라고 하고 있다. 한마디로 임제 스님의 세 가지 불신 법문은 진정견해를 드러내고, 진정견해를 믿고 있는 자신 외에 밖에서 구하지 말 것을 말하고 있는 것이다.

진정견해는 정견이고, 정견은 중도이다. 유와 무의 양변을 완전히 떠나고, 일체의 분별 망념을 끊어낸 망멸증진의 원증견성圓證見性이다. 법신, 보신, 화신 상호 간에 서로 통하며 막히지 않고 원융무애하다. 이것이 중도이다. 이것이 정견이고 진정견해이다. 그 진정견해를 누가 내는가? 바로 나다. 나 자신이다.

다만 모든 시간 속에 전혀 한순간도 단절됨이 없다면
눈에 보이는 것 그대로가 모두 진리의 나타남이다.
그러나 감정이 생겨서 지혜가 막히고 생각이 변하여 본바탕과 달라진다.
그러므로 삼계에 윤회하여 가지가지 고통을 받게 된다.
산승의 견해로 본다면
일체만법이 깊고 깊은 경지가 아닌 것이 없고[無不甚深]
해탈경계가 아닌 것이 없다[無不解脫].

但一切時中 更莫間斷 觸目皆是 祇爲情生智隔 想變體殊 所以 輪廻三界 受種種苦 若約山僧見處 無不甚深 無不解脫

❀
진여의 본 성품은 우주공간 속에 두루 편재하고 우주와 만물을 지어내며 시방법계를 관통하고 있다. 그것은 만들어지거나 소멸되지 않는다. 시간적으로 시작도 끝도 없는 무시무종無始無終이며, 공간적으로는 무량무변無量無邊하다. 그러므로 눈에 보이는 삼라만상이 그대로 다 진리의 나타남이다.

이러한 진여성품이, 물든 마음인 무명無明에 가려 행行을 짓고, 행은 허망한 식識을 지어낸다. 무명의 뿌리인 탐貪·진瞋·치痴 삼독으로 말미암아 지혜가 막히고 온갖 경계에 물들어 자연히 악업을 이루어 진여를 장애한다. 무명만 벗겨지면 진여는 온전한 모습을 드러낸다.

따라서 깨친 자의 눈으로 보면 눈앞에 보이는 만상이 다 그대로 진리 아님이 없다. 삼라만상은 진리 그 자체이며, 일체만법이 다 눈에 보이는 그대로 모두 진리의 드러남이다. 그러므로 임제 스님은 자신의 견처見處를 말하기를, 일체만법이 깊고 깊은 미묘법이 아닌 것이 없으며[無不甚深], 해탈 아닌 것이 하나도 없다[無不解脫]라고 말하고 있다.

5) 마음은 형상이 없고 시방세계를 관통하고 있다

"도를 배우는 벗들이여!
마음 법은 형상이 없어서 시방세계를 관통하고 있다.
눈에 있을 때는 보고, 귀에 있을 때는 들으며, 코에 있을 때는 냄새 맡고,
입에 있을 때는 말하며, 손에 있을 때는 잡고, 발에 있을 때는 걸어 다닌다.
본래 이 하나의 정밀하고 밝은 것[一精明, 一心]이 나뉘어
우리 몸의 여섯 가지 부분과 화합하였을 뿐이다.
한마음마저 없는 줄 알면 어디든지 해탈이다.

산승이 이렇게 말하는 것은 그 뜻이 어디에 있는가?

다만 도를 배우는 사람들이 일체 구하는 마음[一切馳求心]을 쉬지 못하고

저 옛사람들의 부질없는 마음작용과 광경機境을

받들고 매달리기 때문이다."

道流 心法 無形 通貫十方 在眼曰見 在耳曰聞 在鼻嗅香 在口談論 在
手執捉 在足運奔 本是一精明 分爲六和合 一心 旣無 隨處解脫 山僧
與麽說 意在什麽處 祇爲道流 一切馳求心 不能歇 上他古人閑機境

✿

하나의 정밀하고 밝은 것[一精明. 一心]은 다름 아닌 진여일심眞如一心
을 말한다. 진여일심은 형상이 없어서 시방세계를 관통하고 있으며,
우리 몸의 여섯 가지 부분과 화합하여 보고 듣고 하는 육반신용六般神
用으로 드러나고 있다. 그러므로 임제 스님은 우주 만상의 본체를 들
여다보면 진여일심의 작용 아님이 없기에 이 마음이 시방세계를 관
통하고 있다고 말하고 있는 것이다.

　이를 다르게 표현해보자. 우주 만유는 우리의 근본 마음인 아뢰야
식이 지어낸 것이다. 아뢰야식은 우주 만유를 지어내는 일체의 종자
를 함장하고 있다. 그 종자는 자기 결과를 발생시키는 특수한 공능功
能이다. 즉 힘이고 에너지이다. 이러한 자기 결과를 발생시키는 활동
이 다름 아닌 작용이다. 그러므로 종자는 우주 만유를 지어내는 활동
으로서 작용이다. 작용은 활동하는 과정을 표현하는 것이고 능력이
나 힘으로 표현하면 에너지이다. 우주 만유를 지어내는 활동인 작용
은 다름 아닌 부동진여의 묘용이다. 그러므로 부동진여인 일심은 모

양이 없어서 시방세계를 관통하고 시방세계를 지어낸다고 하는 것이다.

육근六根은 육식六識과 육경六境과 마찬가지로 진여묘용이 지어낸 것이며 가상 공체이다. 깨친 자의 눈으로 보면 육근 자체가 청정하다. 육식도 허망분별이 사라진 무분별 지혜이며, 육경 역시도 가상으로서 진리의 현현 그 자체이다. 우주 만유가 그대로 진리 그 자체이다. 이런 말을 하는 이유는 모든 수행자들이 이미 자기 자신이 보고 듣고 하는 진여의 작용을 하는 살아 있는 부처임을 모르고, 밖을 향해서 구하고자 하는 마음을 쉬지 못하고 옛사람들의 부질없는 동작과 언어와 가리키는 것[機境]들을 숭상하고 매달리기 때문이라는 것이다.

기경機境이란 무엇인가? 예컨대 세존이 꽃을 드니 가섭이 미소를 짓는 경우를 보자. 세존이 꽃을 드는 행위처럼 보여주고 들려주고 경험하게 해주는, 밖에서 일어나는 사건을 '경境'이라 하고, 가섭의 미소처럼 안에서 일어나는 것은 '기機'라고 한다. 모든 선문답은 흔히 일기일경一機一境, 일언일구一言一句들로 이루어져 있다. 그런데 요즘도 배우는 이들이 옛사람의 쓸데없는 기용과 방편 경계에 마음이 팔려 부처에 의지하고 조사에 의존하여 매달리고만 있다고 임제 스님은 꾸짖는다.

그러나 진여일심은 진여일심이 아니기 때문에 진여일심이다. 진여일심도 공하기 때문이다. 그러므로 한마음마저 없는 줄 알면 어디서든지 해탈이라고 강조하고 있는 것이다.

"도를 배우는 벗들이여!
산승의 견해에서 보자면 보신불과 화신불의 머리를 앉은자리에서 끊는다.

십지보살은 마치 식객과 같다.

등각, 묘각은 죄인으로서 칼을 쓰고 족쇄를 찬 것이다.

아라한과 벽지불은 뒷간의 똥오줌과 같다.

보리와 열반은 나귀를 매는 말뚝과 같다.

어째서 이러한가?

다만 도를 배우는 이들이 삼아승기겁이 공한 것임을 알지 못하기 때문에
이러한 장애가 있는 것이다.

만약 진정한 도인이라면 마침내 이렇지 않다.

다만 인연 따라 구업舊業을 녹인다.

시절 따라 자유롭게 옷을 입고, 가게 되면 가고 앉게 되면 앉아서
한 생각도 불과佛果를 바라지 않는다.

어째서 그러한가?

옛사람이 이르기를 '만약 업을 지어서 부처를 구하고자 한다면
부처가 오히려 생사의 큰 조짐이 된다'라고 하였다."

道流 取山僧見處 坐斷報化佛頭 十地滿心 猶如客作兒 等妙二覺 擔枷
鎖漢 羅漢辟支 猶如厠穢 菩提涅槃 如繫驢橛 何以如此 祇爲道流不達
三祇劫空 所以有此障礙 若是眞正道人 終不如是 但能隨緣消舊業 任
運著衣裳 要行卽行 要坐卽坐 無一念心希求佛果 緣何如此 古人云 若
欲作業 求佛 佛是生死大兆

❁

임제 스님은 자신의 견처에서 보신불과 화신불, 십지 보살과 등각, 묘
각, 아라한과 벽지불, 보리와 열반을 모두 천하고 더러운 죄인이나 똥

오줌, 말뚝, 식객 등으로 표현하고 있다. 임제 스님은 불교의 궁극의 가치들을 왜 이렇게 더럽고 천한 것으로 평하고 있는가? 그것은 임제 스님 자신이 깨닫고 보니 더 이상 이러한 것들에 의지할 필요가 없어졌기 때문이라고 할 수 있다. 깨달은 자에게는 사실 보신불이고 화신불이고 석가고 달마고 다 필요가 없다. 병이 있을 때 대처하는 약방문은 병이 다 나은 임제 스님에게는 더 이상 필요가 없기 때문이다. 십지 보살, 등각, 묘각, 아라한과 벽지불, 보리와 열반도 마찬가지다.

그러면 여기서 임제 스님의 말씀에 따라, 보리와 열반을 나귀를 매는 말뚝과 같이 천하고 더러운 것으로만 알면 되는가? 아니다. 말씀을 따라가면 목숨을 잃는 독약을 마시는 꼴이다. 말씀 밖에 있는 깊은 뜻을 알아야 한다. 마찬가지로 보리와 열반이 궁극의 가치이며 귀하고 소중한 것이라고 어느 선사가 말하더라도 그 말을 따라가서는 안 된다. 천하거나 귀하거나 더럽거나 소중하다는 분별의 망념을 넘어서야 한다. 그래야 진여자성이 발하는 빛을 볼 수 있다. 이것이 임제 스님이 말한 말 밖의 현지玄旨라고 할 수 있다.

임제 스님은 불교에서 말하는 궁극적 가치를 더럽고 천한 것으로 폄하해 놓고서 어째서 그러한지 설명하기를 '삼아승기겁三阿僧祇劫이 공한 것임을 알지 못하기 때문에 이런 장애가 있다'라고 말한다. 이 문단의 핵심 단어인 삼아승기겁에 대해 살펴보자.

'아승기阿僧祇'는 숫자로 헤아릴 수 없을 정도의 많은 수를 나타낼 때 사용하는 인도의 수數 개념이다. 유식불교에서는 수행단계의 초지初地부터 십지十地까지 도합 삼아승기겁의 시간이 걸린다고 말하고 있다. 겁劫도 인도의 수 단위이다. 인간세계의 사억 삼천이백만 년 혹은 옷자락에 바위가 닿아서 모두 없어지기까지의 시간을 일겁一劫이라고 한다. 이렇듯 겁이란 헤아릴 수 없는 아득한 시간을 말할 때 사용하는 개념이다. 일겁도 이루 헤아릴 수 없는데 거기에다 또다시 아승기라니, 참으로 상상을 초월하는 시간이라 할 수 있다.

그러나 아승기겁은 단순히 시간적인 측면으로 파악할 성질의 것은 아니다. 우리 내면의 무수한 번뇌를 그렇게 시간적으로 표현하고 있는 것이므로 아승기겁은 물리적 시간이 아니라 심리적인 시간을 말한다고 봐야 한다. 한마디로 아승기는 삼독三毒이다. 삼독의 나쁜 생각이 모래알 수만큼 많아 '삼아승기'라고 하는 것이다.

삼독도 가상 공체로서 물거품같이 헛되이 출몰하는 것으로 실재가 없다. 삼독이 물거품과 같고 허깨비 같은 것으로 공하므로 삼아승기 역시 공하다. 삼아승기라는 시간은 실체가 없다고 해야 하는 것이다. 그런데 우리는 시간을 실체로 알고 그렇게 많은 시간을 번뇌를 다스리기 위해 수행의 차제를 두고 수행을 한다. 유식의 수행 차제도 그렇지만 보살의 수행 차제도 경전에 나열하고 있는 것을 보면 무수히 많다. 『영락경』이나 『화엄경』에서는 52위를 두고, 다른 경에서는 또 다른 수행 차제를 두고 있다. 그래서 삼아승기겁을 닦아야 비로소 성불한다는 시간성에 얽매여 수행하고 있는 것이다. 이것은 삼아승기겁이 본래 공하다는 사실을 모르기 때문이다.

진여자성을 보는 순간, 삼세육추의 번뇌가 찰나에 멸각하고 팔만사천 번뇌가 소멸한다. 삼아승기겁도 공하여, 닦고 증득할 시간이나 수행 차제가 거기에는 없다. 한번 크게 깨침에 뛰어오르니 수행 차제를 거치지 않고 바로 여래지如來地에 들어가는 것이다. 진여자성을 깨달으면 수행 차제를 거칠 필요가 없으며 바로 여래지로 직진한다.

그래서 진여자성의 그림자인 보신불이나 화신불도 필요 없으며 십지 보살, 등각, 묘각, 아라한, 벽지불 같은 수행 차제도 필요 없는 것이다. 보리와 열반도 한가한 문자 놀음에 지나지 않는다. 그러므로 '삼아승기겁이 공'이라는 도리를 깨친 자는 보신이니 화신이니 십지 보살이니, 등각, 묘각, 아라한, 벽지불이나 보리, 열반 등 그 무엇에도 장애받지 않는 것이다.

진정한 도인은 연기가 그대로 진여임을 알아, 옷을 입고 가고 앉고 하는 모든 것이 진여의 작용이 아님이 없어서 불과佛果를 바라지 않는다. 업이라는 것이 실체가 있지 않음을 아는 순간, 인연 따라서 일어나는 구습舊業도 녹이게 된다. 인연 따라 살면 되는 것이지 특별히 애쓸 것이 없다.

업을 지어서 부처를 구하고자 한다는 것은 육도만행 등을 닦아서 부처가 되겠다는 말인데, 이는 부처의 경지란 육도만행 등의 일체의 명상이 없는 것인 줄을 모르는 일로, 오히려 생사의 바다에 빠져드는 원인이 된다.

식識과 업業과 시간의 상관관계를 간단히 짚어보자. 업은 종자의 일종이다. 내면의 종자가 현행現行하여 나타나면 식이 활동한다. 이것이 현재이다. 활동이 그쳐 내면에 저장되면 이것이 종자다. 이것이 과거이다. 그리고 종자가 앞으로 연緣을 만나 일어나면 미래이다. 시간은 이처럼 식(마음)이 지어낸 것이고 업은 종자의 일종이다. 그런데 식은 진여의 묘용이 연을 따라 지어낸 가상공체이다. 즉 식은 허망분별이며, 실체가 없는 비실체이다. 마음이 비실체이므로 시간도 공하고 업도 실체가 없는 공이다.

이 문단에서 가장 크게 짚고 넘어가야 할 문제는 해오解悟이다. 해오란 경전이나 가르침을 듣고 이해하여 깨닫는 수준이라고 보면 된다. 임제 스님의 말씀을 듣고 '말을 들을 줄 아는 이 사람이 바로 부처구나' 하는 사실을 아는 데 어려움이 없고, '알려고 하는 자기 자신이 곧 부처'라는 사실을 이해하면 공부는 끝이라고 생각하는 사람들의 잘못을 지적하고자 하는 것이다.

임제 스님의 말씀을 듣고 이해하는 수준을 깨달음이라고 해서는 안 된다. 경전이나 글을 읽고 이해하는 것을 깨달음이라고 해서는 안 된다. 진리와 진리의 말씀은 다르다. 진리의 말씀은 진리 그 자체가 아니다. 해오가 아닌 진정한 깨달음인 증오證悟는 삼세육추의 번뇌를 탈각하고 증득된 진여이다. 물론 삼세육추의 번뇌를 탈각하는 데 있어 수행 차제를 두어 오랜 시간을 두고 끊어가야 한다는 말은 아니다. 번뇌를 탈각하는 방법은 오랜 시간을 들여 끊어가기보다는 진여본성을 보는 화두 등의 공부를 통하여 찰나에 삼세육추의 번뇌를 탈각해야 마땅하다.

단순히 말씀을 듣고 이해하는 수준을 깨달음이라고 거들먹거려서는 안 된다. 해오는 단지 번뇌를 그대로 둔 상태로서 번뇌를 끊지 못한 것이며 증오는 찰나에 일체 번뇌를 탈각한 것이다. 그러므로 해오는 깨달음이 아니다.

6) 연야달다가 머리를 잃다

"대덕아! 시간을 아껴야 하거늘,
다만 옆집으로 분주히 돌아다니면서 선을 배우고 도를 배운다고 하는구나.
이름과 글귀로 집착하며 부처를 구하고 조사를 구한다고 하는구나.

선지식을 찾아가서 생각으로만 헤아리는구나. 착각하지 마라.

도를 배우는 벗들이여!

그대들 안에 오롯한 부모가 있는데, 다시 또 무엇을 더 구하려 하는가?

그대들 스스로 돌이켜 보라.

옛사람이 이르기를 '연야달다演若達多가 머리를 잃어버렸다고 생각하다가 찾는 마음을 쉰 순간, 아무런 일이 없어졌다'고 하였다."

大德 時光 可惜 祇擬傍家波波地 學禪學道 認名認句 求佛求祖 求善知
識意度 莫錯 道流 儞祇有一箇父母 更求何物 儞自返照看 古人云 演
若達多失却頭 求心歇處卽無事

✿

옆집으로만 분주히 돌아다닌다고 한 말은 자기 자신이 바로 살아 있
는 부처임을 모르고 자신 밖에서 부처를 구하고 찾아다닌다는 뜻이
다. 이름과 글귀에 집착하며 부처를 구한다는 말은, 지금 그리고 여기
엄연히 살아 움직이는, 그래서 맥박도 뛰고 호흡도 하며 피가 끓는 부
처인 자신은 도외시하고 경전이나 어록 속에서 죽은 문자나 이름을
부처로 알고 구하고 찾고 있다는 의미다. 선지식을 찾아가기는 잘 찾
아갔으나 생각으로 헤아리기만 해서는 정법正法을 깨달을 수가 없다.
헤아리는 생각의 당체를 깨달아야만 한다.

　이렇게 자기 자신 밖에서 이름이나 글귀를 쫓아 생각으로 헤아려
서는 안 된다. 우리들 자기 자신에게 다만 오롯한 하나의 참된 부모가
있다. 오롯한 한 부모는 우리 자신의 근본이자 본래면목, 즉 진정한
자기 자신을 말한다. 우리들 자기 자신을 스스로 돌이켜 보면 작용하

는 자신을 바로 볼 수 있다. 맥박이 뛰고 숨을 쉬며 보고 듣고 말하고 행동하는 '작용하는 자신'이 바로 우리 자신의 근본이며 부동진여 그 자체이다.

연야달다 이야기는 『능엄경』에 나온다. 연야달다가 거울을 보다가 착각하여 머리가 없는 줄 알고 찾아 나섰다가 다른 사람이 일러주는 말을 듣고 자기 머리가 그대로 있다는 사실을 알았다는 이야기이다. 연야달다가 머리를 잃어버렸다고 생각한 것이 착각이듯이, 우리 자신이 스스로 부처임을 모르고 밖을 향해 찾아다니는 것 역시 착각이다. 밖에서 찾으려는 마음을 쉬어야 한다. 쓸데없는 짓 그만하고 자기 자신이 그대로 부처임을 믿고 깨닫는 것이 중요하다.

여기에서 중요한 포인트는 쓸데없는 짓을 하지 말고 쉬는 것이지 아예 불교 공부를 아무것도 하지 않고 아무 짓도 하지 말라는 말로 받아들여선 안 된다는 점이다. 보석은 보석인 줄 알고 있으나 모르고 있으나 그대로 보석이다. 맞는 말이다. 듣고 있는 이 사람이 부처이다. 그러한 사실을 모르고 살아도 부처는 부처다. 맞는 말이다. 그러나 그렇다고 하여 부처를 아는 데 아무 어려움이 없으며 노력도 들이지 않고 되는 공짜가 진짜 불교라고 하면 이것은 천부당만부당한 소리다.

부처라는 사실을 모르고 살아도 부처는 부처지만, 모르고 사는 중생은 미혹에 빠져 고통 속에서 살아간다. 작용하는 자신이 부처라는 사실을 믿고 자신 속의 진여본성을 깨닫는 데 대해 열심히 공부를 해야 한다. 작용하는 자신 외에 경전이나 문자 등 다른 방법으로 진여본성을 찾고 추구할 것이 아니라, 작용하는 자신을 믿고 보고 듣고 하는 자신의 마음을 통해 마음의 성품을 보도록 공부해야 한다. 무상대도인 진여를 깨치기 위해 무한한 노력이 필요하다는 것은 고금의 선덕들이 항상 말하고 있는 바이다.

"대덕들이여!
일상에서 평상심을 유지하는 것이 중요하니
조작된 마음으로 남의 모양을 흉내 내지 마라.
좋고 나쁜 것을 알지 못하는 머리 깎은 노예들이 있다.
그들은 문득 귀신을 보고 도깨비를 보며,
동쪽을 가리키고 서쪽을 구분하며
맑은 날이 좋으니, 비 오는 날이 좋으니 한다.
이러한 무리들은 모두 빚을 지고 염라대왕 앞에 가서
쇳덩이를 삼킬 날이 있을 것이다.
공연히 아무 탈 없는 집안의 남녀들이 무릇 들의 여우와
도깨비 정령에 홀려 곧장 괴상한 짓을 만들어 낸다.
이 눈멀고 어리석은 것들아! 밥값을 갚을 날이 있을 것이다."

大德 且要平常 莫作模樣 有一般不識好惡禿奴 便卽見神見鬼 指東劃
西 好晴好雨 如是之流 盡須抵債 向閻老前 吞熱鐵丸有日 好人家男女
被這一般野狐精魅所著 便卽捏怪 瞎屢生 索飯錢有日在

❀

보고 듣고 하는 자신이 바로 살아 있는 부처이고, 이러한 보고 듣고
말하고 활동하는 일상생활 그대로가 '도'이다. 그래서 '평상심시도平
常心是道'라고 한다.
　'평상심시도'는 마조 스님이 한 말이다. 평상심이 도라고 해서 범부

들의 무지한 망념분별이 그대로 도라고 착각해서는 안 된다. 물론 옷 입고 밥 먹으며 졸리면 자고 차 마시는 일상이 그대로 도임에는 틀림이 없다. 그러나 일상이 도이므로 닦거나 공부를 할 필요가 없다고 생각하면 그것은 착각이다. 평상심은 깨달은 마음을 말한다. 깨닫고 보니 자신이 부처이므로 더 이상 부처나 조사를 구할 필요도 없고, 남을 따라 모방하거나 흉내를 낼 필요 없이 우뚝 솟은 대무심도인大無心道人이라는 것이다. 무심도인에게는 일이 없으며, 부처도 조사도 팔만대장경도 아무것도 필요가 없다. 배고프면 밥 먹고, 졸리면 자는 일상이 그대로 도가 아님이 없다.

이러한 무심도인의 삶은 분별이나 조작을 떠나 있다. 마조 스님이 말하는 평상심이란 이렇게 분별, 조작, 취사선택을 떠난 중도로서의 마음이다. 그렇다면 좋고 나쁜 것을 알지 못하는 머리 깎은 노예들은 누구를 말함인가? 바로 그들은 작용하는 자신을 저버리고 '도깨비다, 귀신이다' 하고 떠들어대며, 동이니 서이니 구분하고 맑은 날과 비 오는 날을 분별하는 사람들을 일컫는다. 이런 사람들은 모두 빚을 지고 염라대왕 앞에 가서 뜨거운 쇳덩이를 삼킬 날이 있을 것이라고 임제 스님은 말한다. 분별의 좋고 나쁨과 무분별 지혜의 좋고 나쁨은 서로 같지 않다. 무분별 지혜의 좋고 나쁨은 좋고 나쁨이 서로 통하고 둘이 아닌 것이다. 그러므로 좋고 나쁜 것을 모른다고 하는 말은 아직 깨닫지 못하고 미혹한 상태에 있는 수행인을 지칭한다. 그래서 머리 깎은 노예라고 폄하하고 있다. 이러한 미혹하고 무지한 머리 깎은 노예들은 귀신에 홀려 동서를 구분하고 맑고 비 오는 것을 분별 집착한다. 이 어리석고 눈먼 자들은 시주들의 밥값을 갚을 날이 있을 것이라는 말에 정신이 번쩍 들 것이다.

7) 사조용四照用

임제 스님이 대중들에게 말하였다.

"나는 어느 때는 먼저 지혜로 비춰보고 뒤에 작용을 하며,

어느 때는 먼저 작용을 하고 나중에 비춰본다.

어느 때는 비춤과 작용을 동시에 하며,

어느 때는 비춤과 작용을 동시에 하지 않기도 한다.

먼저 지혜로 비추고 뒤에 작용하는 것은 중심을 사람에게 둔 것이다.

먼저 작용을 하고 뒤에 비춰보는 것은 중심을 대상에 둔 것이다.

비춤과 작용을 동시에 할 때는

밭 가는 농부의 소를 빼앗고 굶주린 사람의 밥을 빼앗은 것처럼

뼈를 두들겨 골수를 뽑아내고 아픈 데에다

다시 바늘과 송곳으로 침을 꽂는 것이다.

비춤과 작용을 동시에 하지 않을 때는

물음도 있고 대답도 있으며

손님(객관)이 되기도 하고 주인(주관)이 되기도 한다.

물과 진흙이 서로 합하고 조화롭게 되는 것처럼

근기에 따라 사람들을 제접한다.

만약 헤아리기 힘든 뛰어난 사람이라면

앞에 열거한 법들을 거량하기도 전에 떨치고 일어나 바로 가버린다.

그래야 조금 되었다고 할 수 있다."

示衆云 我有時 先照後用 有時 先用後照 有時 照用同時 有時 照用不
同時 先照後用 有人在 先用後照 有法在 照用同時 駈耕夫之牛 奪飢

人之食 敲骨取髓 痛下鍼錐 照用不同時 有問有答 立賓立主 合水和泥
應機接物 若是過量人 向未擧已前 憭起便行 猶較些子

✿

이 대목에서는 임제 스님의 사조용四照用을 설명하고 있다. 사람들을
깨우치고 법을 쓰는 경우에는 네 가지 방법이 있다. 최상의 지혜를 일
깨워주려면 먼저 사람을 잘 관찰하는 지혜의 활동이 있어야 한다.

조照는 '비추어 본다', '상대의 뜻을 간파한다'는 정도의 의미이다.
용用은 '할'을 하든지 '방'을 휘두르든지 하는 작용이 뒤따르는 것을
말한다. 상대의 말에 즉각 작용한다는 뜻이다.

조照를 할 때는 제자를 보면 지혜로 비춰보아 그 근기를 바로 알
아낸다. 용用을 쓸 때는 주먹을 들어 보이거나 상대를 넘어트리거나
'악!' 하고 소리를 지르기도 하고 몽둥이로 때리는 등 근기에 따른 방
편을 활용한다. 정형화된 방법은 없으며, 스승은 제자를 깨우치기 위
하여 상황에 따라 근기 등을 고려해 가장 좋은 방편을 사용한다.

이 사조용은 앞서 설명한 사료간四料簡과 비슷한 점이 많다. 사조용
이 스승의 입장에서 조照와 용用을 구사하는 형식으로 된 것이라면,
사료간은 제자의 근기나 공부 수준에 따라 사람과 경계를 빼앗고 놓
아두는 형식을 취하고 있다. 그렇지만 둘 다 제자를 깨우치기 위한 방
법이라는 점에서는 차이가 없다.

먼저 비추고 나중에 쓰는 것[先照後用]은 사람을 중심으로 하는 것
으로, 먼저 사람의 근기를 보고 그에 따라 작용을 쓰는 것을 말한다.
먼저 쓰고 나중에 비춰보는 것[先用後照]은 먼저 찔러보고 그 반응을
살펴 지혜로 다스리는 것이다. 비춤과 쓰는 것을 동시에 하는 것[照用

[同時]은 농부의 소를 빼앗고 굶주린 사람의 밥을 빼앗는 것처럼 뼈를 두드려 골수를 뽑아내고 바늘과 송곳으로 온몸을 아프게 찌르는 것이라 했다. 밭 가는 농부의 소를 몰고 가버리면 농부 보고 죽으라고 하는 것이고, 배고픈 사람의 밥을 빼앗는다면 굶어 죽으라는 처사다. 이는 조와 용의 작은 틈도 주지 않고 모든 것을 박탈해 궁지로 모는 방법으로, 오히려 그 사람을 살리는 수준 높은 법문이다. 모든 생각의 출로를 막아버려 사는 길을 열어주기 때문이다.

조와 용을 동시에 보이는 것은 선가에서 가장 훌륭한 제자 지도 방법이다. 때로는 선조후용先照後用을, 때로는 선용후조先用後照를 자유자재로 쓰면서, 제자가 질문하면 대답도 해주고, 주인이 되기도 하고 손님이 되기도 한다. 제자의 근기에 따라 물속에도 들어가고, 진흙 속을 함께 뒹굴기도 한다. 서로 조화롭게 어우러지며 주고받는다.

그러나 만약 뛰어난 대근기의 사람이라면 일반적인 기준을 뛰어넘은 사람이므로 앞에서 열거한 법들을 거량하기도 전에 재빨리 일어나 가버린다. 이 정도는 돼야 깨달음에 근접했다 할 수 있다.

3. 일이 없는 사람이 귀한 사람[無事是貴人]

1) 오직 평상의 생활 그대로 하라

임제 스님이 대중들에게 말하였다.

"도를 배우는 벗들이여!

참으로 중요한 것은 진정견해를 갖추고 천하를 마음대로 다니면서

안목 없는 허수아비나 도깨비들 같은 선승들의 엉터리 주장에

홀리지 말아야 한다.

일이 없는 사람이 참으로 귀한 사람이다.

다만 무엇을 하려고 억지로 조작하지 마라.

오직 평상의 생활 그대로 하라.

그대들이 밖으로 향하고 옆집을 찾아 헤매면서

방법을 찾아봐야 그르칠 뿐이다.

단지 부처를 구하고자 하나 그 부처란 이름뿐이며 글귀일 뿐이다."

師示衆云 道流 切要求取眞正見解 向天下橫行 免被這一般精魅惑亂
無事是貴人 但莫造作 祇是平常 儞擬向外 傍家求過 覓腳手 錯了也
祇擬求佛 佛是名句

❀

앞서 말했듯이 참되고 바른 견해, 즉 진정견해眞正見解란 참된 정견이
자 중도정견이며 구경의 깨달음을 말한다. 깨달음인 진정견해로 비
추어 보니, 보고 듣고 하는 작용하는 자신이 바로 부처이고 무위진인
이며 조사요, 부처와 전혀 다름이 없다. 이 진정견해를 갖추게 되면
누가 안목 없는 허수아비인지를 다 알게 되고, 도깨비 같은 스님이 누
구인지를 다 파악하게 된다. 엉터리 선승들의 주장은 발붙일 데가 없
어지는 것이다.

보고 듣고 말하고 활동하는 작용은 평상의 생활 그대로이다. 작용
은 그대로 진여의 작용으로, 진리 그대로의 생활이다. 평상심이 바로
도이다. 진여의 작용 속에 모든 것을 다 구족하고 있기 때문에 다른
일이 있을 수가 없다. 진여자성의 보물창고를 발견하여 마음껏 사용
하며 아무 부족함이 없고 결함이 없어 완전하므로, 다른 무엇을 추구
하거나 해야 할 일이 아무것도 없는 이유에서다.

그러므로 일이 없는 무사인無事人이야말로 참으로 귀한 사람이다.
그는 모든 것을 다 구족하고 있다. 그래서 불법도 필요 없다. 부처도
조사도 구하지 않으며, 부처도 초월하고 조사도 초월한다. 현재 마음
쓰고 움직이는 그대로가 무위진인의 모습이다. 조작된 마음을 일으
키지 말고 평상의 마음 그대로 살면 된다. 작용하는 자신 외에 밖에서
찾고 옆집을 찾아 헤매보았자 살아 움직이고 활발발한 부처 자신이

아니라 죽은 문자 부처를 찾을 뿐인 것이다.

2) 법은 눈앞에 그대로 작용하고 있다[目前現用]

"그대들이 바깥을 향해서 부처를 구하려고 허둥대고 찾으려 하는
그 사람이 누구인지 아는가?
시방삼세十方三世의 부처와 조사들이 세상에 오신 뜻은
오로지 법을 구하기 위함이다.
지금 여기서 도를 배우는 사람들도 또한 법을 구하기 위함이다.
법을 얻었다면 그것으로 마친 것이지만,
법을 얻지 못하면 여전히 지옥, 아귀, 축생, 천도, 인도의
다섯 갈래의 길에 떨어져 윤회하게 된다.
무엇이 법인가?
법이란 마음 법이다.
마음 법은 형상이 없어서[心法無形] 온 시방법계를 관통하고 있어[通貫十方]
눈앞에서 언제나 활발발하게 작용하고 있다[目前現用].
그런데 사람들이 이것을 믿는 마음이 부족하여
이름과 글귀를 분별하는 가운데서 제멋대로 불법을 구하며
사량과 분별로 헤아려 이해하려고 하니,
불법과는 하늘과 땅의 차이만큼이나 어긋나버린다."

儞還識馳求底麼 三世十方佛祖出來 也祇爲求法 如今參學道流 也祇爲
求法 得法始了 未得 依前輪廻五道 云何是法 法者 是心法 心法 無形

通貫十方 目前現用 人信不及 便乃認名認句 向文字中求 意度佛法 天地縣殊

❀

진정견해를 갖추어 작용하는 자신이 바로 부처라는 것을 믿지 않고 자신 밖에서 옆길로 이리저리 찾아다니는 것은 벌써 틀렸다. 자기 자성을 분명히 깨쳐야지, 그렇지 못하면 전부 바른길에서 벗어나 옆길로 이리저리 헤매고 만다.

　밖으로만 찾아다니는 부처는 다름 아닌 팔만사천 경에 쓰여 있는 부처를 말한다. 대장경에서 부처를 말하는 것은 중생의 병을 치료하기 위해 언어 문자로 이치를 드러낸 약방문이며 방편 가설이다. 실설實說이 아니다. 진리 자체와 진리 자체에 이름 붙이는 것은 서로 다르다. 언어 문자로 이치를 드러낸 부처는 단지 이름과 글귀뿐이다. 진짜 살아 있는 부처를 보고 싶은가? 그대들이 밖으로 쫓아다니며 부처를 구하려고 하는 그 사람, 바로 그대 자신이 부처이고 살아 있는 부처다.

　다시 말해서 눈앞, 즉 목전目前에서 항상 작용하고 있는 자기 자신이 바로 부처라는 것이다. 눈앞에서 진여의 작용이 드러나는 것을 보고 싶은가? 맥박이 팔딱팔딱 뛰고, 숨을 들이쉬고 뱉는 이 현상이 바로 눈앞에서 활발발하게 작용하는 목전현용目前現用이다. 맥박이 뛰고 살아 숨 쉬는 부처가 다름 아닌 그대 자신인 것이다.

　삼세제불三世諸佛이 세상에 나오신 뜻과 지금 수행자들은 모두 다 법을 구하기 위함이다. 법을 깨달아 얻지 못하면 오도五道에 윤회하게 된다고 했다. 삼독으로 업을 지어 가볍고 무거움에 따라 그 과보로 받아 육도六道로 윤회하는 모습이 중생의 삶이다. 가벼운 삼독에는 천신, 인간, 아수라가 있고, 무거운 삼독에는 아귀, 지옥, 축생의 삶이 있다. 오도란 아수라를 뺀 윤회의 세계를 말한다.

도대체 법이란 무엇인가? 법이란 마음 법이다. 마음 법은 진여일심 眞如一心으로 형상이나 모습이 없어서 온 시방법계를 관통하고 있어 눈앞에서 언제나 활발발하게 작용하고 있다. 진여일심의 체體는 무형상無形相, 무이명無異名으로 본래무일물이다. 그래서 정안을 갖춘 부처나 조사라고 하더라도 이 마음을 보려고 해도 볼 수가 없다. 그러나 진여일심의 작용은 항사묘용으로 시방법계를 지어내고 시방법계를 관통하고 있다. 눈에 있으면 보고, 귀에 있으면 듣는 등 눈앞에 그대로 작용하고 있다. 진여일심의 묘용이 우주 만상을 지어내니 우주 만상 속에 진여일심이 있으며 진여일심 속에 우주 만상이 들어 있다.

이 보고 듣고 하는 일상생활 속의 자신이, 다름 아닌 작용하는 부처 자신임을 알아서 자신과 항상 마주하는 공부를 해야 옳다. 그런데 사람들이 그러한 작용하는 자신을 철저하게 믿지 못하고서 이름과 글귀를 분별하는 가운데서 제멋대로 불법을 구하며 사량분별로 헤아려 이해하려고 한다고 임제 스님은 말한다. 마음의 법은 눈앞에서 보고 듣고 하는 작용 바로 그것인데, 이를 믿지 못하고 알지 못하며 쓰지 못한 채 공연히 이름이나 글귀를 쫓으며 문자 가운데 불법이 있는가 여기고 자꾸 밖에서 구하고 있다는 것이다. 이러한 불법을 생각으로 헤아려 이해하려고 하니, 하늘과 땅의 차이로 멀리 달라져버린다고 스님은 말하고 있다.

마음의 법은 우주와 만상이 생기기도 전에 무형상으로 있으면서 우주와 만물을 지어내고, 그리하여 시방세계를 관통하고 있으며, 여기에 그치지 않고 우리가 보고 듣고 말하고 행동하는 일상생활 전반에서 작용하고 있다.

이러한 이치를 이해하려면 만법을 지어내는 일체의 종자가 함장된 아뢰야식, 즉 근본 의식을 통해 종자를 깨닫는 것이 중요하다. 종자가 자기 결과를 발생시키는 특수한 공능功能, 즉 힘으로서 그 힘 속에 자기 결과를 발생시키는 정보와 지식을 함장하고 있는 에너지 체계라는 점을 깨달아야 한다는 것이다. 이를 통해 우리는 자기 결과를 발생하는 것이 다름 아닌 작용이며, 이 작용은 만법을 지어내는 진여본체의 묘용임을 깨닫게 된다.

삼세육추를 끊고 증득한 진여야말로 시방법계를 관통하고, 제8종자식의 현현인 7전식(안·이·비·설·신·의 등)에 작용하는 것이다. 그러므로 작용을 우습게 보지 말고 작용의 진정한 체득에 노력해야 한다. 또한 마음의 법은 두뇌의 마음, 동물의 마음, 식물의 마음, 유전자의 마음, 무생물의 마음 등을 다 포괄하는 우주적 마음임을 이해하지 않으면 안 된다.

그러므로 진여일심의 작용이 시방법계를 관통하고 눈앞에서 언제나 활발발하게 작용하게 되는 것이다. 심법무형心法無形은 시방법계와 목전이 사라지고 없는 진여본체의 세계를 나타내고, 관통시방通貫十方과 목전현용은 진여의 항사묘용의 세계를 드러내고 있다고 할 수 있다.

본래부터 있어 온 진여[本有]는 지금 그리고 여기에 있는 것[今有]이다. 이것이 무형無形인 진여가 시방을 통관하고 지금 눈앞에서 항상 작용하고 있다는 뜻이다. 눈앞에서 항상 활발발하게 작용하는 목전현용은 일체를 지어내는 항사묘용이다. 항사묘용은 일체를 지어내고 지어내지 못하는 것이 전혀 없는 전지전능한 여의주如意珠다. 여의주

는 마음먹은 대로 무엇이든지 성취하는 구슬이기 때문이다. 여의주
는 그 쓰임이 무궁무진해서 무엇이든지 내 마음대로 안 되는 것이 없
다. 진여자성을 깨닫는 순간, 우리는 그 즉시 여의주를 손에 쥔다. 마
음을 깨쳐 놓고 보면 일체만법이 원만구족圓滿具足하여 여의자재하
게 활용할 수 있다. 항사묘용의 여의주는 미래 겁이 다하도록 쓸려야
다 쓸 수 없다. 일체는 없다. 일체는 항사묘용이 지어낸 이용상異用相
일 뿐이다. 이용상에는 언어나 문자도 없다. 분별 마음도 없다. 사량
과 분별로 헤아려 이해하는 것도 발붙이지 못한다.

　　마음 분별도 없어 눈에 보이는 그대로가 진리 아님이 없으며 여의
주를 굴리며 무심처에서 편히 쉰다. 진여자성인 여의주를 몸소 거두
어들여라. 그리고 여의주를 굴리며 살아라. 그리고 그 외의 다른 것은
모두 잊어라.

3) 심지법은 시방세계 모든 곳에 들어간다

"도를 배우는 벗들이여!
산승의 설법은 무슨 법을 설하는가.
심지법心地法을 설한다.
그래서 범속함[凡]에도 들어가고 성스러움[聖]에도 들어가고
깨끗한 곳에도 들어가고 더러운 곳에도 들어가며
진여에도 들어가며 세속에도 들어간다.
중요한 것은 그대들이 지어낸 진眞·속俗, 범凡·성聖의 가치관으로서
모든 진·속, 범·성의 세계에 이름을 붙여줄 수 있는 것이 아니다.

원래 진·속, 범·성의 입장에서
이 사람의 참다운 성품에 이름을 붙여줄 수는 없다.”

道流 山僧說法 說什麼法 說心地法 便能入凡入聖 入淨入穢 入眞入俗
要且不是儞眞俗凡聖 能與一切眞俗凡聖 安著名字 眞俗凡聖 與此人安
著名字不得

✽

심지법心地法은 위에서 말한 마음 법이다. 진여일심이다. 진여일심은
형상이 없으면서 시방법계를 관통한다. 진여일심은 형상이 없으므로
진여와 세속, 범속함과 성스러움의 이름을 붙일 수가 없다. 진여일심
은 살아 움직이는 활발발한 작용이므로 범부에게도 성인에게도, 깨
끗하고 더러운 곳에도, 진여와 세속에도 다 들어간다.
　중요한 것은 그대들이 지어낸 가치관인 생멸분별에 의한 진속, 범
성이 모든 진속, 범성의 세계에 이름을 붙일 수 없다는 점이다. 왜냐
하면 생멸분별에 의한 진속, 범성은 한계가 있고 틀 지워져 있기 때문
이다. 그리고 진속, 범성은 진여일심에 이름을 붙일 수는 없다. 진여
일심은 모든 이름과 모습을 끊기 때문이다. 마찬가지로 상대분별에
떨어진 진속, 범성은 사람의 참다운 성품에 이름을 붙여줄 수는 없다.
그러나 중도정견의 입장에서 바라보는 진속, 범성은 진과 속, 범과
성, 어느 쪽에도 치우치지 않으므로, 진이라고도 속이라고도 하며 범
이라고도 성이라고도 이름을 붙일 수 있는 것이다.
　모든 것이면서 모든 것이 아니다. 진여일심이 모든 것을 지어내므
로 모든 것은 있다. 그러나 모든 것은 진여일심이 지어낸 것이므로 본

체가 진여 공이다. 모든 것은 가상으로 존재하지만, 진여일심에서 보면 모든 것은 실제가 없다. 즉 모든 것은 있지만 모든 것은 없다. 진속, 범성이면서 진속, 범성이 아니다. 이는 다른 말로 하면 진속, 범성이 아니면서 진속, 범성이라는 뜻이다.

4) 잡히는 대로 곧장 쓸 뿐이다

"도를 배우는 벗들이여!

심지법을 깨달았으면 손에 잡히는 대로 곧장 쓸 뿐,

다시는 무슨 이름을 붙이지 마라.

이를 일컫자면 그윽한 뜻[玄旨]이라고 한다.

산승의 설법은 천하의 누구와도 같지 않다.

가령 문수보살, 보현보살이 바로 눈앞에 각기 다른 몸으로 나타나

그들이 '스님께 묻습니다'라고 하자마자 나는 벌써 알아차려버린다.

노승이 그저 편안히 앉아 있는데 어떤 수행자가 찾아와 나를 만날 때도

나는 그의 본심을 다 알아버린다.

어째서 그런가?

그것은 나의 견처가 다른 사람들과 달라서

밖으로 범부와 성인을 취하지 않고,

안으로 마음의 근본자리에도 머무르지 않으며,

철저히 깨쳐 다시는 의심하거나 잘못하는 점이 없기 때문이다."

道流 把得便用 更不著名字 號之爲玄旨 山僧說法 與天下人別 祇如有

箇文殊普賢 出來目前 各現一身問法 纔道咨和尙 我早辨了也 老僧 穩
坐 更有道流 來相見時 我盡辨了也 何以如此 祇爲我見處別 外不取凡
聖 內不住根本 見徹 更不疑謬

❀

심지법을 깨달으면 손에 잡히는 대로 곧장 쓴다는 '파득변용把得便用'
은 무슨 뜻인가? 마음을 깨쳐서 손에 잡히는 대로 바로 쓰면 법 아닌
것이 없다는 말이다.

심지법인 목전현용의 법을 깨달으면, 눈에 있으면 보고 귀에 있으
면 듣고 손에 있으면 잡고 발에 있으면 걷는 등 언제나 눈앞에서 활발
발하게 작용한다. 그래서 깨친 자는 어느 곳에 가더라도, 그리고 어디
에 처해 있더라도 무엇에도 구애됨이 없이 손에 잡히는 대로 곧장 활
발발하게 쓴다. 몽둥이가 손에 잡히면 곧장 때리고, 선판이 손에 잡히
면 선판을 곧장 쓴다. 손에 잡히는 것뿐만 아니라 육근의 청정한 작용
과 항상묘용이 여기에 다 적용된다.

이런 경지에서는 잡으면 그대로 쓸 뿐 무슨 이름 같은 것이 발 디딜
틈이 없다. 여기에다 이름을 붙이는 어리석은 자들이 있다. 그 이름이
불성이든 자성이든, 부처든 조사든, 열반이든 보리든 간에 말이다. 이
름을 붙이는 순간 심지법은 죽고, 이치를 드러낸 언어 문자만 있을 뿐
이다. 그러므로 심지법을 깨달아 손에 잡히는 대로 곧장 사용할 뿐,
다시는 이름을 붙이지 않는 것을 일러 그윽한 뜻, 즉 '현지玄旨'라고
말하고 있는 것이다.

깊고 깊은 현지를 알고자 하는가? 먼저 이름을 떠나라. 그리고 목전
현용을 체득하라. 그러면 무명無名의 진여의 작용인 현지가 드러난다.

임제 스님의 견처見處는 무엇인가? 무엇이 다른 사람들과 다른 임제 스님만의 견처인가? 그것은 밖으로는 범부와 성인이라는 분별심을 내지 않고, 안으로는 마음의 근본자리에도 머무르지 않는다는 점이다. 그래서 밖으로는 범부와 성인이라는 분별망견의 상이 없으며 안으로는 근본자리라는 상마저 없어, 어디에도 머무르지 않는다고 말하고 있는 것이다.

이때 임제 스님의 견처는 견처라고 할 것도 없는 견처이다. 모든 견해에 적응하여, 다 상대하여 알아본다. 문수보살과 보현보살이 바로 내 눈앞에 각기 다른 몸으로 나타나 그들이 "스님께 묻습니다"라고 하거나 수행자가 찾아와 나를 만날 때도 임제 스님은 벌써 다 알아버린다. 어떤 경지의 사람이 오더라도 다 적응하여 간파한다. 심지법을 깨달은 자는 진여의 묘용이 연을 따라 만상을 지어내고 묘용이 시방세계를 관통하는 것을 다 알기 때문이다. 임제 스님은 이러한 심지법을 철저하게 깨쳐서 의심쩍어하거나 잘못하는 점이 전혀 없다고 말하고 있다.

4. 수처작주隨處作主, 입처개진立處皆眞

1) 어디를 가나 주인이 된다[隨處作主]

임제 스님이 대중들에게 말하였다.

"도를 배우는 벗들이여!

불법은 애써 공부하고 노력하는 데 있지 않다.

그저 평상대로 아무 일 없으면 되는 것이다.

똥 싸고 오줌 누며 옷 입고 밥 먹으며 피곤하면 누워 쉰다.

어리석은 사람들은 나를 비웃겠지만 지혜로운 이는 이 도리를 알 것이다.

옛사람이 말하기를, '자신 밖을 향해서 공부하는 사람은 모두 어리석고

고집스런 놈들이다'라고 하였다."

師示衆云 道流 佛法 無用功處 祇是平常無事 屙屎送尿 著衣喫飯 困
來卽臥 愚人 笑我 智乃知焉 古人云 向外作功夫 總是癡頑漢

❀

이 단락에서 '불법은 애써 공부하고 노력할 일이 아니라 그저 평상대로 아무 일 없는 것'이라는 말과 '자신 밖을 향해서 공부하는 사람은 모두가 어리석고 고집스런 놈들이다'라는 말의 상관관계를 잘 짚어야 한다. 다시 정리하면, 자신 밖을 향해 공부하지 말고, 오줌 누고 똥 누며 옷 입고 밥 먹으며 피곤하면 눕는 등 자신이 평상대로 아무 일 없이 하는 것처럼, 불법은 애써 공부하고 노력을 들여서 하는 것이 아니라는 말이다.

평상대로 아무 일이 없다는 의미는, 보고 듣고 하는 일상사나 옷 입고 밥 먹는 평상의 일이 그대로 진여의 작용으로서 더 이상 아무 일이 없다는 뜻이다. '똥 싸고 오줌 누며 옷 입고 밥 먹으며 피곤하면 누워 쉰다'의 의미를 잘 들여다보아야 한다. 똥 싸고 오줌 누는 것에 무슨 분별 마음이 있으며, 자고 나면 옷 입고, 배고파서 밥 먹으며, 졸리면 자는 것에 무슨 비교하는 망념이 있는가? 있다면 단지 무심하게 하는 작용만이 있다. 오줌 누고 똥 싸고 하는, 작용하는 자신이 그대로 무위진인無位眞人이다.

애써 구할 것이 있거나 공부할 것이 있으면 불법이 아니다. 애써 공부할 것이 없고 힘들여 조작할 일이 없어야, 평상 그대로 일상에서 모든 것이 성취된 경계라 할 수 있다. 그래서 이러한 작용하는 자신 밖에서 부처를 구하고, 불성을 찾는 짓이 어리석고 고집스런 것이라고 말하고 있다.

그러나 진여일심의 법을 구하고 얻기 위해 공부를 게을리해서는 안 된다. 평상대로 아무 일이 없으면 된다고 생각하고서 '이처럼 쉬운 불교, 간단한 불교가 어디 있느냐'라고 떠벌려서도 안 된다. 평상대로 아무 일이 없으면 되는 경지는 깨달은 자의 경지이지 미혹한 범부의 경지는 아니다. 법을 깨닫고 얻기 위해 자신과 마주하는 공부가 참으로 중요하다.

"그대들이 어디를 가나 주인이 되면[隨處作主]
서 있는 곳마다 그대로가 모두 진리의 드러남이다[立處皆眞].
어떤 경계가 다가온다 하여도 붙들리지 않는다.
설령 묵은 습기로 다섯 가지 무간지옥에 들어갈 죄업이 있다 하더라도
저절로 해탈의 큰 바다로 변할 것이다.
요즈음 공부하는 이들은 모두들 법을 모른다.
마치 양이 코를 들이대어 닿는 대로 물건을
모두 입안으로 집어넣는 것처럼
머슴과 주인을 가리지 못하며, 손님인지 주인인지를 구분하지 못한다.
이와 같은 무리들이 삿된 마음으로 불문[佛門]에 들어와서는
곳곳에서 이해득실과 시시비비의 번잡스러운 일에 곧바로 빠져버리니
진정한 출가인이라고 할 수 없다.
그야말로 속된 사람[俗人]이다."

儞且隨處作主 立處皆眞 境來 回換不得 縱有從來習氣五 無間業 自爲解脫大海 今時學者 總不識法 猶如觸鼻羊 逢著物 安在口裏 奴郎 不辨賓主 不分 如是之流 邪心入道 鬧處卽入 不得名爲眞出家人 正是眞俗家人

✿

'어디를 가든 주인이 되면, 서 있는 곳마다 그대로가 진리의 드러남[隨處作主 立處皆眞]'이라 함은 주관과 객관, 안과 밖, 주체와 객체가 진여일심의 현현이라는 뜻이다. 진여일심의 주체적 표현이 주인이며, 진여일심의 객관 대상의 표현이 모두 진리라는 뜻이다. 한마디로 하면 아我와 법法이 모두 다 진여공眞如空이며, 아와 법 이공진여二空眞如가 실현된 일진법계一眞法界이다. 만상은 아와 법으로 나누어 보면 만상이 다 진여의 현현이라는 말이다.

묘용이 연을 따라 만 가지 형태에 응하니 만상을 지어낸다. 만상을 지어내니 진여의 묘용이 만물을 창조하는 창조주이다. 창조주는 다름 아닌 주인되는 자이다. 아공我空진여는 주인이며, 법공法空진여는 객관 경계를 드러낸다. 아뢰야식의 종자가 아我도 지어내고 객관 경계인 법法도 지어낸다. 아뢰야식의 종자는 자기 결과를 발생시키는 특수 공능, 즉 힘으로서 힘 속에 만상을 지어내는 정보와 지식을 함장하고 있다. 원천으로 표현하면 힘[力]이 되고 활동 측면에서 보면 작용이 된다. 이 작용과 힘은 만상을 지어내는 원천으로서 진여일심의 묘용이다. 그러므로 진여일심의 묘용이 만상을 지어내고 아와 법을 지어낸다. 하지만 그 본바탕은 공이다.

아공진여我空眞如인 주인은 어디에나 다 갈 수 있으며, 가는 곳마다 진여가 아님이 없다. 주인은 공의 자유로움에 입각한 진여의 현현이기 때문이다. 그래서 서 있는 곳마다 그대로가 모두 참된 것이 된다. 무엇을 하든, 그 하는 일과 그 자리가 모두 진실한 진리의 삶이다. 상황에 끌려다니면서 자신을 잃어버리지 않고, 어떤 처지에서도 주체적이며 온전하고 완전한 자기로 살아가라는 말씀이다. 수처작주에서 주인은 진여의 자신이고 무심의 자신이며 깨달음의 자신이기 때문에 임제 스님이 항상 주장하는 진정견해의 안목을 가진 깨친 자이기도 하다.

깨친 자는 어느 곳에 가더라도 물들지 않고, 가고 오는 것에 구애됨이 없이 인연 따라 걸림 없이 산다. 이것이 인연 따라 사는 것이며 주인으로서 사는 것이다. 그때 모든 곳이 진리 아님이 없다.

예컨대 남이 나를 알아주지 않아도 화를 내는 것이 아니라, 나를 알아주거나 나를 무시하는 것이 다 허망분별虛妄分別임을 알아 아무런 걸림이 없다. 나라고 하는 '나' 역시 허망분별로서 넘어지고 자빠지는 당사자로서의 '나'는 없다. 오로지 자신과 함께할 뿐이다. 이 자신은 무심의 자신이며 진여의 자신으로 진정한 주인공이고 어디를 가나 진여일심을 떠나지 않는 진정한 주인이다. 알아주고 무시하는 것뿐만 아니라 그 어떤 경계가 닥쳐와도 경계에 물들지 않으며 오고 가는 경계에 해탈 자재하는 자가 바로 어디를 가나 주인으로 산다는 뜻이다. 보고 듣고 말하고 행동하는 일상사의 자신이 바로 작용하는 자신이며 그 자신은 바로 주인공이며 주인이다.

묵은 습기 종자나 죄업 역시도 그 본성이 진여공이고 형상이 가상이고 비실재임을 알면 별도로 끊을 것이 없으며, 저절로 해탈의 큰 바다로 변하게 된다. 요즘 공부하는 이들은 이러한 마음의 법을 모른다. 그래서 종과 주인, 손님과 주인을 구분하지 못한다. 마치 양이, 풀이고 나무고 가시고 가리지 않고 닥치는 대로 먹어 치우는 형국과 같다고 할 수가 있다. 머슴인지 주인인지 가려내지 못하고 선악과 시비를 분별하지 못하는 어리석은 자를 양에 비유하고 있는 것이다.

깨치게 되면 머슴과 주인, 그리고 손님과 주인을 분명히 가려내고,

선악과 시비를 분명하게 보게 된다. 진여일심의 본체에서 보면, 분명 머슴도 없고 주인도 없고 손님도 없다. 물론 선악과 시비분별 또한 없다. 일체가 다 없다. 진여일심의 자리에는 분별망념이 사라지고 없기 때문이다. 그러나 중도정견의 차원에서 보면, 머슴도 있고 주인도 있고 손님도 분명히 있다. 이를 모르고 분별망념에 집착하는 이러한 무리들은 팔만사천 번뇌에 휩싸여 이해득실과 시시비비에 빠져 속물근성으로 살아가는 자들이다. 이는 참다운 출가인이라고 할 수가 없다.

2) 참다운 출가인

"무릇 출가한 사람은
모름지기 평상 그대로의 진정견해를 판별할 줄 알아야 한다.
그리하여 부처와 마구·니를 가려내고 참됨과 거짓을 가려내며
범부와 성인을 가려낼 수 있어야 한다.
이와 같이 가려낼 수 있다면 참된 출가인이다.
만약 부처와 마구·니를 가려내지 못한다면
그저 세속의 집에서 나와 또 다른 세속의 집으로 들어간 것에 불과하다.
이는 업을 짓는 중생이지 진정한 출가인이라고 말할 수 없다.
예를 들면, 지금 여기에 하나의 부처와 마구·니가 한 몸이 되어
나눌 수 없는 것이 마치 물과 우유가 섞여 있는 것과 같다고 하자.
거위의 왕은 우유만 먹는다.
눈 밝은 도인이라면 마구·니와 부처를 함께 물리쳐버린다.
그대들이 성인을 좋아하고 범부를 싫어한다면

생사의 바다에서 떴다 잠겼다 할 것이다."

夫出家者 須辨得平常眞正見解 辨佛辨魔 辨眞辨僞 辨凡辨聖 若如是
辨得 名眞出家 若魔佛不辨 正是出一家入一家 喚作造業衆生 未得名
爲眞出家人 祗如今 有一箇佛魔 同體不分 如水乳合 鵝王 喫乳 如明
眼道流 魔佛 俱打 儞若愛聖憎凡 生死海裏浮沈

❀

평상 그대로의 참되고 바른 안목, 즉 진정견해眞正見解란 무엇인가?
중도정견의 깨달음이 진정견해이다. 정견의 안목을 가지고 평상시에
보고 듣고 하는 사람이 바로 깨달은 사람이고, 그 사람은 다름 아닌
작용하는 자신이고, 그 자신이 바로 무위진인이며 참사람이다. 정견
의 안목을 지닌 자신은 참사람으로서 모든 것을 바른 견해로 가려내
는 자이다. 부처니 마구니니, 참됨과 거짓, 범부와 성인은 모두 진여
의 작용이 지어낸 것이다. 그러므로 마음의 본성인 진여의 차원에서
는 다르지 않고 똑같다. 그러나 인연 따라 지어진 것이므로 가상이라
하더라도 차이가 없는 것은 아니다. 그러므로 차별은 인정하더라도
부처와 마구니는 둘이 아니며, 참됨과 거짓은 다르지 않고 범부와 성
인은 서로 통하는 것임을 알아야 한다. 이렇게 중도정견으로 볼 때 이
것을 진정견해라고 한다.
　‘부처와 마구니를 구분하지 못하면 업장을 소멸하러 와서 다시 업
장을 짓는 것과 같다’라는 말은 무슨 의미인가? 부처와 마구니를 구
분하지 못한다는 것은 부처와 마구니에 대한 중도정견을 갖지 못하
고 부처와 마구니에 휘둘려 분별집착의 망념에 빠져 있다는 뜻이다.

마구니를 퇴치하고자 세속의 집에서 나와 업장을 소멸하러 왔는데, 분별 집착에 빠져드니 다시 세속으로 돌아가 업장을 짓는 것과 다르지 않다는 말이다.

부처와 마구니의 본성은 진여일심으로 다 같으나 진여일심을 덮고 있는 번뇌가 있느냐 없느냐에 따라, 없으면 부처이고 있으면 마구니다. 그러므로 부처와 마구니라는 상대분별을 다 함께 내쳐 버리라는 것이다. 성인과 범부가 본성에 있어 다르지 않다는 중도정견의 진정 견해이다. 성인을 좋아하고 범부를 싫어하는 분별견의 망념을 지니고 있다면 생사의 바다에 표류하게 될 것이다.

그런 의미에서 진정견해를 얻어 먼저 부처와 마구니, 진실과 거짓, 범부와 성인을 판별할 줄 알아야 한다고 말하고 있음과 동시에, 눈 밝은 수행자라면 부처와 마구니를 모두 물리쳐야 한다고 말하고 있는 것이다.

이렇게 이 대목에서는 모순의 통일을 말하고 있다. 모순이 무엇인가? 양변이 대립하는 것이 모순이다. 범부와 성인, 부처와 마구니, 진실과 거짓 등이 모순이다. 우리는 이러한 모순 속에서 갈등과 대립으로 고통에 빠져 살아가고 있다. 이 모순을 깨트리고 나와야 한다. 그래서 부처와 마구니, 진실과 거짓, 성인과 부처라는 대립되는 양변을 모두 물리쳐야 한다고 말하고 있는 것이다.

5. 부처도 없고 중생도 없다

1) 만법은 생겨남이 없다

어떤 스님이 임제 스님에게 물었다.

"어떤 것이 부처이고 어떤 것이 마구니입니까?"

"그대의 의심하는 그 한 생각이 바로 마구니다.

그대가 만약 만법은 생겨남이 없고[萬法無生],

마음은 허깨비 같아서[心如幻化] 하나의 티끌도, 하나의 법도 없이

어딜 가나 청정하면 이것이 부처다. 그러나 부처와 마구니란

깨끗함과 더러움의 두 가지 상대적인 경계일 뿐이다.

산승의 견해에 의한다면

부처도 없고 중생도 없으며, 옛도 없고 지금도 없으니,

이 뜻을 깨치는 자는 바로 깨쳐서 오랜 세월을 수행할 필요가 없다.

닦을 것도 없고 깨칠 것도 없으며, 얻을 것도 없고 잃을 것도 없어서

모든 시간 가운데 다른 특별한 법은 없다.

경전에서도 부처님이 '설사 이보다 더 나은 법이 있다 하더라도
그것은 꿈같고 허깨비 같은 것이라고 말한다'고 했으니
산승이 말하고자 하는 것은 바로 이것이 전부다."

問 如何是佛魔 師云 儞一念心疑處 是簡魔 儞若達得萬法無生 心如幻
化 更無一塵一法 處處淸淨 是佛 然 佛與魔 是染淨二境 約山僧見處
無佛無衆生 無古無今 得者便得 不歷時節 無修無證 無得無失 一切時
中 更無別法 設有一法過此者 我說如夢如化 山僧所說 皆是

❀

만법무생萬法無生, 만법은 본래 생겨남이 없다는 말이다. 만법은 진여
의 묘용이 연을 따라 지어낸 것이므로 공이다. 불생불멸이다. 마음은
가상이기에 환영과 같고 그림자와 같으며 허깨비와 같다. 한 티끌 한
법도 없어서 어딜 가나 청정하니 이것이 부처라고 하는 것이다. 이를
의심하는 한 생각이 마구니다.

　부처와 마구니란 깨끗함과 더러움의 두 가지 상대적인 경계일 뿐
이라는 말은 무엇을 의미하는가? 상대적인 경계라 함은 대립하는 분
별의 망념의 세계를 말한다. 분별을 떠나면 부처도, 마구니도 없다는
것이다.

　임제 스님은 부처도 없고 중생도 없으며 옛날도 없고 지금도 없어
서, 이 뜻을 깨치는 자는 바로 깨쳐서 오랜 세월을 수행할 필요가 없
다고 한다. 즉 얻을 것은 바로 얻는다고 말하고 있다. 부처와 중생, 옛
날과 지금의 일체 상태가 끊어지니 일체가 공하다. 이것이 크게 죽은
대적멸大寂滅이다. 얻을 것은 바로 얻는다 함은 일체가 끊어진 곳에서

청정함이 원융하게 빛나는 크게 살아난 경지를 말한다. 일체가 끊어진 공적한 가운데서 크게 살아나서 빛나는 광명은 억만 겁이 지나도 예스럽지 않으며 만세에 뻗쳐 항상 지금이니, 이것이 바로 평상 그대로의 참되고 바른 안목을 가진 대장부의 경계다. 바로 안과 밖이 철저하게 밝아 진여본성을 깨친 성불의 경계다.

　이러한 경지는 무소득의 경지로서 한 법도 얻으려야 얻을 수가 없으며, 버리려야 버릴 것이 없고, 닦을 것도 깨칠 것도 없다. 이는 참선이나 간경이나 육도만행六度滿行을 통해서 얻어지는 것이 아니다. 설사 그러한 것을 통해서 얻었다손 치더라도 옛날 그대로의 그 사람일 뿐이기에 더 나은 법이 있다면 그것은 꿈같고 허깨비 같다. 한 마음이 나지 않으면 만법에 허물이 없다. 이것이 임제 스님이 말하고자 하는 전모이다.

2) 바로 지금 눈앞에서 호젓이 밝고 역력하게 듣고 있는 이 사람

"도를 배우는 벗들이여!
바로 지금 눈앞에서 호젓이 밝고 역력하게 듣고 있는 이 사람은
어디를 가나 막힘이 없고 시방세계를 꿰뚫어 삼계에 자유자재하다.
온갖 차별 경계에 들어가도 그 경계에 휘말리지 않는다.
한 찰나 사이에 법계를 뚫고 들어가 부처를 만나면 부처를 말하고,
조사를 만나면 조사를 말하며, 나한을 만나면 나한을 말하고,
아귀를 만나면 아귀를 말한다.
모든 곳을 향해 갖가지 국토를 다니며 중생들을 교화하지만,

언제나 일념을 떠난 적이 없다.

가는 곳마다 청정하여 그 빛이 시방에 두루 비치니 만법이 한결같다."

道流 即今目前孤明歷歷地聽者 此人 處處不滯 通貫十方 三界自在 入
一切境差別 不能回換 一刹那間 透入法界 逢佛說佛 逢祖說祖 逢羅漢
說羅漢 逢餓鬼說餓鬼 向一切處 游履國土 敎化衆生 未曾離一念 隨處
淸淨 光透十方 萬法一如

✿

바로 지금 눈앞에서 호젓이 밝고 역력하게 듣고 있는 이 사람[即今目前
孤明歷歷地聽者]은 누구인가? 평상시의 우리 자신이다. 일상 속에서 보
고 듣고 하는 우리 자신이다. 자기 자신과 마주하고 사는 모습을 말하
고 있는 것이다. 마주하고 서 있는 자신은 작용하는 자신이다. 작용하
는 자신은 다름 아닌 진정견해의 안목을 지닌 깨친 자이며 무위진인
이고 대해탈인이며 대자유인이다. 작용하는 자신은 시간과 공간적으
로 바로 지금 눈앞에 있는 자이다. 지금 그리고 여기에 있는 자는 영
원한 현재와 통한다. 우주 만물이 탄생하기 이전부터 진여성품이 지
금 그리고 여기에 동하고 있기 때문이다.

　호젓이 밝은 것은 진여의 광명이 그 무엇에 의지함이 없이 홀로 밝
게 빛나고 있음을 말하고 있는 것이다. 역력하게 듣고 있다는 것은 모
든 일체 분별망념이 사라지고 대원경지의 크고 둥글고 원만한 거울
같은 지혜로 소리의 경계를 떠나서 상에 머물지 않고 듣는 것을 말한
다. 한마디로 말하면 바로 지금 눈앞에서 호젓이 밝고 역력하게 듣고
있는 이 사람은 깨친 자의 눈으로 본 평상시의 우리 자신이다. 작용하

는 자신이고 자신이 바로 부처다.

진여의 현현인 작용하는 자신은 진여가 만물을 지어내고 만법을 관통하므로 어디를 가나 막힘이 없다. 시방세계를 꿰뚫어 삼계에 자유자재하고 차별경계 속에서도 본체로서 자리하고 있어서 휘말리지 않는다. 부처나 조사나 나한이나 아귀를 만나면 그에 맞게 말한다.

모든 국토를 다니며 중생들을 교화하지만 일찍이 진여일심을 떠난 적이 없으므로 중생을 교화해도 일찍이 교화한 적이 없다. 가는 곳마다 진여의 광명이 시방에 가득 비치니 만법이 한결같다.

3) 본래 아무런 일이 없다

"도를 배우는 벗들이여!
대장부라면 본래 아무런 일이 없는 줄을 오늘에야 알 것이다.
다만 그대들은 믿음이 부족하여 생각 생각 내달려 구하면서
자기 머리는 버리고 다른 머리를 찾느라 스스로 쉬지를 못하는 것이다."

道流 大丈夫兒 今日 方知本來無事 祇爲爾信不及 念念馳求 捨頭覓頭
自不能歇

❉

대장부는 본래 아무런 일이 없다. 왜냐하면 대장부란 참된 수행을 하여 중도정견의 진정견해를 가진 자이기 때문이다. 중도에서 보면 만법이 원융무애하여 걸림이 없고 서로 통하여 진리 아님이 없다. 끊어

야 할 것도 없고 얻어야 할 것도 없으며 할 일도 해야 할 일도 없다. 그래서 본래 아무런 일이 없는 것이다.

자기 자신이 참으로 진정견해를 갖고 있는 대자유인이고 무위진인이다. 그런데 이러한 자기 자신을 믿지 못하는 것이 병폐다. 나 자신은 본래 부처이다. 다만 이에 대한 믿음이 부족하여 밖으로 찾고 구하며 내달린다. 이는 자기 머리를 버리고 다른 머리를 찾느라 스스로 쉬지를 못하는 것과 같은 어리석은 짓이다.

저 대승의 으뜸 되는 원교보살, 돈교보살들조차도
법계에 들어가 몸을 나타내어 정토에 있으면서
범부를 싫어하고 성인을 좋아한다.
이런 무리는 취하고 버리는 마음을 쉬지 못하고
더럽다 깨끗하다 하는 마음이 남아 있기 때문이다.
그러나 선종의 견해는 절대 그렇지 않으니,
바로 지금 그대로 깨달음을 이룰 뿐[直是現今],
달리 다른 시절이란 없다[更無時節].
산승이 말하는 것은 모두가 그때그때 병에 따라 약을 쓰는 데
있을 뿐[藥病相治], 실다운 법이 있는 것이 아니다.
만약 이와 같이 알기만 한다면 참된 출가이며,
하루에 만 량의 황금을 쓸 수 있을 것이다.

如圓頓菩薩 入法界現身 向淨土中 厭凡忻聖 如此之流 取捨未忘 染淨
心在 如禪宗見解 又且不然 直是現今 更無時節 山僧說處 皆是一期藥
病相治 總無實法 若如是見得 是眞出家 日消萬兩黃金

원·돈교보살은 정토에 있으면서 범부와 성인을 구별하고, 취하고 버리고, 더럽고 깨끗한 분별을 지어낸다. 구별과 분별과 취사선택은 분별의 망념이다. 진여일심은 이러한 생멸변견의 망념이 사라지고 없는 청정한 마음이다. 청정한 마음은 과거, 현재, 미래의 시간에 구애되지 않고, 바로 지금 그대로 깨달음을 이룰 뿐이다. 달리 다른 시절이란 없다. 이를 '직시현금直是現今, 갱무시절更無時節'이라 한다.

'바로 지금'의 현금現今을 단순히 현재와 지금이라는 시간을 가지고 이해해서는 안 된다. 진여일심은 시간과 공간이 발붙일 수 없는 경지다. 현재뿐만 아니라 과거나 미래 역시도 완전히 떠난 경지다. 마찬가지로 공간 역시도 발붙일 데가 없다. 그러므로 현금은 시간과 공간을 떠난 바로 지금이다. 시간과 공간을 초월한 지금 이 자리는 참다운 자리, 청정한 자리, 진여일심의 자리다.

임제 스님의 설법은 모두 병에 따라 약을 쓰는 방편일 뿐이지 실다운 법은 하나도 없다고 말한다. 중생들의 미혹함을 깨우쳐주기 위해 방편상 설법을 하고 있다는 뜻이다. 그래서 병을 치료하고 중생의 미혹함을 깨우치고 나서는 약도 잊는다. 그러므로 미혹함이라는 병을 벗어나 깨달음이라는 약에도 벗어나야 하는 것을 말하고 있는 것이다.

임제 스님의 법문뿐만 아니라 모든 조사의 법문과 팔만대장경의 부처님 법문도 병에 따라 그때그때 약을 쓰는 단순한 방편이기는 마찬가지다. 이렇게 알아야 진정한 출가자이고 하루에 만 량의 황금을 소비하더라도 상관없으며 빚이 되지 않는다. 진정한 출가자는 만법을 통달한 자이고 온 천하를 전부 다 가진 주인이며, 진여자성의 무궁무진한 보배 창고를 지니고 있기 때문이다.

"도를 배우는 벗들이여!

그대들은 제방의 노사들에게 인가를 받아서는

'나는 선을 안다. 도를 안다' 하고 지껄이지 마라.

설법이 마치 강물이 흐르듯 말솜씨가 뛰어나더라도

이는 모두 지옥 업을 짓는 일이다.

만약 참되고 바르게 도를 배우는 이라면

세간의 과실을 책망하지 않고 간절히 진정견해를 구하려고 노력할 뿐이니,

진정견해가 원만하고 명백하게 이루어지면

비로소 남김없이 깨달아 마쳤다고 하리라."

道流 莫取次被諸方老師印破面門 道我解禪解道 辯似懸河 皆是造地獄
業 若是眞正學道人 不求世間過 切急要求眞正見解 若達眞正見解圓明
方始了畢

❀

공부를 하는 과정에서 한 소식을 접하는 경우는 흔히들 있다. 그러나
이러한 한 소식이 착각일 경우도 허다하다. 진정견해를 갖고 있는 눈
밝은 자를 찾아가 인가를 받는 것이 필요하다.

  그러나 인가를 받는 자도 그렇지만, 인가를 하는 자도 문제가 없는
것은 아니다. 지금도 그러하나 임제 스님 당시에도 상황이 다르지 않
았음을 임제 스님의 말씀을 통해서 알 수가 있다. 그래서 임제 스님은
인가하는 자뿐만 아니라 인가를 받는 자 역시도 함께 나무라고 있는
것이다. 그래서 여러 지방의 노숙들에게 인가 증명서 따위를 받아 가
서는 선을 알고 도를 안다고 함부로 나불거리는 자들을 꾸짖는다.

임제 스님은 법을 인가하는 자나 법을 인가받은 자에게 공히 하나의 가르침을 주고 있는데 이것이 다름 아닌 진정견해이다. 배우는 자들도 진정견해를 믿고 배우며, 인가를 하는 자도 진정견해의 안목을 가지고 인가를 하라는 말이다. 그러므로 진정견해는 인가를 하는 자도 인가를 받는 자도 필히 돌파하지 않으면 안 되는 관문인 것이다. 진정견해는 중도이고 구경각이므로 망념을 끊은 구경무심이어야 한다. 그래서 인가를 받고자 오는 이가 있다면 우선 망념을 끊었는지를 먼저 점검해야 한다. 이와 더불어 둥근 거울과 같이 일체를 비추어 보는 대원경지의 지혜 또한 갖추고 있는지 점검하는 것이 옳다.

바르게 깨치지 못한 자를 잘못 인가하는 것은 그 사람을 죽이는 일이다. 그 사람만 죽이는 것이 아니고 그 사람의 말에 속아 넘어가는 사람 모두를 죽이는 일이다. 그러므로 가짜 인가를 받고 선을 알고 도를 알았다고 돌아다니지 말라고 말하고 있는 것이다.

아무리 말이 청산유수와 같다 하더라도 이는 모두 다 지옥 업을 쌓을 뿐이다. 제대로 깨치지 못했으므로 번뇌망념은 여전한 상태에서 말과 행동으로 다시 업을 짓게 되기 때문이다.

그러므로 참으로 도를 배우는 사람은 세간의 과실을 책망하지 않고 진정견해에 따라 깨칠 때 비로소 일대사 일을 마쳤다고 할 수 있는 것이다. 진정견해의 경지는 스스로 깨쳐봐야 알지 깨치기 전에는 알 수가 없다. 꿈을 꾸고 있는 자가 꿈속에서는 자기가 꿈을 꾸고 있다는 사실을 모른다. 꿈에서 실제로 깨어나 봐야 꿈인 줄 아는 것과 같은 것이다.

6. 실다운 법은 아무것도 없다

1) 진정견해란 무엇인가?

한 스님이 임제 스님에게 물었다.
"무엇이 진정견해眞正見解입니까?"
"그대들은 언제 어디서나 범부의 경지에도 들어가고,
성인의 경지에도 들어가며, 더러운 번뇌의 세계에도 들어가고,
깨끗한 열반의 세계에도 들어간다.
모든 부처님 국토에도 들어가고 미륵의 누각에도 들어가며
비로자나불의 세계에도 들어가서 곳곳마다 국토를 나타내며
성成·주住·괴壞·공空한다."

問 如何是眞正見解 師云 儞但一切入凡入聖 入染入淨 入諸佛國土 入
彌勒樓閣 入毘盧遮那法界 處處皆現國土 成住壞空

✿

과연 진정견해란 무엇일까? 또 한 스님이 묻는다. 아직도 궁금한 모
양이다.

　진여일심은 연에 따라 만 가지 형상을 지어낸다. 범부, 성인, 더러
움, 깨끗함을 지어내고 부처님 나라, 미륵의 누각, 비로자나불의 법계
에도 들어가서 곳곳마다 국토를 지어낸다. 여기서 들어가는 것과 지
어내는 것은 다른 말이 아니다. 진여일심이 만상을 지어내고 만상 속
에 본체로서 자리하고 있기 때문에 들어간다고 말하는 것이다. 진여
일심의 묘용이 연을 따라 지어낸 상은 허상이며 본체는 진여공이다.
허상이므로 실체가 없어 연에 따라 생성하고 머무르고 변화하고 사
라져간다. 그래서 성주괴공한다고 말하고 있는 것이다.

"석가모니부처님께서 세간에 출현하여
큰 법륜을 굴리고 열반에 드시지만,
가고 오는 모양을 볼 수가 없다.
그 자리에서는 생사를 찾아도 마침내 찾을 길이 없다.
곧바로 무생법계無生法界에 들어가 곳곳에서 국토를 노닌다.
화장세계에도 들어가, 모든 법이 다 텅 비어 있음을 통찰하니
실다운 법이 도무지 없다."

佛出于世 轉大法輪 却入涅槃 不見有去來相貌 求其生死 了不可得 便
入無生法界 處處游履國土 入華藏世界 盡見諸法空相 皆無實法

✽

진여일심이 연에 따라 지어진 만상은 가상공체로서 두 가지 측면을 아울러 가지고 있다. 하나는 연에 따른 가상假相으로서 생멸법이다. 다른 하나는 공체空體로서 진여공의 불생불멸법이다. 만상을 생멸 차원에서 말하면 성주괴공으로 설명하지만, 불생불멸의 차원에서 말하면 무생법이다.

부처님에 대해 역사적인 존재로서 세간에 출현하여 법륜을 굴리다 열반에 드신다고 하는 것은 분명히 확실한 생멸법에 의거한 것이다. 그러나 진리의 차원에서 보면 진리는 불생불멸로서 오고 가는 모양을 볼 수가 없으며 생과 사를 찾을 길이 없다. 모든 존재가 불생불멸의 본체에 있으면서 온갖 삶을 다 펼친다.

여래如來라고 하는 것은 진여일심에서 오는 자를 말한다. '여如'는 변하지 않는 본체로서 진여공을 말하며, '래來'란 연에 따라 오고 가지만 그렇게 오고 가더라도 진여의 묘용은 그대로이다. 그래서 일체처一切處에 두루 모습을 나타내시지만 실제로는 가고 옴이 없다. 진공묘유의 화장세계에도 들어가 모든 법이 본래 본체가 공함을 통찰해 보니, 실다운 법이 도무지 없다.

"오직 법을 듣는 사람, 어디에도 의지함이 없는 도인[無依道人]이 모든 부처님의 어머니이다.
그러므로 부처는 의지함이 없는 데서 생겨난다.
만약 의지함이 없음을 깨닫는다면 부처도 얻을 것이 없다.
만약 이와 같이 보게 된다면 이것이야말로 진정견해이다."

唯有聽法無依道人 是諸佛之母 所以 佛從無依生 若悟無依 佛亦無得
若如是見得 是眞正見解

❀

이 대목은 참되고 올바른 견해, 즉 진정견해에 대한 임제 스님의 답이
들어 있다. 앞서도 말했듯이 참되고 올바른 견해는 중도이다. 중도이
긴 하지만 그것이 구체적으로 무엇이란 말인가? 그 이야기의 졸가리
를 쫓아가 보자.

　오직 법을 듣는 사람은 진여의 작용을 하는 사람이고, 어디에도 의
지함이 없는 무의도인이다. 그는 진여공 자체를 깨달은 자이다. 그러
므로 진여 그 자체는 모든 부처님의 어머니라고 한다.

　무의도인은 어떠한 조건이나 어느 누구에도 의지하지 않는 도인을
말한다. 진여를 깨달은 도인이 의지할 바 있을 리가 없다. 자신이 부
처이기 때문이다. 그러므로 부처니 조사니 하는 것에도 의지하지 않
고, 설사 본래면목이라 하더라도 의지할 대상이 아니다. 본래면목인
나 자신이 의지처가 되고 의지할 대상이 된다는 것은 진여일심인 본
래면목을 대상화하는 것이기 때문에 이는 진여를 죽이는 일이다.

　만약 어디에도 의지함이 없는 그것, 즉 진여를 깨달으면, 진여는 공
이기에 부처도 또한 찾을 길이 없다. 부처는 부처가 아니기 때문에 부
처라고 하는 것이다. 부처의 실재는 이용상異用相으로, 이용상만 있을
뿐 부처라는 실재가 따로 있는 것이 아니다. 부처는 단지 이름일 뿐이
다. 그래서 부처는 부처가 아니기 때문에 부처라 이름한다는 것이다.

　이러한 중도진여의 묘용인 작용이 활발발하게 작동되는 것을 볼
수 있다면, 그리고 그렇게 작용하는 부처가 바로 자신임을 보게 된다

면, 부처도 얻을 필요가 없다. 이것을 참되고 올바른 견해라고 한다.

2) 찾을수록 멀어진다

"공부하는 사람들이 이를 알지 못하고 명칭과 글귀에 집착하여
범부니 성인이니 하는 이름에 구애되므로
도를 보는 안목이 막혀 분명히 알지 못한다.
예를 들면 저 십이분교는 모두가
언어 문자로 이치를 드러내는 설명에 불과한 것이다[表顯之說].
공부하는 사람들이 이를 알지 못하고
겉으로 드러난 명칭이나 글귀에서 알음알이를 낸다.
이것은 모두 언어 문자에 의지하는 것이라,
인과에 떨어지며 삼계에서 생사윤회를 면치 못한다."

學人不了 爲執名句 被他凡聖名礙 所以 障其道眼 不得分明 祇如十二
分敎 皆是表顯之說 學者不會 便向表顯名句上生解 皆是依倚 落在因
果 未免三界生死

✿

경전을 공부할 때, 이름과 글귀에 걸리지 않고 있는 그대로의 진실을
보아야 하는데도 그렇게 못 하고 장애를 입어 도의 눈을 어둡게 하여
훌륭한 식견이 막혀 분명히 알지 못한다는 것이다.
　팔만대장경, 즉 삼승십이분교에는 수많은 가르침이 있고 이는 모

두 이치를 보여주기 위한 것인데 이를 알지 못하고 명칭이나 글귀에 알음알이를 낸다. 중생과 부처, 생과 사, 선과 악 등의 상대적인 이원 분별 대립 속에서 집착하고 매달린다. 이러한 상대적·이원적인 변견에 떨어져 언어 문자나 생각으로 이리저리 굴리다 보면 진리로부터 멀어지고 인과에 떨어지고 만다. 인과에 미혹하지 않아야 하는데 인과에 떨어지고 만다. 상대적인 변견에 치우치므로 탐진치에 물들어 육도윤회六道輪廻하는 것이다.

"그대들이 나고 죽음과 가고 머무름을 옷을 입고 벗듯이
벗어나 자유롭기를 바란다면,
지금 당장에 법문을 듣고 있는 그 사람을 알아야 한다.
이 사람은 형체도 없고 모양도 없으며 뿌리도 없고 바탕도 없으며
머무는 곳도 없다[無形無相 無根 無本 無住處].
활발발하게 약동하고 있으니, 수만 가지 방편의 시설[活鱍鱍地 應是萬種施設]은
작용하되 그 자취가 없다.
그러므로 찾을수록 더욱 멀어지고 구할수록 더욱 어긋난다.
이를 일러 비밀秘密이라고 부른다."

儞若欲得生死去住脫著自由 卽今識取聽法底人 無形無相 無根無本 無住處 活撥撥地 應是萬種施設 用處祇是無處 所以 覓著轉遠 求之轉乖 號之爲秘密

❀
이 단락은 진여성품의 본체와 성품의 묘용을 잘 묘사하고 있는 부분

이다. 진여의 본체를 무형무상無形無相, 무근無根, 무본無本, 무주처無住處라고 표현하여 일체의 형상, 근본, 주처가 모두 끊어진 쌍차雙遮의 세계를 보여주고 있다. 또 활발발한 약동[活鱍鱍地]과 수만 가지 방편시설[應是萬種施設]은 진여의 묘용을 드러내 보이는 쌍조雙照의 세계를 나타내고 있다. 쌍차하여 쌍조를 드러내는 차조동시遮照同時이다.

지금 법문을 듣고 있는 사람을 통해 본체와 묘용을 잘 보여주고 있는 것이다. 듣고 보고 말하고 행동하는 것이 다름 아닌 작용이고 이러한 작용은 진여 묘용이다.

진여일심의 본체는 공적空寂하여 뿌리도 없고 바탕도 없으며 머무는 바도 없다. 나고 죽음이 없으며 가고 머무름이 없으니 대해탈이고 대자유이다. 그러나 이러한 진여일심의 작용은 활발발하게 살아 움직이고 수만 가지 상황에 맞춰 펼쳐지므로 만 가지 형상을 지어내고 만법 속에 들어가며 시방법계를 관통하고 있다. 이와 같은 작용에는 정해진 곳이 없으며 가지 않는 곳이 없다. 무형상이고 무이명無異名이므로 찾을수록 더욱 멀어진다.

왜냐하면 찾는다고 찾아질 수 있는 것이 아니기 때문이다. 구할수록 더욱 어긋난다. 이미 자신이 스스로 작용하는 부처인데, 구해서 구해진 것이 있다면 그것은 어긋난 것이다. 찾을 수도 구할 수도 없으니 이것이 비밀이라고 할 수밖에 없다. 우리는 일반적으로 구하면 찾을 것이고 두드리면 열릴 것이라고 상식적으로 생각한다. 물론 분별심을 가지고 논리적으로 이해하는 차원에서는 그렇게 생각한다. 그러나 진여일심의 자리는 논리나 분별마음 같은 것은 다 끊어지고 없다. 그래서 상식적으로 분별마음을 가진 자에게는 도저히 납득이 가지 않고 이해할 수 있는 것이 아니다. 그래서 비밀이라고 한다. 이러한 비밀스럽고 자취가 없는 바로 그 사람을 알아야 한다. 언어와 사유를 떠난 바로 이 자리에서.

3) 꿈같고 허깨비 같은 몸뚱이를 잘못 알지 마라

"도를 배우는 벗들이여!
그대들은 이 꿈같고 허깨비 같은 몸뚱이를
실재하는 것으로 잘못 알고 집착하지 마라.
머지않아 머뭇거리는 사이에 곧 무상無常으로 돌아갈 것이다.
그대들은 이 세계 속에서 무엇을 찾아 해탈하겠느냐?
그저 밥 한술 찾아 먹고 누더기를 꿰매어 입으며 시간을 보내는구나.
무엇보다 중요한 것은 선지식을 찾아 깨치는 것이다.
그럭저럭 즐거운 일이나 쫓아 지내지 마라. 시간을 아껴라.
순간순간 무상하여 죽음에 이르는 길이니 거칠게는 지수화풍이
흩어지는 것이고 미세하게는 생주이멸의 네 가지 변화에 쫓기고 있다.
도를 배우는 벗들이여!
지금 이 순간 가장 중요한 것은 네 가지 무상無相의 경계를 잘 알아서
그 경계에 휘말리지 않도록 하는 일이다."

道流 儞莫認著箇夢幻伴子 遲晚中間 便歸無常 儞向此世界中 覓箇什
麼物作解脫 覓取一口飯喫 補毳過時 且要訪尋知識 莫因循逐樂 光陰
可惜 念念無常 麤則被地水火風 細則被生住異滅 四相所逼 道流 今時
且要識取四種無相境 免被境擺撲

왜 이 몸뚱이가 꿈같고 허깨비 같다고 하는가? 몸은 4대인 지수화풍이 지어낸 것이다. 물론 우리 몸의 구성요소는 여러 가지 화합물질의 총합이나, 편의상 이렇게 말하고 있다. 4대가 결합하면 몸이 되고, 4대가 흩어지면 사라진다. 이 몸뚱이는 조건이 결합해 있는 동안만 존재하며 조건의 결합이 해체되면 사라지고 마는 임시적이고 조건 지워진 존재로서, 영원하지 않고 무상하며 시간이 흘러감에 따라 태어나고 머무르고 변하고 사라지는 무상한 존재일 뿐이다.

나타난 형상으로 보면 지수화풍의 4대가 흩어지는 것이지만, 형상 이면을 미세하게 들여다보면 변화는 항상 진행되고 있고, 그 변화는 생주이멸生住異滅이다. 그럭저럭 즐거운 일이나 쫓아 지낼 만큼 시간이 많지는 않다. 지금 이 순간도 무상하게 흘러간다. 시간을 아껴야 한다. 무엇보다 중요한 것은 선지식을 찾아 도를 묻고 법을 구하고, 법을 얻는 일이다.

지금 가장 중요한 것은 형상 없는 경계를 잘 알아서 그 경계에 휘말리지 않도록 하는 일이다. 깨닫고 보면 일체의 경계는 가상假相으로서 실재가 없으며 가명假名으로 꿈같고 허깨비 같은 것이다. 아무리 일체의 경계가 가상이라고 듣고 이해한다고 하더라도 깨치지 않고서는 제대로 바르게 알 수가 없다. 모름지기 깨쳐보아야 안다. 그러므로 깨치는 일이 참으로 화급하다고 하는 것이다. 깨치게 되면 망념이 없고 망념이 없으면 경계에 머물지 않으며 그 경계에 자연히 휘말리지 않게 된다.

7. 네 가지 형상이 없는 경계

1) 만상萬相이 가상공체假相空體

어떤 스님이 임제 스님에게 물었다.

"무엇이 네 가지 무상無相의 경계입니까?"

"그대들의 한 생각 의심하는 마음이 흙이 되어 가로막으며,

한 생각 애착하는 마음이 물이 되어 빠지게 하며,

한 생각 성내는 마음이 불이 되어 타게 하며,

한 생각 기뻐하는 마음이 바람이 되어 흔들리게 하는 것이다.

만약 이렇게 알아낼 수 있다면,

경계에 끄달리지 않고 가는 곳마다 경계를 활용할 것이다.

동쪽에서 나타났다가 서쪽으로 사라지고,

남쪽에서 나타났다가 북쪽으로 사라지고,

중심에서 나타났다가 주변으로 사라지고,

주변에서 나타났다가 중심으로 사라진다.

물 위를 다니기를 땅 위 다니듯 하고,

땅 위 다니기를 물 위 다니는 것처럼 자유자재하게 한다.

어째서 그런가?

지수화풍 사대가 꿈과 같고 허깨비와 같이 실재가 없어

공空함을 통달했기 때문이다."

問 如何是四種無相境 師云 儞一念心疑 被地來礙 儞一念心愛 被水來
溺 儞一念心瞋 被火來燒 儞一念心喜 被風來飄 若能如是辨得 不被境
轉 處處用境 東涌西沒 南涌北沒 中涌邊沒 邊涌中沒 履水如地 履地
如水 緣何如此 爲達四大如夢如幻故

❀

이 대목에서는 만상萬相이 가상공체假相空體임을 통달하여 현상[相]과
본체인 성품을 통해 현상 서로 간에 원융무애함을 드러내고, 현상이
가상임을 통해 비실재로서 꿈과 같음을 통달하라고 말하고 있다.

깨달은 자의 눈으로 보면 마음이든 물질이든 만상은 모두 다 진여
의 묘용이 연을 따라 지어낸 것으로, 외상外相은 연에 따라 오고 가는
가상이며, 본체는 진여공眞如空, 즉 가상공체이다. 진여공인 체體의 입
장에서 보면 마음이든 물질이든 그 무엇도 둘이 아니며, 다르지도 막
히지도 않고 통하며 원융무애하다.

다만 의심하는 마음[疑], 애착하는 마음[愛], 성내는 마음[瞋], 기뻐하
는 마음[喜]이 지수화풍으로 걸리지 말아야 한다. 다시 말하면 의심하
는 마음이 흙이 되고, 애착하는 마음이 물이 되며, 성내는 마음이 불
이 되며, 기뻐하는 마음이 바람이 되어 흔들리게 된다.

그러나 진여 중도의 실상에 서면 만상이 원융무애하지 않는 것이
없다. 이러한 만상은 가상으로서 실재가 없으므로 경계에 끄달릴 것

이 없으며 가는 곳마다 경계를 활용하게 된다. 만상은 가상으로 동과 서, 남과 북, 중심과 주변 어디에도 나타났다가 사라진다. 진여의 묘용이 연을 따라 만 가지 형상에 응하여 나타나기 때문이다. 땅과 물뿐만 아니라 불과 바람 역시도 상호 간에 원용하여 걸림이 없으며, 땅을 밟듯 물을 밟고 물을 밟듯 땅을 밟는다.

사대육신이 꿈과 같고 허깨비 같은 줄을 통달하려면, 사대육신의 본성을 깨달아야 한다. 사대육신의 본성이 진여공임을 보게 되어 사대육신이라는 것이 실재가 있는 것이 아니고 그대로가 연에 따라 지어진 공임을 알 때, 참으로 사대육신이 가상임을 통달하게 되는 것이다.

여기서 가상공체도假相空體圖를 통해 가상공체의 내용을 자세히 살펴보자. 가상공체는 모든 만상의 본래 모습이다. 만상의 모습은 허상虛相이고 가상假相이다. 상相은 허깨비 모습이고 본질은 부동진여, 즉 공성空性의 현현이다. 이를 한마디로 나타낸 것이 가상공체이다.

깨닫고 보면 만 가지 현상은 부동진여의 묘용이 연緣을 따라 지어진 것으로 망령되이 상을 세운 것이며, 있는 듯이 여기지만 실재는 있지 않다. 마치 허깨비같이 있지도 않은 것이 있는 듯하다. 그러므로 가상이라고 하는 것이다. 그러나 다른 한편으로는 모든 만 가지 현상은 부동진여의 묘용이 연을 따라 지어낸 것이므로, 성품인 부동진여의 현현이다. 즉 부동진여의 묘용, 즉 공의 현현이다. 그러므로 공체空體라고 하는 것이다. 이러한 두 측면을 함께 지니고 있으므로 가상공체인 것이다.

어느 한 면만 보아서는 만상의 모습을 제대로 보는 것이 아니며 두가지 측면을 동시에 보는 것이야말로 가상과 공체의 중도실상中道實相을 보는 것이라고 할 수 있다. 우리가 현상을 볼 때, 예컨대 그것이 꽃이나 나무 또는 산이나 물이라고 해도 상관이 없다. 현상에만 치우쳐 봄으로써 현상을 본질로 인정하는 것도 잘못이며, 아니면 본질만 강조하여 현상을 단지 허깨비일 뿐이라고 보는 것도 한 면에 치우친 견해일 뿐이다. 또 다른 측면에서 현상이 진리의 현현이기 때문에 현상 그 자체가 바로 진리라고 집착하는 것도 한 면에 치우친 견해일 뿐이다. 그러므로 두 가지 측면을 아울러 고려한 중도의 입장이야말로 제대로 된 올바른 지혜이다. 즉, 현상 그 자체의 모습은 허상이고 가상이지만, 그 속에 성품을 품고 있으며 성품의 현현이므로 상에 집착하지 않으면서 부동 진여에 따라 현상을 대하는 것이 중도적 지혜이다. 이를 다른 말로 하면 연기는 진여이며 연기소생법인 만상도 진여 그 자체라는 뜻이다. 이러한 가상공체를 도표로 나타내보겠다.

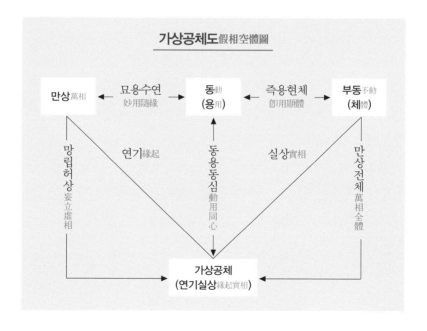

부동진여의 묘용妙用인 동動과 용用을 중심에 배치하고, 묘용인 동의 연을 따라 묘용수연妙用隨緣하여 만상을 지어내고, 묘용인 동이 나타나는 것은 체體인 부동진여를 드러내는 즉용현체卽用顯體이다. 동(용)이 연에 따라 만상을 지어내는데, 실은 만상은 없고 동(용)만 있으므로 만상은 망립허상妄立虛相으로 있는 듯이 여기지만, 사실은 없는 허상이고 가상이다. 그러나 가상이라 하더라도 부동진여의 묘용이 지어낸 것으로, 만상이 모두 부동진여의 성품이 지어낸 것이 아님이 없다. 그러기에 만상전체萬相全體이다.

만상 속에는 부동진여의 묘용인 동動과 작용이 있으며, 이를 통해 마음의 성품을 보게 되는 것이다. 이를 동용동심動用同心이라 한다. 그러므로 가상공체는 다른 말로 연기실상緣起實相이라고 할 수 있다. 연기실상은 연기가 부동진여라는 말이다. 연기가 부동진여이기 때문에 연기소생법인 만상도 부동진여이며, 무일물로서 상도 없다. 그러므로 만상도 허상이고 가상이라고 하는 것이다.

만상은 연기소생법의 형상이고, 진여묘용의 상호작용은 연기소생법의 본체의 작용이다. 연기소생법의 형상은 생멸 변화의 가상이고, 연기소생법의 본체는 불변의 진여공眞如空이다. 연기소생법의 삼라만상의 본모습은 가상공체이다.

현상과 본체, 연기와 실상은 구분되지 않고 일관되어 있기에 연기진여이고 연기실상이다. 연기진여의 구체적인 구현 모습이 가상공체이며 만상이다. 가상공체에서 보면 가즉공假卽空으로, 이것이 바로 즉중卽中이다. 그러므로 두두물물은 서로 상즉상입相卽相入하여 '일즉일체一卽一切 다즉일多卽一'이며 '일중일체一中一切 다중일多中一'이다.

모든 게 사사무애하고 원융무애하여 진여의 중도실상 외에는 없

다. 이 세상 이대로가 극락이고 열반이라 무엇을 보태거나 덜어낼 것
도, 버리고 끊을 것도 없다. 오면 오는 대로, 가면 가는 대로, 그대로가
다 진실이고 진여이다.

2) 그대가 살아 있는 문수다

"도를 배우는 벗들이여!
지금 법문을 듣고 있는 것은
그대들의 지수화풍으로 이루어진 사대육신이 아니라
그 지수화풍의 사대육신을 능숙하게 활용하는 그대들 자신이다.
만약 이와 같이 볼 수만 있다면
곧바로 가고 머무름에 자유자재하게 될 것이다.
산승의 견해에 의하면, 아무것도 꺼릴 것이 없도다."

道流 儞祇今聽法者 不是儞四大 能用儞四大 若能如是見得 便乃去住
自由 約山僧見處 勿嫌底法

❀

묘용이 연을 따라 사대육신을 지어내니 사대육신은 가상이나 본체는
진여공이다. 사대육신은 가상이므로 꿈같고 허깨비 같지만, 본체가 진
여공이므로 환화공신幻化空身이 그대로 진여법신이라고 하는 것이다.
　　진여공체가 자신이고 주인이다. 그래서 법문을 듣고 있고 사대육
신을 능숙하게 활용한다고 말한다. 사대육신이 가상으로 허깨비인

줄을 알면, 생사에 자유롭고 오고 가고 머무름에 자유롭다. 사대육신에 구애받을 것이 아무것도 없고, 꺼릴 것이 아무것도 없다. 바로 자기 자신이 그렇다.

"그대들이 성인을 좋아하더라도, 성인은 성인이라는 이름일 뿐이다.
어떤 공부하는 사람들은 오대산에 가서 문수보살을 친견하려 한다.
그러나 그것은 벌써 틀린 일이다. 오대산에는 문수보살이 없기 때문이다.
문수를 만나고 싶은가?
그대들의 눈앞에서 작용하고 있으며, 처음부터 끝까지 다르지 않고
어딜 가든지 의심할 것 없는, 이것이 바로 살아 있는 문수보살이다."

爾若愛聖 聖者 聖之名 有一般學人 向五臺山裏求文殊 早錯了也 五臺山 無文殊 爾欲識文殊麼 祇爾目前用處 始終不異 處處不疑 此箇是活文殊

❀

성인은 본성이 공적하다. 오대산에는 문수가 없다. 오대산은 문수보살이 머무는 성지다. 그러나 오대산 무문수五臺山無文殊다. 진정한 문수는 그대들의 눈앞에서 보고 듣고 작용하는 그대 자신이다. 진여의 묘용이 활발발하게 살아 움직이는 것이야말로 처음과 끝이 다르지 않고 어디로 가든지 의심할 것이 없는 것이 분명하다.

   눈앞에서 작용하는 그대가 다름 아닌 살아 있는 문수다. 오대산에 만약 문수가 있다면 그러한 문수는 문수가 아니다. 죽은 문수다. 이름뿐인 문수다. 오대산에 문수를 찾아가는 그대 자신이 바로 진짜 문수

다. 피가 끓고 맥박이 뛰며 호흡을 하고 살아 움직이는 이 사람이 바로 살아 있는 문수다.

"그대들의 한순간 마음작용에도 차별 없이 어느 곳이든 비추는 광명이 모두 참된 보현보살이요,
그대들의 한순간 마음작용에서 스스로 속박을 풀어 이르는 곳마다 해탈하는 이것이 바로 관세음보살의 삼매법이다.
문수, 보현, 관음 세 보살이 서로 주인도 되고 손님도 되어 출현할 때는 동시에 나오니 하나가 곧 셋이요, 셋이 곧 하나다.
이와 같이 깨달으면 비로소 경전의 모든 가르침과 조사 어록을 잘 파악할 수 있을 것이다."

儞一念心無差別光 處處總是眞普賢 儞一念心自能解縛 隨處解脫 此是
觀音三昧法 互爲主伴 出則一時出 一卽三三卽一 如是解得 始好看敎

❀

문수, 보현과 관세음 보살은 진여 한마음의 세 가지 모습이다. 진여 한마음이 눈앞에서 작용하고, 처음과 끝이 다르지 않고 의심할 것이 없으면 문수다. 문수는 깨달음의 지혜를 나타낸다. 진여 한마음이 차별 없는 빛이어서 두루 비치면 보현이다. 보현은 깨달음의 실천을 나타낸다. 결박을 풀어 자비를 베풀면 관세음보살이다. 관세음은 자리이타自利利他의 마음이다. 깨달음의 지혜와 실천과 자비는 떼려야 뗄 수 없는 관계다. 진여 한마음에서 보면 세 가지 작용은 서로 다르지 않다.
　문수의 지혜는 진여의 작용으로 처음부터 끝까지 다르지 않고 어

딜 가든지 의심할 것 없이 작용하며, 보현의 실천은 진여 작용이 차별없이 어느 곳이든 비추는 광명이며, 관음의 자비는 진여 작용으로 스스로 속박을 풀어 이르는 곳마다 해탈하는 모습이다. 자성청정심을 깨달은 중도의 정등각은 본체로서 다 같으며 진여의 작용이 서로 다른 동체이용同體異用을 드러내고 있는 것이다. 그러므로 하나이면서 셋이다. 진여 한마음을 떠나서는 세 가지 작용도 없다. 세 가지 작용은 서로 원융하여 무애하니 주인도 되고 손님도 된다. 이와 같이 진여 마음에 비춰 보고 경전을 읽어야 제대로 읽는 것이며 진여 마음에 의해 알 수 있다면 비로소 경전의 모든 가르침과 조사 어록을 잘 파악할 수 있다고 말하고 있다.

부처님의 가르침인 경전과 조사 어록은 무엇인가? 중생을 깨치게 하기 위해 방편을 설한 것이다. 언어와 문자로 표현한 말씀이다. 언어와 문자는 진리 그 자체가 아니다. 진리를 가리켜주는 손가락일 뿐이다. 하지만 이러한 방편이자 손가락도 진여의 그 자리에서 보면 진리를 자유자재로 드러낸다. 문자에 갇히지 않고 문자 이전에 본래 의미를 본다.

8. 자신을 믿고 밖에서 찾지 마라

1) 밖으로 찾지 마라

스님께서 대중에게 말하였다.

"오늘날 도를 배우는 사람들로서 제일 중요한 일은 자신을 믿는 것이다.

결코 자기 밖에서 찾지 마라.

모두 다 옛사람의 부질없는 경계들에 매여서

도무지 옳고 그름을 분간하지 못하고 있다.

예컨대 조사니 부처니 하는 것은 모두 다 교학의 가르침일 뿐이다.

어떤 사람이 경전의 한 구절을 끄집어내어 뜻을 숨겼다 드러내었다 하면

곧바로 의심이 일어나 허둥지둥 당황해하며 본길에서 벗어나

이리저리 묻고 다니며 어찌할 줄 모르고 정신없이 망연자실해 한다.

대장부라면 이렇게 주인이니 도적이니, 옳거니 그르거니,

색이니 재물이니 하며 쓸데없는 이야기로 세월을 보내지 마라.

산승의 이곳에는 승속을 논하지 않고 다만 찾아오는 사람이 있으면

모두 그들의 정체를 다 알아낸다.
그들이 어디서 오든 간에 그들이 사용하는 문자나 글귀는
모두가 꿈이고 허깨비일 뿐이다."

師 示衆云 如今學道人 且要自信 莫向外覓 總上他閑塵境 都不辨邪正
祇如有祖有佛 皆是敎迹中事 有人 拈起一句子語 或隱顯中出 便卽疑
生 照天照地 傍家尋問 也太忙然 大丈夫兒 莫祇麼論主論賊 論是論非
論色論財 論說閑話過日 山僧此間 不論僧俗 但有來者 盡識得伊 任伊
向甚處出來 但有聲名文句 皆是夢幻

❀

도를 배우는 사람들은 진정견해를 믿고, 다른 사람의 유혹에 빠지지
말아야 한다고 말하고 있다. 진정견해는 구경각으로서, 스스로 자신
이 이미 깨닫고 있는 본래 부처님임을 믿는 것이다. 자신은 다름 아닌
보고 듣고 말하고 행동하며 작용하는 자신이다. 작용하는 자신이 무
위진인이며 참사람이다. 이러한 진정견해 외에는 속지도 말고, 유혹
에 빠지지도 말며, 문자에 속지도 말고, 밖에서 구하지도 말라고 하는
것이다.
　팔만사천의 가르침이 있지만, 이 가르침은 단지 달을 가리키는 손
가락에 지나지 않는다. 손가락을 가지고 이러니저러니 하는 것은 우
스꽝스러운 일일 뿐이다. 어떤 사람이 한마디 말을 했을 때 그 말에
따라 꼬리에 꼬리를 물고 분별과 시비를 한다든지 의심을 내어 온갖
생각으로 분별의 늪에 빠지는 일이야말로 한심한 작태일 뿐이다. 지
금 눈앞에서 보고 듣고 하는 이 사람이야말로 살아 있고 활발발한 참

부처이지, 팔만사천 경에 나오는 무수한 부처나 조사나 보살 등은 죽은 문자에 지나지 않는다. 살아 있는 지금 여기에 작용하는 자신 부처를 두고 다른 곳에서 부처를 찾는다면 이것은 머리에 또 다른 머리를 얹는 것과 같다. 대장부라면 모두 다 부질없는 경계들을 비워버리고 삿된 것과 바른 것을 구분할 수 있어야 한다. 주인과 도적, 옳고 그름, 색이나 재물 등의 경계는 가상으로서 있지도 않은 비실재인 환영幻影이다. 승이든 속이든 그들이 문자에 속고 있으면 그것들은 모두 허깨비 놀음이나 다름 아니다.

2) 경계는 수만 가지로 차별하지만 사람은 차별이 없다

"다시 자신이 주인이 되어 경계를 부리는 사람들이야말로
바로 모든 부처님의 그윽한 뜻[玄旨]을 체득한다.
부처의 경지는 '나는 부처의 경지다'라고 스스로 말할 수 없는 것이니,
부처의 경지는 어디에도 의지함이 없는 무의도인이
경계를 활용하면서 나타난다.
만약 어떤 사람이 와서 나에게 부처를 구한다면
나는 즉시 청정한 경지에 맞추어서 대해준다.
어떤 사람이 나에게 보살을 묻는다면
나는 곧 자비의 경지에 맞추어 대해준다.
또 어떤 사람이 보리를 묻는다면
나는 곧 깨끗하고 오묘한 경지에 맞추어서 대해준다.
또 어떤 사람이 열반을 묻는다면 나는 곧 고요한 경지에 맞추어 대해준다.

이처럼 경계는 수만 가지로 차별하지만, 그 사람은 차별이 없다.
그러므로 사물에 응하여 형상을 나타내는 것은
마치 물속에 비친 달과 같다."

却見乘境底人 是諸佛之玄旨 佛境 不能自稱我是佛境 還是這箇無依道
人 乘境出來 若有人 出來 問我求佛 我卽應淸淨境出 有人 問我菩薩
我卽應慈悲境出 有人 問我菩提 我卽應淨妙境出 有人 問我涅槃 我卽
應寂靜境出 境卽萬般差別 人卽不別 所以 應物現形 如水中月

✿

자신이 주인이 되어 경계를 부린다는 말은 진여성품을 깨닫고 어디
를 가든지 주인이 된다는 말이다. 주인은 진여의 자신이고 진여가 다
름 아닌 부처님의 깊은 뜻이라고 말하고 있는 것이다.

　설사 깨달아서 자신의 경지를 스스로 '나는 부처의 경지다'라고 말
한다면 이것은 상에 머물러서 하는 말이다. 상에 머무르면 그 상에 붙
들려 있는 것이지 부처의 경지가 아니다. 부처의 경지는 어떠한 상도
떠나 있다. 그러므로 무의도인無依道人은 상에 의지함이 없이 어디에
도 머무르지 않으면서 경계를 부리고 사용한다.

　무의도인은 사물에 응하여 형상을 나타내되, 마치 물속에 비친 달
과 같다. 대상은 수만 가지이고 물에 비친 달 역시 많듯이 오는 사람
에 따라서 그에 응하여 모습을 드러낸다. 다양한 사람들이 부처를 묻
고 보살을 물으며, 보리를 묻고 열반을 물을 때마다 그 묻는 사람들에
응하여 수만 가지로 차별하여 응하지만, 사람 자체는 차별하지 않는
다. 사람에겐 차별이 없다. 다만 차이만 있을 뿐이다. 물속에 비친 달

처럼, 천강千江에 비친 달처럼, 그렇게 자유롭게 모습을 드러낸다.

3) 한 생각을 쉬기만 하면 된다

"도를 배우는 벗들이여!

그대들이 법답게 행동하려면 반드시 대장부라야 그러할 수 있다.

시들시들하고 나약하게 흐느적거리는 초목같이 되어서는 안 된다.

예컨대 깨어진 그릇에는 제호 같은 좋은 음식을 담을 수 없다.

예컨대 큰 그릇의 인물이라면 다른 사람에게 미혹되지 않고

어딜 가나 주인이 되면 그가 선 자리 그대로가 모두 진리의 드러남이다."

道流 儞若欲得如法 直須是大丈夫兒 始得 若萎萎隨隨地 則不得也 夫
如甕嗄(上音西下所嫁切)之器 不堪貯醍醐 如大器者 直要不受人惑 隨
處作主 立處皆眞

❀

대장부가 다름 아닌 여법한 자이다. 그는 무아와 공을 꿰뚫고 있기에
격식과 형식을 떠나 있다. 여법하다는 것은 법에 순응하여 이치에 맞
는다는 말이다. 법은 마음의 법으로서 형태를 초월해 있고, 현재 내
눈에서 움직이고 있다.

　대장부는 진정견해를 지니고 있어 나약하지 않고 한 치의 의심도
없으며, 결단력이 있다. 대장부는 다른 사람의 유혹에 빠져 시들시들
하고 나약하게 흐느적거리는 초목과 같지 않다. 대장부는 작용하는

자신이 주인이고, 무의도인임을 확실히 믿어 의심치 않는다. 또한 다른 사람의 유혹에 넘어가지도, 남의 말에 속아 넘어가지도 않는 빼어난 그릇이다. 이러한 대장부는 가는 곳마다 주인이 되고, 그가 서 있는 곳이 모두 진리가 아님이 없다.

"밖에서 들어오는 것은 무엇이 되었건 모두 받아들이지 마라.
그대들의 한 생각이 의심하면 곧 마魔가 마음속으로 들어온다.
보살이라도 의심을 내면 생사의 마구니가 침입해 그 틈을 얻게 된다.
다만 생각을 그치고 다시 바깥으로 구하지 마라.
어떤 경계가 다가오면 지혜로 비춰 보라."

但有來者 皆不得受 儞一念疑 卽魔入心 如菩薩 疑時 生死魔得便 但能息念 更莫外求 物來卽照

❀

수많은 번뇌 중에서 의심하는 번뇌가 가장 큰 번뇌에 속한다. 왜 의심이 큰 번뇌인가? 믿음으로써 생사의 바다에 들어가야 지혜로 해탈에 이를 수가 있는데, 믿음이 없어 의심하기에 발길을 내딛지 못하고 온갖 생각으로 망설인다. 그리고 도무지 진리도, 사람도 신뢰하지 않기에 자신의 목숨을 걸지 못한다.

그래서 한 생각 의심하는 마음이 일면, 마가 마음속으로 들어온다고 하는 것이다. 보살도 의심을 내면 생사의 마군이 그 틈을 얻게 된다. 작용하는 자신이 주인이고 참사람임을 의심하면, 바른 안목이 사라지고 허망한 분별 망념에 물들어 변견인 생사의 마군이 그 틈을 얻게 된다고 하는 것이다.

한 생각 의심하는 마음을 쉬고 바깥으로 구하지 않으며, 작용하는 자신이 참사람임을 믿는다. 그런 다음, 다가오는 그 어떤 경계라도 지혜로 비춰 보며 당당하게 앞길을 간다. 이것이 대장부의 길이다.

"그대들이 지금 바로 전체적으로 작용하는 이것을 믿기만 하면
아무런 일이 없다.
그대들의 한 생각 마음이 삼계를 만들어 내고
인연을 따라 경계에 휘말려서 육진경계로 나누어진다.
그대들이 지금 응하여 작용하는 그곳에서 무슨 모자람이 있겠는가?
한 찰나 사이에 깨끗한 국토에 들어가고 더러운 국토에도 들어가며
미륵의 누각에도 들어가고 삼안 국토三眼國土에도 들어가서 곳곳을
돌아다니지만, 오직 헛된 이름[空名]에 불과하다고 보는 것이다."

儞但信現今用底 一箇事也無 儞一念心生三界 隨緣被境 分爲六塵 儞
如今應用處 欠少什麼 一刹那間 便入淨入穢 入彌勒樓閣 入三眼國土
處處游履 唯見空名

✿

지금 이 자리에서 움직이고, 미소 짓고, 말하고 있는 그것이 바로 진여의 묘용이다. 지금 바로 보고 듣고 하는 등의 작용, 이것을 믿기만 하면 아무런 문제가 없다. 그런데도 우리는 무지하여 알음알이로 분별하며 믿지 않는다. 지금 상황에 따라 작용하고 있는 이것이 무엇이 부족한가? 조금도 부족함 없이 완벽하게 모든 것을 갖추고 있다. 아

무 모자람이 없다. 보고 듣고 하는 것이 우리 자신의 보배창고이다.

'그대들이 지금 응하여 작용하는 그곳에서 무슨 모자람이 있겠는가?'라고 말하는 임제 스님의 법문과 맥을 같이하는 선문답이 있다.

대주 혜해大珠慧海 스님*이 마조 스님을 찾아가 뵈니, 마조 스님이 물었다. "어디서 오는가?"

"월주 대운사에서 왔습니다."

"여기 와서 무엇을 구하려고 하는가?"

"불법을 구하러 왔습니다."

"자기 집의 보배창고는 돌아보지 않고, 집을 떠나 사방으로 돌아다니면서 무엇을 구하려 하는가? 나에게는 한 물건도 없는데 어떤 불법을 구하려 하는가?"

그러자 혜해 스님이 절을 하고는 물었다.

"어떤 것이 자신의 보배창고입니까?"

"지금 내게 묻고 있는 것이 너의 보배창고이다. 일체가 구족하여 조금도 모자람이 없으며 사용使用이 자재한데 어찌하여 밖에서 구하려 하는가?"

이 말끝에 혜해 스님은 크게 깨쳐 자기의 본래 마음을 깨달았다.

작용하는 이 사람은 한 찰나 사이에 청정한 곳, 더러운 곳, 미륵누각彌勒樓閣, 삼안 국토三眼國土도 다 들어간다. 삼안 국토란 청정하고 미묘한 정묘淨妙 국토, 무차별 국토, 해탈 국토를 일컫는다.

이러한 세계에 들어간다는 말은 진여의 작용이 연에 따라 국토나

---

* 건주(建州, 중국 남만주 지린吉林 지방의 옛 이름) 사람으로 속세의 성은 주(朱)이다. 당대(唐代)의 고승으로 마조 도일 스님의 제자이다. 생몰연대 미상.

누각을 지어내는 것을 말하며, 그 국토나 세계는 가상공체이다. 이러한 국토는 진여일심이 나타낸 것으로 실체가 없으며 가명이고 진여공의 현현일 뿐이다. 그래서 이러한 세계 곳곳을 다니지만, 오직 헛된 이름뿐이라고 하는 것이다.

9. 삼안 국토三眼國土

1) 법성신과 법성토는 건립된 법이다

한 스님이 임제 스님에게 물었다.

"무엇이 삼안 국토입니까?"

"나는 그대들과 함께 청정하고 미묘한 국토에 들어가

청정한 옷을 입고 법신불로서 설법한다.

또 차별 없는 국토에 들어가 차별 없는 옷을 입고 보신불로서 설법한다.

또 해탈 국토에 들어가 광명의 옷을 입고 화신불로서 설법한다.

이 삼안 국토란 모두가 다양한 인연이 만나 이루어진 경계일 뿐이다.

교학자들은 법신을 근본으로 하고 보신과 화신을 그 작용이라 하지만,

산승이 보기에는 법신도 법을 설할 줄 모른다.

그러므로 옛사람이 말하기를,

'법성신法性身의 구별은 현상에 의지해 세운 것이고,

법성토法性土란 그 법성의 체에 의지해 설정한 것이다'라고 하였다.

이렇게 법성의 몸(법성신)과 법성의 땅(법성토)은 임시적인 법이고
임시로 만든 땅이라는 점을 분명히 알아야 한다.
그것은 빈주먹에 누런 잎사귀를 쥐고 황금이라고 속여
어린아이를 달래는 것과 같다.
꽃 가시와 마른 뼈다귀에서 무슨 국물을 찾겠는가?
마음 밖에 따로 법이 없고, 마음 안에도 얻을 게 없는데
다시 무엇을 구하려 하는가?"

問 如何是三眼國土 師云 我共儞入淨妙國土中 著淸淨衣 說法身佛 又
入無差別國土中 著無差別衣 說報身佛 又入解脫國土中 著光明衣 說
化身佛 此三眼國土 皆是依變 約經論家 取法身 爲根本 報化二身爲用
山僧見處 法身卽不解說法 所以 古人云 身依義立 土據體論 法性身
法性土 明知是建立之法 依通國土 空拳黃葉 用誑小兒 蒺藜菱刺 枯骨
上 覓什麽汁 心外無法 內亦不可得 求什麽物

✿

삼안 국토에서 각각 청정한 옷을 입고 법신불을 설하고, 차별 없는 옷
을 입고 보신불을 설하고, 광명의 옷을 입고 화신불을 설한다고 말하
고 있다. 그러면서 이 삼안 국토가 다 마음이 지어낸 것이며, 마음이
라는 것도 마음 안에서 얻을 바가 없어 마음마저 공적함을 드러내고
있다. 삼안 국토가 다양한 인연을 만나 이루어진 경계일 뿐이라는 설
명이 그 의미를 잘 보여준다. 그래서 교학에서 법신을 근본으로 하고
있는 것마저 실다운 것이 아니며 가짜이고 죽은 문자임을 말하고 있
는 것이다.

삼안 국토에서 삼안三眼은 세 가지 밝은 눈을 말하지만, 삼안 국토는 결국 부처의 법신·보신·화신을 보는 관점에 따라 구분한 것이며 결국 우리 마음속의 문제이고 마음이 지어낸 세계이다.

이 삼안 국토는 모두 무엇에 의지하여 변화한 것이다. 법신·보신·화신의 몸이니 청정한 국토니 하는 것은 모두가 건립된 것이고 무엇에 의지해야만 존재하는 것들이다. 그렇다면 이러한 법성신이나 법성토는 연에 의하여 지어진 가상에 지나지 않는다. 법신이라 하더라도 비실재이며 가명으로서 이름뿐이며 설법할 줄 모르는 죽은 문자일 뿐이다. 그러므로 빈주먹에 누런 잎사귀를 쥐고 황금이라고 속여 어린아이를 달래는 것과 같다고 말하고 있다.

그런데 여기서 교학에서 말하는 법신과 임제 스님의 견처에서 보는 법신의 차이를 짚고 넘어갈 필요가 있다. 임제 스님은 교학의 법신도 법을 설할 줄 모른다고 단적으로 말하고 있다. 이는 문자 법신은 죽은 법신이라는 의미다. 교학에서 법신을 근본으로 삼고 있더라도 이는 문자와 언어로 이치를 드러낸 것일 뿐, 하나의 표현지설表顯之說이지 실설實說은 아니다.

법신이 청정한 옷을 입었다고 하는 표현은, 진여의 묘용의 차원에서 이용상異用相을 청정한 옷으로 비유하고 있는 것이다. 그러므로 다양한 용에 따라 입는 옷도 달라지기 때문에 임시적인 현상이라고 표현하고 있음을 알아야 한다. 이러한 청정한 이용상에 이름을 붙여 법신을 지어낸 것은 교학이다. 그러므로 진여의 묘용 자체와 묘용에다 이름을 붙이는 것은 서로 다르다는 것을 이해할 때 참으로 이해했다고 할 수가 있다.

2) 수행은 업을 짓는 일이다

"그대들이 제방에서 닦을 것도 있고 깨칠 것도 있다고 말하는데
착각하지 마라.
설령 닦아서 얻는 것이 있다 하더라도
그것은 모두가 생사윤회의 업이다.
그대들은 육도만행을 빠짐없이 닦는다고 하지만
내가 보기에는 모두 업을 짓는 일이다.
그러므로 부처를 구하고 법을 구하는 것도 지옥 업을 짓는 일이고
보살을 구하는 것도 업을 짓는 일이며
경문을 독송하고 경전을 읽는 것 역시 업을 짓는 일이다.
부처와 조사는 바로 일없는 사람이다.
그러므로 부처와 조사에게는 미혹함이 있고 조작이 있는 유루유위有漏有爲와
조작이 없고 미혹함이 없는 무루무위無漏無爲가
다 청정한 업이 된다."

儞諸方 言道 有修有證 莫錯 設有修得者 皆是生死業 儞言六度萬行
齊修 我見皆是造業 求佛求法 卽是造地獄業 求菩薩 亦是造業 看經看
敎 亦是造業 佛與祖師 是無事人 所以 有漏有爲 無漏無爲 爲淸淨業

❀

이 단락은 예의주시하여 살펴보지 않으면 안 된다. 자칫하면 본질을
놓치기 쉽기 때문이다. 깨친 자의 눈으로 보면 이미 작용하는 자신이
부처라는 이 엄연한 현실을 직시해야 한다고 말하고 있다. 이미 우리

자신이 부처이기에, 닦아서 깨닫는 부처가 아니며, 닦아서 점차로 부처가 이루어지는 것도 아니다.

작용하는 자신이 부처라는 이 사실을 믿고 의심하지 않는 것이 진정견해이고, 이 진정견해 외에 다른 사람의 말을 듣고 유혹에 빠진다거나 속지 않는 것이 중요하다. 이러한 진정견해를 도외시하고 다른 사람의 말에 속아 넘어가서 닦을 것도 있고 깨칠 것도 있다고 믿어 행하는 것 모두가 생사의 업이 된다. 진여일심에는 번뇌가 사라지고 없어 번뇌를 닦을 것도 없으며, 망념이 사라지고 없어 깨칠 것도 없다. 상相에 머물러 하는 육도만행을 닦는 것도 업이 된다.

그러나 중도 진여의 자리에 서면 유루유위有漏有爲와 무루무위無漏無爲가 둘이 아니고 원융무애하며, 다 청정한 업이 된다. 일체가 끊어진 자리에서 대원경지大圓鏡智로 비추니 유루와 무루가 둘이 아니며 유위와 무위가 다르지 않다. 조작이 있는 행위나 조작이 없는 행위나 모두 진여일심에서 하니 청정한 업이 되는 것이다.

"어떤 눈먼 중들은 배불리 먹고 나서 곧 좌선하거나 관심觀心을 행하며 망념으로 인한 번뇌를 꽉 붙잡아 함부로 일어나지 않도록 하며 또 시끄러운 것을 싫어하고 조용한 것을 찾는데, 이는 외도의 법이다. 조사께서 말씀하시기를, '그대들이 만약 마음을 안주시켜 고요한 상태를 살펴보고, 마음을 일으켜 밖으로 대상 경계를 비춰 보며, 마음을 가다듬어 안에서 깨달음을 증득하고자 하며, 마음을 한곳에 집중하여 선정에 들려 한다면 이러한 것들은 모두가 조작하는 짓이다'라고 하셨다."

有一般瞎禿子 飽喫飯了 便坐禪觀行 把捉念漏 不令放起 厭喧求靜 是

外道法 祖師云 儞若住心看靜 擧心外照 攝心內澄 凝心入定 如是之流
皆是造作

✽

눈멀고 머리 깎은 어리석은 사람들은 좌선을 하거나 마음을 관하는
즉 일어나는 생각과 대상에 대립하고 다툰다. 망념으로 인한 번뇌의
본성을 봐야 함에도, 망념으로 인한 번뇌를 나쁜 것으로 꽉 붙잡아 일
어나지 않도록 하는 것이다. 시끄럽고 조용한 것을 구분하고, 시끄러
운 것은 싫어하고 조용한 것은 좋아하여 찾는 것도 마찬가지다. 이러
한 생각이나 대상과 대립하고 투쟁하면, 결국 고통으로 빠져들고 만
다. 망념으로 인해 일어나는 번뇌를 꽉 붙잡아 일어나지 않도록 하면
할수록 번뇌는 더욱더 일어나려고 하며, 이러한 과정에서 대립과 투
쟁은 더욱더 심해진다.

마찬가지로 시끄럽고 조용한 것을 구분하여 시끄러운 것은 싫어하
고 조용한 것을 좋아하다 보면 이것이 고착되어 한쪽에 치우치는 변
견으로 치닫기 마련이다. 시끄럽고 조용한 것이 중도정견에서 보면
둘이 아니고, 좋고 싫음이 다르지 않기 때문이다. 그래서 이들을 다
외도의 법이라고 말하는 것이다.

하택 신회荷澤神會(684~758) 조사는 마음을 안주시킨다든지 마음을
일으킨다든지 가다듬는다든지, 한곳으로 모아서 고요함을 보고 관조
하고 안으로 맑히며 정에 드는 것은 모두 조작이라고 말했다. 왜 이것
이 조작인가?

고요함을 보기 위해 마음을 머물게 하는 경우를 살펴보면, 거기에
는 마음을 머물게 하는 행위자가 있다. 시끄러운 마음을 고요히 머물

게 하기 위해 행위자인 주관이 대상을 조작하는 움직임이 있다. 이 행위자는 분별하는 자이며, 조작하는 자이다. 마찬가지로 마음을 일으키는 것도 행위자이며, 마음을 가다듬는 것도 행위자이고, 마음을 한곳에 집중하는 것도 행위자이다. 이러한 분별하는 행위자가 있는 한, 그리고 이러한 분별자의 조작이 있는 한, 거기에는 진정한 고요나 관조 또는 청정한 맑음이나 선정이 있을 수 없다.

마음을 청정하게 맑히려면 조작하는 자를 이해하고 마음의 본성을 보아 마음이 허망분별임을 보는 길밖에 없다. 마음이라는 실체는 없다. 착각하여 허상을 일으켰을 뿐이다. 마음의 성품이 공함을 비추어보고, 두 번 다시는 허망분별로 만들어진 마음에 속지 않아야 한다. 예컨대 뱀이 뱀인 줄 알았는데 알고 보니 뱀이 아니라 마麻로 꼰 새끼임을 한번 보는 순간, 그 사실을 영원히 잊지 않으며 두 번 다시 뱀에 속지 않는 것과 같다. 구체적으로 말해서 그것은 마음의 시비 조작을 멈추는 것이다. 그것이 화두 참선의 길이다.

"그대들은 지금 이와 같이 법을 듣고 있는 사람이 그대인데
이 사람을 어떻게 닦겠으며 어떻게 깨닫게 하겠으며
어떻게 장엄하려 하는가!
그 사람은 닦을 수 있는 물건이 아니며 장엄할 수 있는 물건도 아니다.
만약 그 사람을 장엄할 수 있다면 일체의 모든 물건도
다 장엄할 수 있을 것이니 그대들은 잘못 알지 마라."

是儞如今與麼聽法底人 作麼生擬修他證他莊嚴他 渠且不是修底物 不是莊嚴得底物 若教他莊嚴 一切物 卽莊嚴得 儞且莫錯

✿

지금 이렇게 법문을 듣는 그 사람은 작용하는 자신이다. 작용하는 자신은 조금도 부족함이 없어 완벽하므로 더 이상 닦을 것이 없고 장엄할 것이 없다. 모두가 원만하게 다 이루어져 있는데 달리 무슨 장엄이 필요하겠는가. 삼라만상 또한 원만한 모습이다. 무엇을 장엄하려고 하는가? 잘못 알지 말지어다.

3) 한 번의 사자후에 여우의 머리통이 찢어진다

"도를 배우는 벗들이여!
그대들은 곳곳에서 노스님들이 입속으로 중얼거리는 소리를 듣고서
그것은 참된 가르침이라고 생각하여
'이 선지식은 불가사의하지만, 나는 범부의 마음을 가지고 있으니
감히 훌륭하신 노스님의 뜻을 헤아릴 수 없다'라고 생각한다.
이 눈멀고 어리석은 사람아!
그대들의 일생을 이런 비굴한 견해에 사로잡혀
멀쩡한 두 눈을 못 쓰게 만들고 있다.
추워서 벌벌 떨면서 입도 떼지 못하는 꼴이
마치 빙판 위를 걸어가는 당나귀의 새끼 같구나.
그러면서 말하기를, '나는 감히 선지식을 비방하지 못한다.
구업을 짓는 것이 두렵다'라고 한다."

道流 儞取這一般老師口裏語 爲是眞道 是善知識 不思議 我是凡夫心

不敢測度他老宿 瞎屢生 儞一生 祇作這箇見解 辜負這一雙眼 冷噤噤
地 如凍凌上驢駒相似 我不敢毀善知識 怕生口業

❀

도를 배우는 사람들은 우선 자신의 선입견을 말끔히 치워버려야 하
며 노스님이나 큰스님이라고 하면 맹목적으로 따르는 믿음을 먼저
던져버려야 함을 말하고 있다. 노스님이나 큰스님이라 하더라도 자
신이 밝은 안목을 가지고 맞는지 틀렸는지 가려낼 수 있어야 한다는
뜻이다. 노스님의 말씀은 무조건 참된 가르침이라 여기고, 자신은 범
부이니 노스님의 깊은 뜻을 헤아려 볼 수 없다고 한다면 이는 두 눈을
막아버리는 꼴이다. 참으로 선지식인지 혹은 악지식인지를 가려낼
수 있는 밝은 안목을 가지는 것이 필요하다. 정법을 위해서 노스님도
비판하고 큰스님도 꾸짖을 수 있는 자가 될 수 있음을 암시하고 있다.

"도를 배우는 벗들이여!
무릇 큰 선지식이라야 부처와 조사를 비방할 수 있고,
천하의 선지식들을 옳다 그르다 할 수 있다.
그리고 경 · 율 · 론 삼장의 가르침을 배척할 수도 있으며,
우왕좌왕 몰려다니는 소견머리 없는 어린애 같은 무리들을 꾸짖을 수 있다.
역순逆順 경계를 활용해 여러 가지 방편으로 시험하여
참된 수행인을 찾을 수 있다.
그러므로 나는 12년 동안, 한 개 업의 자성을 찾아보았지만
겨자씨만큼도 찾을 수 없었다."

道流 夫大善知識 始敢毀佛毀祖 是非天下 排斥三藏教 罵辱諸小兒 向
逆順中覓人 所以 我於十二年中 求一箇業性 如芥子許 不可得

✿

부처와 조사를 비방하고, 천하의 선지식을 옳다 그르다 하고, 경·
율·론 삼장의 가르침을 배척할 수 있는 경지는 어떤 경지인가? 마음
의 성품을 깨닫고, 성품이 다름 아닌 우주 만유의 생성 원리를 말하고
있음을 깨닫는 자의 경지다. 이러한 자라야 부처와 조사가 다 이 성품
에서 나왔으며, 선지식의 견해가 옳은지 그른지를 분별할 수가 있다.
또 경·율·론 삼장의 가르침이 다름 아닌 이 우주 생성의 원리인 성
품을 가리키는 손가락이나 말씀임을 알아 배척할 수가 있으며, 업의
성품 역시도 성품이 지어내어 본체가 공함을 깨닫는다.

진정 깨달은 자는 '작용의 메커니즘'인 진여의 작용의 세 가지 질문
에 제대로 답할 수 있어야 한다. 아무나 작용을 흉내 낸다고 해서 진
여의 작용을 안다고 할 수 있는 게 아니다. '작용의 메커니즘'의 세 가
지 질문은 다음과 같다.

첫째, 작용이 아뢰야식을 지어내고 만상을 지어낸다는데, 어떻게
지어내며, 어떻게 삼세육추를 찰나에 멸각하는가?

둘째, 작용이 만상을 지어낸다는 것은 작용이 만상의 설계도를 가
지고 있다는 것인데, 작용이 지닌 설계도란 어떤 것인가?

셋째, 설계도가 지어진 것이라면, 작용의 설계도 역시 파괴되고 사라
지는 것은 아닌가? 그러면 진여의 항사묘용과는 어떤 관계에 있는가?

이 질문에 제대로 답하지 못한다면 그것은 진여의 작용을 깨달은
게 아니라고 본다. 세 가지 질문에 충분히 답할 수 있을 때까지 끝까

지 궁구하지 않으면 안 된다. 그렇다면 '12년 동안 업의 성품을 찾아보았지만 겨자씨만큼도 찾을 수 없었다'라는 말은 무엇을 말하는가? 업은 업종자로서 선업이나 죄업을 말한다. 이것은 몸이나 말이나 생각으로 짓는 행위에 의해 내면에 종자로 이식된다. 종자의 본성은 공하며 업종자 역시 공하다. 일체 업의 성품이 공한 자리는 마음이 텅 빈 자리이기도 하다. 임제 스님은 항상 업의 성품이 공한 텅 빈 마음자리에서 생활한다. 그러므로 단 한 개 업의 자성을 찾아보았지만 겨자씨만큼도 찾을 수 없었다고 말하고 있는 것이다.

"새색시 같은 선사라면,
절에서 쫓겨나 밥을 얻어먹지 못할까 두려워하고 불안해한다.
예로부터 뛰어난 선의 거장들은 가는 곳마다 사람들이 믿지 않아 쫓겨났다.
그가 떠난 뒤에야 비로소 그가 귀한 사람인 줄 알았다.
가는 곳마다 비위를 맞춰 사람들이 인정해준다면
이런 사람이 무슨 쓸모가 있겠는가.
그러므로 '사자후 한 소리에 여우의 머리가 깨진다'고 했던 것이다."

若似新婦子禪師 便卽怕趁出院 不與飯喫 不安不樂 自古先輩 到處人不信 被趁出 始知是貴 若到處人盡肯 堪作什麼 所以 師子一吼 野干腦裂

✿

쫓겨나서 밥을 얻어먹지 못할까 봐 두려워하고 불안해하는 자는 진정한 선사가 아니다. 두려움과 불안이 내면에 자리하고 있다면 범부와 다를 바 없다. 두려움과 불안을 찾아봐도 찾을 수가 없고, 불안과 두려움의 본체가 공함을 알아서 어떤 상황에 놓여도 불안하지 않으며 어느 곳에 가더라도 두렵지 않아야 공부가 된, 나름의 소신을 가진 선사라고 할 수가 있다.

그러므로 예로부터 뛰어난 선의 거장은 두려움과 불안을 잘 다스려 마음이 편안한 선지식으로, 소신을 가지고 행동했다. 가는 곳마다 사람들이 믿지 않아 쫓겨나도 아랑곳하지 않고, 나중에야 귀한 사람인 줄을 알아주더라도 개의치 않았다. 마음의 본성을 본 자는 남들이 알아주지 않아도 화내지 않으며 남들이 알아준다고 해서 기뻐하지도 않는다. 마음의 본성은 본래 공한 것임을 알기 때문이다.

지금까지 임제 스님의 법문은 기존의 불교 상식과는 전혀 다른 놀라운 말씀들이 많았다. 아마도 뇌가 찢어지거나 기절한 사람들이 많았을 것이다. 그래서 진리나 진정견해를 당당히 설파하는 청천벽력 같은 기상천외의 사자후 일성에 자질구레한 기존의 불교 상식으로 재산을 삼고 있는 여우 같은 사람들의 뇌가 찢어지는 것이라고 말하고 있다. 여기서 여우는 망정妄情 또는 설익은 수행자를 비유하기도 하며, 사자는 진여자성 또는 대선지식을 비유하기도 한다.

4) 평상의 마음이 바로 도다

"도를 배우는 벗들이여!
제방의 선지식들이 말하기를, 닦을 도가 있고 깨칠 법이 있다고 하는데 그대들은 무슨 법을 깨치며 무슨 도를 닦는다고 말하는가?

그대들이 지금 쓰고 있는 본래 마음에 무슨 모자람이 있으며
어떤 점을 닦고 보완한다는 것인가?
못난 후학들이 잘 모르고 저 들판의 여우와 도깨비들 같은
엉터리 선승을 믿어서 그들의 말과 행동을 받아들인다.
그러고는 다른 사람들을 얽어매어 말하기를,
'이치와 행동이 서로 어울리고, 삼업三業을 잘 보호하고 간직해야만
비로소 성불할 수가 있다'라고 한다.
이와 같이 말하는 자가 봄날의 가랑비처럼 많다."

道流 諸方 說有道可修 有法可證 儞說證何法修何道 儞今用處 欠少什
麼物 修補何處 後生小阿師 不會 便卽信這般野狐精魅 許他說事 繫縛
他人 言道 理行 相應 護惜三業 始得成佛 如此說者 如春細雨

✿

성불은 자신의 성품을 보는 것이다. 성품은 작용하는 것에 있다. 좀
더 적극적으로 말하면 작용이 바로 성품이라고 할 수 있다. 작용은 보
고 듣고 말하고 행동하는 일상사에 있다. 보고 듣는 작용하는 자신이
다름 아닌 살아 있는 부처다.

이러한 진정견해 외에 자신의 밖에서 부처를 찾는 사람들이 다름
아닌 여우와 도깨비들이다. 보고 듣는 자신이 이미 부처인데, 다시 부
처를 구하기 위해 이치와 행에 부합하고 삼업三業을 잘 보호하고 간
직하는 것은 그야말로 삿된 잘못된 견해라 하지 않을 수 없다.

마음의 성품에는 이치와 행, 삼업 같은 것이 없다. 본래무일물이다.
본래무일물한 성품의 오묘한 작용이 다름 아닌 우리 자신이 보고 들

고 하는 작용이다. 이 진여의 작용은 펼치면 법계에 두루하고 일체 모든 공덕을 구족하고 있으며 일체의 번뇌가 멸각되고 없는 청정 그 자체다. 닦을 것이 무엇이 있는가. 절학무위絶學無爲다. 조금도 부족함이 없어 완벽한데 무엇을 더 닦고 보완한단 말인가. 진정견해 외에 다른 사람의 말에 유혹되지 말고 속아 넘어가지도 마라. 유혹하는 자들은 봄날의 가랑비처럼 많다.

"옛사람이 이르기를, '길에서 도통한 사람을 만나거든
결코 도에 대해서 말하지 마라'라고 하였다.
그러므로 말하기를 '만약 누구라도 도를 짐짓 닦으면 도는 이루어지지
않고 도리어 수만 가지 삿된 경계들이 앞다투어 생겨난다.
지혜의 칼을 뽑아 들면 한 물건도 없다.
밝음이 나타나지 않았는데도 어둠이 밝아진다[明頭未顯暗頭明]'고 하였다.
그러므로 또 옛사람들이 말하기를
'평상의 마음이 바로 도'라고 한 것이다."

古人云 路逢達道人 第一莫向道 所以 言 若人 修道 道不行 萬般邪境
競頭生 智劍 出來 無一物 明頭未顯暗頭明 所以 古人云 平常心是道

❀

도道는 본래 말을 떠나 있다. 형상도 떠나 있다. 그러므로 도는 무명무상無名無相이라고도 한다. 그래서 길에서 도통한 사람을 만나거든 결코 도에 대해 말하지 말라고 하는 것이다.
　이미 작용하는 자신이 부처인데 닦아서 깨닫는 부처는 없으며, 닦

아서 점차적으로 되는 부처도 없다. 그러므로 부처가 되기 위해 '도'라는 그림을 그려놓고 도를 닦는다면 도는 이루어지지 않는다. 그러한 닦음은 자신이 분별하여 그린 상상의 도에 묶이고 만다. 결국 이러한 분별은 수만 가지 잘못된 경계를 지어내게 된다.

지혜의 칼을 뽑아 들면 이 칼은 반야般若의 검으로 변견의 망념을 모조리 베어낸다. 부처와 중생, 성인과 범부, 생사와 열반, 무명과 보리, 밝음과 어둠 등 망념을 모조리 끊어낸다. 그리고 끊어낸 그 자리가 다름 아닌 진여의 자리이고, 거기에 진여의 광명이 비친다. 그러므로 반야 지혜의 칼을 뽑아 들면 한 물건도 없다고 하는 것이다.

지혜로 비춰 보니 밝고 어두운 것이 둘이 아니고, 번뇌와 보리가 둘이 아니며, 환화공신幻化空身이 즉 법신이다. 무명의 마음이 지혜이고 평상의 마음이 바로 도이다. 평상의 보고 듣고, 사랑하고 미워하고, 기뻐하고 슬퍼하는 마음 그대로가 도이다. 하루 종일 듣고 보아도 듣고 본 적이 없으며, 하루 종일 사랑하고 미워해도 사랑하고 미워한 적이 없는 것이다. 작용하는 자신이 부처이므로, 보게 되면 보고 듣게 되면 듣는 일상의 모든 것이 도 아님이 없다는 말이다.

'평상심이 도[平常心是道]'라는 말을 '밝음이 나타나지 않았는데도 어둠이 밝아진다[明頭未顯暗頭明]'는 말과 연계해서 이해해보자. 이 구절은 일체의 망념을 끊어낸 자리에서 진여의 광명이 비추는 것을 드러낸다. 밝음(명두明頭)와 어둠(암두暗頭)의 양변이 반야 지혜의 반야검般若劍에 의해 다 베어지고 한 물건도 남아 있지 않으니 밝음 그대로 어둠이요, 어둠 그대로 밝음이다. 번뇌가 곧 보리요, 중생이 곧 부처이다.

그러나 평상심이 도라고 해서, 이를 두고 간단하고 너무 쉽다고 생각하는 오류를 범해서는 안 된다. 물론 깨닫고 깨닫지 않고 상관없이 평상심이 도이다. 이것은 진실이다. 그러나 깨닫지 못한 자는 현상의 본성을 보지 못하고 집착하는 데 반해 깨달은 자는 현상이 가상공체임을 안다. 그러므로 사랑하고 미워해도 사랑하고 미워한 적이 없는 것이다. 그러므로 망념을 끊는 공부가 필요하고, 그 공부는 다름 아닌 참선을 통해 도를 묻고 궁구하는 것이다. '평상심이 도'라는 말은 다른 말로 하면, 보고 듣고 하는 작용하는 자신이 부처라는 말이다. 마조 스님이 하신 '평상심이 도'라는 말을 되새겨보자.

"도는 닦아 익힐 필요가 없다. 오직 더러움에 물들지 않으면 된다. 더러움에 물든다는 것은 나고 죽는다는 생각을 염두에 두고 일부러 별난 짓을 벌이는 것을 말한다. 단번에 도를 이루고 싶은 생각이 있는가? 평소의 이 마음이 바로 도이다. 평소의 마음이란 어떤 마음인가? 그것은 일부러 짐짓 꾸미고 이러니저러니 가치판단을 하지 않으며, 마음에 드는 것만을 좋아하지도 않고, 단견斷見과 상견常見을 버리며 평범하다느니 성스럽다느니 하는 생각과 멀리 떨어져 있는 그런 마음을 가리킨다."

'평상심이 도'라는 말은 한마디로 하면 단상斷常, 생멸生滅, 범성凡聖 등의 양변의 변견 망념을 끊는 중도무심을 말하고 있다. 그러므로 작용하는 자신이 부처라는 진정견해를 믿고 의심하지 않아야 한다. 이를 선의 특질과 관련지어 간략히 말해보겠다.

보고 듣고 작용하는 자신이 부처다.
경전의 가르침 외에 별도로 전하는 것이 있으니
그것은 마음의 성품이다[教外別傳].

마음의 성품은 문자를 떠나 있으니
문자를 세우지 않는다[不立文字].
바로 듣고 보는 사람의 마음을 가리켜[直指人心]
듣고 보는 마음이 성품의 작용임을 보면
부처를 이룬다[見性成佛].
보고 듣고 작용하는 자신이 부처다.
평상심이 바로 도다.

5) 살아 있는 조사의 마음

"대덕들이여!
무엇을 찾고 있느냐?
지금 바로 눈앞에 법문을 듣고 있는 그 사람,
아무것도 의지하지 않는 무의도인은 또렷또렷하며, 결코 부족한 것이 없다.
그대들이 조사와 부처[祖佛]와 다르지 않기를 바란다면
다만 이같이 보면 된다.
이를 의심하여 잘못을 범하지 마라.
그대들의 순간순간의 마음이 다르지 않음을,
일컬어 살아 있는 조사의 마음이라 한다.
마음이 다르면 성품과 형상이 다르게 되지만,
마음이 다르지 않으므로 성품과 형상이 다르지 않다."

大德 覓什麼物 現今目前 聽法無依道人 歷歷地分明 未曾欠少 儞若欲

得與祖佛不別 但如是見 不用疑誤 爾心心不異 名之活祖 心若有異 則
性相 別 心不異故 卽性與相不別

❀

지금 바로 눈앞에 법문을 듣고 있는 사람, 아무것도 의지 않는 무의
도인이 다름 아닌 자기 자신이고, 자신은 조사요, 부처다. 순간순간의
마음이 다르지 않음은 항상 여여한 마음이고 한결같은 마음이며 진
여의 마음이다. 진여의 마음은 다름 아닌 살아 있는 조사의 마음이다.

마음에 다름이 생기면 마음의 본성과 현상이 각기 다르게 된다는
말은 무슨 뜻인가? 그리고 마음이 다르지 않은 까닭에 본성과 현상도
다르지 않은 것이라는 말은 무슨 의미인가? 진여는 분별심을 떠난 마
음이다. 한결같은 마음이다. 자연 그대로의 마음이다. 살아 있는 조사
의 마음도 그렇게 여여하게 한결같은 마음이다.

반면 진여의 마음이 아닌 분별심이 생기면, 망유妄有의 헛된 상相
을 지어낸다. 그것은 진여성품과 서로 다른 형상이요, 차별 경계다.
그것은 아我니 법法이니 하는 이름으로 가두어버린 굳은 모습이다.
그러므로 분별상은 물론 이로 말미암은 언어와 문자를 떠나야 하는
것이다. 그러나 그렇다고 하더라도 분별심 역시 진여의 묘용이 지어
낸 것임에는 틀림없다는 사실을 잊어서는 안 된다.

10. 모든 법은 공한 모습이다

1) 그대들은 어머니가 낳아주신 진짜 몸이 있지 않은가

한 스님이 임제 스님에게 물었다.

"무엇이 순간순간의 마음이 다르지 않은 경계입니까?"

"그대들이 의심을 갖고 물으려 하는 순간 벌써 달라져버린 것이니

성품과 형상이 각각 나누어졌다.

도를 배우는 벗들이여! 착각하지 마라.

세간이나 출세간의 모든 법은 다 자성이 없으며[無自性],

또한 새로 생겨나는 본성도 없으며[亦無生性],

그저 허망한 이름뿐이며, 그 이름 또한 텅 빈 것이다.

그대들은 오로지 저 부질없는 이름들에만 매달려

진실한 것으로 알고 있으니 매우 잘못된 것이다.

설사 무언가 실다운 법이 있다 하더라도

모두가 인연에 의지해서 변화하는 가상적인 경계들이다[皆是依變之境].

이른바 보리라는 경계[菩提依]와 열반이라는 경계[涅槃依]와

해탈이라는 경계[解脫依]와 세 가지 불신이라는 경계[三身依]와

'대상과 지혜'라는 경계[境智依]와 부처라는 경계[佛依]가 있다고는 하나

그대들은 인연화합에 의해 만들어진 변화하는 국토 속에서

무엇을 찾으려 하느냐?"

問 如何是心心不異處 師云 儞擬問 早異了也 性相 各分 道流 莫錯 世
出世諸法 皆無自性 亦無生性 但有空名 名字亦空 儞祇麽認他閑名爲
實 大錯了也 設有 皆是依變之境 有箇菩提依 涅槃依 解脫依 三身依
境智依 菩薩依 佛依 儞向依變國土中 覓什麽物

❀

순간순간의 마음이 다르지 않은 경계는 한 생각이 일어나기 이전의
여여한 진여의 상태다. 이러한 진여의 상태는 말과 문자와 모습이 사
라지고 없는 무일물無一物의 지점이다. 이것이 무엇이냐고, 의심을 갖
고서 물으려는 순간 벌써 벗어난다. 의심을 갖고 물으려 함은 거기에
의심하는 자와 의심받는 대상이 이분되어 사유의 틀 속에서 뒤틀린
것이다. 그것은 분별이 만든 헛된 경계일 뿐이다. 그래서 물으려는 순
간, 성품과 형상이 각각 나뉘었다고 말하는 것이다. 무일물의 상태에
서 보면 세간이나 출세간의 모든 법은 무자성無自性하며 무생성無生性
하다. 자성이니 생성이니 하는 것이 모두 다 없다. 일체가 끊어진 자
리이기 때문이다. 모두 다 가상으로서 허망하고 무상하다.
　가상으로 있다 하더라도 연에 따라 지어진 것으로, 있는 듯이 여기
지만 실제로는 없다. 보리라는 경계[菩提依]와 열반이라는 경계[涅槃依]

와 해탈이라는 경계[解脫依]와 세 가지 불신이라는 경계[三身依]와 '대상과 지혜'라는 경계[境智依]와 부처라는 경계[佛依]는 모두 인연에 의해 서로서로 변화하는 가상적인 경계들이다. 이러한 경계들은 대상으로서 대상을 보고 있는 주관이 당연히 있는 것이다. 그러므로 주관과 객관 대상으로 나뉘어 있는 상대법이고 생멸법으로서, 실체와 자성이 없으며 이름뿐이고 허상일 뿐이다.

"나아가 삼승십이분교의 경전마저도 모두가 똥을 닦아낸 휴지에 불과하고,
부처란 허깨비 몸이며 조사란 늙은 비구일 뿐이다.
그러나 그대들은 어머니가 낳아주신 진짜 살아 있는 몸이 있지 않은가.
그대들이 만약 부처를 구하면 부처라는 마구니에 붙잡히고,
조사를 구하면 조사라는 마구니에 묶인다.
그대들이 무엇을 구하는 것이 있다면 모두가 고통이 될 뿐이니,
아무런 일이 없느니만 못하다."

乃至 三乘十二分敎 皆是拭不淨故紙 佛是幻化身 祖是老比丘 儞還是
娘生已否 儞若求佛 卽被佛魔攝 儞若求祖 卽被祖魔縛 儞若有求皆苦
不如無事

❀

왜 삼승십이분교마저도 모두가 똥을 닦아낸 휴지라고 말하는가? 삼승십이분교는 부처님이 말씀하신 팔만사천의 가르침이다. 이 부처의 가르침을 어찌하여 똥을 닦아낸 휴지라고 하는가? 팔만사천 경이 부처님의 가르침이더라도 진리 자체는 아니다. 사실과 사실에 대한 견

해가 다르듯이 진리에 대한 가르침과 진리 자체는 엄연히 다르다. 가르침은 달을 가리키는 말과 글귀일 뿐, 달 자체가 아님과 같다. 경전은 부처의 말씀이지, 부처의 마음이 아니다. 그런데도 가르침에 매달리고 말과 글귀에 집착하면 진부하고 썩는다. 그래서 말에 의지하고 명칭에 매달려 분별을 일삼고 집착하는 것을 떼어주기 위해 경전을 '똥을 닦아낸 휴지'라고 혹독하게 말하는 것이다.

우리 자신은 어머니가 낳아주신 진짜 몸을 가지고 있다. 이 몸은 법신이고 부처다. 살아 있는 부처이며 걸어 다니는 신통이다. 이 살아 움직이는 부처를 도외시하고 다른 부처를 찾는다 하니, 그런 부처는 허깨비 몸이고 조사는 늙은 비구에 지나지 않는다. 이렇게 살아 움직이고 피가 끓고 맥박이 뛰며 호흡하고 듣고 보는 일상생활을 하는 살아 있는 부처 밖에서 다른 부처를 찾는다는 것은 마구니에 지나지 않는 것이다.

그러기에 작용하는 자신이 바로 부처라는 사실 이외에 다른 것을 구하면 모두가 고통이다. 일체가 다 진리여서 더 닦고 증득해야 할 것이 아무것도 없다. 아무 일 없는 사람이다. 아무 일이 없다고 해서 맥놓고 있는 것은 아니다. 삼라만상이 다 진여의 현현인데 무엇을 더 구하고 무엇을 더 해야 할 일이 있겠느냐는 뜻이다. 일체망념이 사라지고 진여의 광명이 함께하니, 바로 구경무심究竟無心이다. 구경무심지地에서는 움직이며 일하지만 편히 쉬는 것이다. 억지로 애쓸 필요가 없다.

2) 형상 없음이 진실한 형상이다

"어떤 머리 깎은 비구가 학인들에게 말하기를,
'부처님은 도달해야 할 궁극적인 경지이다.
삼대 아승기겁 동안 수행하여 그 과보가 다 채워져야
비로소 도를 이룬다'라고 했다.
도를 배우는 벗들이여!
그대들이 부처를 궁극적인 경지라 한다면,
어찌하여 부처님께서 80년 후에 쿠시나가라Kuśinagara성성城城의
사라쌍수沙羅雙樹 사이에서 옆으로 누워 돌아가셨는가?
그리고 그 부처님은 지금 어디에 계시는가?
부처님도 우리들의 생사와 다르지 않다는 것을 분명히 알아라.
그대들은 삼십이상三十二相과 팔십종호八十種好가 부처님이라고 하는데
그렇다면 부처님과 똑같은 덕상을 갖춘 전륜성왕도 마땅히
여래여야 할 것이다.
그러므로 부처님은 허깨비 몸임을 분명히 알아라."

有一般禿比丘 向學人道 佛是究竟 於三大阿僧祇劫 修行果滿 方始成
道 道流 儞若道佛是究竟 緣什麼 八十年後 向拘尸羅城 雙林樹間 側
臥而死去 佛今何在 明知 與我生死不別 儞言 三十二相八十種好 是佛
轉輪聖王 應是如來 明知是幻化

❀

부처님을 보는 두 가지 견해가 있다. 하나는 삼십이상과 팔십종호를

갖추신 분을 부처님이라고 하는 것으로, 색신이나 음성 등으로 부처를 보는 입장이다. 또 다른 하나는 색신이나 음성 등으로 부처를 봐서는 안 되며 형상이 없는 부동진여가 부처의 참 형상이라고 보는 견해이다. 깨치고 보면 부동진여가 부처의 참 형상임을 알게 된다.

부처님의 형상이 삼십이상과 팔십종호라 하더라도 이는 연에 따라 지어진 가상이자 허상으로, 실재가 있지 않고 이름뿐인 가명이다. 그러므로 삼십이상과 팔십종호를 상相 차원으로 봐서 부처님께서 80년 후 쿠시나가라성의 사라쌍수 사이에서 옆으로 누워 돌아가셨다고 하는 것이다. 삼십이상과 팔십종호를 갖추었지만 전륜성왕을 부처라고 하지 않는 것은 상을 가지고 부처라고 말해서는 안 되는 것임을 말한다.

삼대 아승기겁 동안 수행하여 그 과보가 다 채워져 비로소 도를 이루는 것은 진정한 도가 아니다. 도는 수행하여 결과가 채워져서 이루는 것이 아니다. 이미 우리 자신은 부처이며, 우리의 일상생활 속에서 보고 듣고 하는 것이 그대로 도이다. 평상심이 도이다. 평상의 일이 바로 도이다.

"옛사람이 이르기를,
여래가 몸에 덕상을 갖춘 모습을 보여주신 것은
세상 사람들의 마음을 따라주기 위해서였다.
사람들이 부처님은 형상으로서 아무것도 없다는 단견을 갖게 될까 봐
염려하여 방편으로 헛된 이름을 세운 것이다.
삼십이상은 거짓 이름이고, 팔십종호도 헛소리이다.
형상이 있는 몸이란 부처의 참 본체가 아니며
형상 없음이 부처님의 진실한 형상이다."

古人云 如來擧身相 爲順世間情 恐人生斷見 權且立虛名 假言三十二
八十也空聲 有身 非覺體 無相 乃眞形

❀

부처님의 몸이 삼십이상과 팔십종호를 갖추었다 하더라도 이는 진여
의 묘용이 연을 따라 지어낸 가상으로서 거짓 이름에 불과하다. 진여
공한 자리는 형상이 없다. 형상이 사라지고 없는 무형상이 진정한 형
상이라는 말이다.

3) 진정한 육신통이란?

"그대들은 '부처님께서는 여섯 가지 신통이 있으시니
참으로 불가사의하다'라고 하는데,
여러 천신들과 신선과 아수라와 힘센 귀신들도 역시 신통이 있으니,
이들도 마땅히 부처님이겠구나.
도를 배우는 벗들이여! 착각하지 마라.
아수라들이 제석천을 비롯한 천신들과 싸우다 지게 되면 팔만사천의
권속들을 거느리고 연근 뿌리의 구멍 속으로 들어가 숨는다 하니,
이들도 성인이라 해야 하지 않겠는가?
내가 예를 든 것은 모두 전생의 업으로 얻은 신통이거나
조건에 의지한 신통들이다."

儞道 佛有六通 是不可思議 一切諸天 神仙阿修羅 大力鬼 亦有神通 應

是佛否 道流 莫錯 祇如阿修羅 與天帝釋戰 戰敗 領八萬四千眷屬 入
藕絲孔中藏 莫是聖否 如山僧所擧 皆是業通依通

✿

신통을 두 부분으로 나누어 외도들의 신통과 부처님의 신통을 구분
하여 설명하고 있다. 여기서는 외도들의 신통이 모두 업의 신통이거
나 조건에 의지한 신통임을 말하고 있다. 임제 스님은 이러한 외도들
의 신통을 마치 부처님의 신통인 양 또는 성인인 양 착각해서는 안 된
다고 강조하고 있다.

"말하건대, 부처님의 육신통이란 그런 것이 아니다.
물질의 경계에 들어가도 물질에 미혹되지 않고,
소리의 경계에 들어가도 소리에 미혹되지 않으며,
냄새의 경계에 들어가도 냄새에 미혹되지 않고,
맛의 경계에 들어가도 맛에 미혹되지 않는다.
감촉의 경계에 들어가 감촉에 미혹되지 않고,
법의 경계에 들어가도 법의 경계에 미혹되지 않는다.
색·성·향·미·촉·법의 육진이 모두 텅 비었음을
통달하고 있기 때문에
어디에도 의지하지 않는 무의도인을 속박할 수 없다.
비록 무의도인이 오온의 번뇌로 이루어진 몸이지만
땅으로 걸어 다니며 그대로 신통을 나툰다."

夫如佛六通者 不然 入色界不被色惑 入聲界不被聲惑 入香界不被香惑

入味界不被味惑　入觸界　不被觸惑　入法界不被法惑　所以　達六種色聲
香味觸法　皆是空相　不能繫縛此無依道人　雖是五蘊漏質　便是地行神通

❀

여기서는 육반신용六般神用을 말하고 있다. 육반신용은 여섯 가지 신
통묘용을 일컫는다. 부처님의 여섯 가지 신통력이다. 안·이·비·
설·신·의의 육근이 그대로 신통한 작용을 하면, 그것은 부처님, 즉
깨달은 자의 신통력이다. 그것은 육근이 경계에 접하여 경계에 휘둘
리거나 미혹되지 않고, 투명하고 지혜로운 눈으로 있는 그대로 사물
의 실상을 통찰하며 움직이는 것이다.

　진여의 마음을 깨달은 자는 육근 하나하나가 전체로 신통이며 모
두 다 진여의 작용이 아님이 없다. 진여일심을 깨닫지 못한 상태에서
는 육근이 모두 육적으로 여섯 가지 도적이지만 진여의 마음을 깨친
자는 육근이 모두 육반신용이다.

　육근이 청정하여 여섯 가지 신통하고 묘한 작용을 하는 사람이 바
로 부처님이고 우리 자신이다. 그래서 이제껏 법문을 듣고 있는 자
신이 바로 조사인 부처님이라고 말해온 것이다. 비록 몸이 색·수·
상·행·식의 오온의 번뇌로 이루어진 몸이지만 작용하는 자신은 바
로 땅으로 걸어 다니는 신통이다.

　"비록 무의도인이 오온의 번뇌로 이루어진 몸이지만 땅으로 걸어
다니며 그대로 신통을 나툰다"라는 말을 좀 더 풀어서 설명해보자.
무의도인이 오온으로 이뤄진 번뇌의 몸이라는 말은 무의도인이 오온
으로 된 이 육신을 떠나서 따로 존재하는 것이 아니라는 뜻이다. 육신
속에 무의도인이 살고 있어 보고 듣고 말하고 행동하며 신통을 부리

고 있는 것이다.

무의도인은 깨친 자로서 오온으로 이루어진 몸을 하고 있으면서 땅 위를 걸어 다니며 그대로 신통을 나툰다. 보고 듣고 말하는 모든 일상사가 걸림이 없으므로 자유롭고 창조적인 에너지가 나오니 신통 묘용이다.

4) 삼계가 오직 마음이다

"도를 배우는 벗들이여!
참 부처는 형상이 없고, 참 법은 모양이 없다.
다만 그대가 환상 가운데서 온갖 망령된 지견을 더하여
여러 가지 모양을 조작해낸 것일 뿐이다.
설사 구하여 얻은 것이 있더라도
모두 여우나 도깨비 귀신 같은 착각이며 결코 참된 부처는 아니다.
조작된 모양은 바로 외도의 견해다."

道流 眞佛無形 眞法無相 儞祇麼幻化上頭 作模作樣 設求得者 皆是野狐精魅 并不是眞佛 是外道見解

❀

참 부처는 형상이 없고, 참된 법은 모양이 없다. 만물의 모습이라는 것은 가상으로서 거짓 이름뿐이며 본체가 진여공이므로 공적하여 허상이며 특정한 모습에 갇히지 않는다. 어떤 생각으로 구한다면 그것은 생각에 갇힌 모습이지 참모습이 아니다. 그러므로 무엇을 구하고 찾는다고 함은 다 여우의 혼령들이며 외도의 소견들이라는 말이다.

"진정으로 도를 닦는 수행하는 사람이라면
결코 부처도 취하지 않고 보살과 나한도 취하지 않으며
삼계의 뛰어난 경계도 취하지 않는다.
장애가 되는 일체의 경계에서 홀로 벗어나
어떤 사물에도 전혀 얽매이지 않는다.
하늘과 땅이 뒤집힌다 해도 나는 더 이상 의심하지 않는다.
시방세계의 모든 부처님이 내 앞에 나타난다 해도
한 생각도 기쁜 마음이 없다.
삼악도의 지옥이 갑자기 나타난다 하여도 한 생각도 두려운 마음이 없다.
어째서 그러한가?
내가 보건대, 모든 법은 공한 모습[空相]이니,
변화하여 나타나면 있고, 변화하여 나타나지 않으면 아무것도 없다.
삼계는 오직 마음뿐이고[三界唯心] 만법은 오직 식이기 때문이다[萬法唯識].
그러므로 '꿈이요, 환상이요, 헛꽃인 것을
무엇 때문에 수고롭게 붙잡으려는가?'라고 하였다."

夫如眞學道人 幷不取佛 不取菩薩羅漢 不取三界殊勝 逈然獨脫 不與物拘 乾坤 倒覆 我更不疑 十方諸佛 現前 無一念心喜 三塗地獄 頓現無一念心怖 緣何如此 我見 諸法 空相 變卽有 不變卽無 三界唯心 萬法唯識 所以 夢幻空花 何勞把捉

진정으로 도를 배우는 이는 어디에도 머물지 않으며 그 누구에게도 의지하지 않는다. 부처님도 취하지 않으며 보살과 나한에게도 머물지 않는다. 물론 삼계의 뛰어난 경계에도 의지하지 않고 부처와 보살로부터 멀리 벗어난다.

여기서 삼계유심三界唯心과 만법유식萬法唯識을 설하고 있다. 삼계는 마음이 지어내고, 만법은 오직 식이 지어낸 표상에 불과함을 말하고 있다. 만법유식에서 만법을 지어내는 식은 아뢰야식으로 아뢰야식은 진여문眞如門과 생멸문生滅門의 두 가지 문을 갖추고 있다. 이것이 일심이문一心二門이다. 아뢰야식이 진여의 묘용이 연을 따라 식을 지어내니 가상공체다. 연에 따라 지어진 가상이므로 생멸하고 있으니 생멸문이며, 다른 한편 진여의 묘용이 작용하고 있으므로 진여문이다. 그러므로 삼계나 만법은 모두가 진여일심이 연을 따라 지어낸 것이다. 이러한 진여의 작용을 깨닫고 있으므로 하늘과 땅이 뒤집힌다 하더라도 더 이상 의혹하지 않는다.

시방세계의 모든 부처님이 앞에 나타나거나 삼악도의 지옥이 나타난다 하여도 한 생각도 기쁜 마음이나 두려운 마음이 없다. 왜냐하면 모든 상은 가상공체로서 허망하고 공한 모습이기에, 변화하면 있고 변화하지 않으면 그저 없는 것이기 때문이다.

삼계나 만법은 다 마음이 지어낸 가상으로 꿈이요, 환상이요, 헛꽃이다. 그러므로 무엇 때문에 수고롭게 붙잡으려고 하는가? 붙잡을 게 아무것도 없다.

5) 법을 듣고 있는 사람이 있다

"오직 도를 배우는 벗들의 눈앞에 법을 듣고 있는 사람이 있을 뿐이다.
그 사람은 불에 들어가도 타지 않고 물에 들어가도 빠지지 않으며
삼악도의 지옥에 들어가도 마치 봄날의 꽃밭에서 노는 듯하고
아귀축생에 들어가도 그 업보를 받지 않는다.
어째서 그러한가?
일체의 사물을 좋아하고 싫어하는 분별심과
의심하여 꺼리는 법이 없기 때문이다.
그대들이 만약 성인은 좋아하고 범부를 싫어한다면
생사의 바다에 떴다 잠겼다 할 것이다.
번뇌는 마음에서 생하는 것이니, 마음이 비어 있다면
번뇌가 어찌 사람을 구속하겠는가?
분별하여 모양에 집착하지 않는다면 저절로 잡간 사이에 도를 얻을 것이다.
그대들이 분주하게 옆집 사람에게 배워서 얻으려 한다면
삼아승기겁 동안 수행해도 결국은 생사윤회로 돌아가고 말 것이다.
아무런 일없이 총림의 선상 끝선에서 다리를 꼬고 앉아 좌선하느니만
못하다."

唯有道流 目前現今聽法底人 入火不燒 入水不溺 入三塗地獄 如遊園
觀 入餓鬼畜生 而不受報 緣何如此 無嫌底法 儞若愛聖憎凡 生死海裏
沈浮 煩惱 由心故有 無心 煩惱何拘 不勞分別取相 自然得道須臾 儞
擬傍家波波地學得 於三祇劫中 終歸生死 不如無事 向叢林中 牀角頭
交脚坐

눈앞에 법을 듣고 있는 사람은 다름 아닌 듣는 작용을 하는 사람이다. 듣는 작용은 다름 아닌 성품의 작용이다. 진여성품은 작용하는 곳에 있기 때문이다. 법을 듣고 있는 사람이 불, 물, 삼악도, 아귀축생에 들어가서도 타지도, 빠지지도, 업보도 받지 않는다는 것은 아주 절묘한 표현이다. 진여의 성품은 공하여 걸림이 없으므로 어떠한 번뇌의 물결에도 휩쓸리지 않고, 쓰레기더미에도 물들지 않는다.

이 표현은 진여의 성품이 이러한 모든 것을 지어낸다는 의미이기도 하다. 불이나 물도 진여가 지어내고, 그 속에 실재로서 자리하고 있다. 그래서 불에 들어가도 타지 않고, 물에 들어가도 빠지지 않는다고 표현하고 있다. 삼악도의 지옥과 아귀축생에 들어가도 본체가 진여공이므로, 업보도 없고 고통도 없기에 봄날의 꽃밭에서 구경하며 노니는 것과 같고 업보도 받지 않는다고 한다. 진여본성은 좋아하고 싫어하는 분별심과 의심이 사라지고 없다. 그렇기에 아무것도 꺼릴 것이 없다.

분별망념을 그치면 저절로 잠깐 새에 도에 들어간다. 그러나 법문을 듣고 있는 이 사람이 진정한 조사인 부처임을 아는 진정견해를 믿지 않고 밖으로 찾아다니며 옆 사람에게 배워서 얻으려 한다면 삼아승기겁 동안 애를 써도 결국은 생사로 돌아가고 말 것이다. 차라리 아무 일도 없는 이만 못하다.

11. 임제 스님의 사빈주四賓主

1) 주인과 객이 인사를 나눈다

주인이 손님을 간파하다[主看客]
"도를 배우는 벗들이여!
예컨대 여러 곳에서 손님인 학인이 찾아왔을 때
선지식善知識인 주인과 인사를 나눈 뒤,
학인이 대뜸 한마디 말[一句子]을 던져
앞에 있는 선지식의 역량을 알아보려고 한다.
이를테면 학인이 상대를 꾀어 들이는 한 가지 시험하는 말을 끄집어내어
선지식을 향해서 입씨름하는 말을 던져서
'보십시오! 스님께서는 이것을 알겠습니까? 모르겠습니까?'라고 묻는다.
그때 선지식이 시험하는 말이라는 것을 알아차리고,
그 말을 잡아서 곧바로 구덩이 속으로 내던져버린다.
학인은 곧 태도를 고치고 평상의 자세로 돌아간 뒤

곧 선지식의 가르침을 찾는다.

그러면 선지식은 여전히 그를 부정해버린다.

학인이 말하기를, '참으로 지혜로우십니다. 큰 선지식이십니다'라고
우롱의 칭찬을 한다.

그 선지식은 곧 '이 녀석은 좋고 나쁜 것도 모르는구나'라고 말한다."

道流 如諸方有學人來 主客 相見了 便有一句子語 辨前頭善知識 被學
人拈出箇機權語路 向善知識口角頭擬過 看儞識不識 儞若識得是境 把
得 便抛向坑子裏 學人 便卽尋常 然後 便索善知識語 依前奪之 學人
云 上智哉 是大善知識 卽云 儞大不識好惡

주인이 주인을 간파하다[主看主]

"또 선지식이 하나의 시험하는 말을 학인 앞에 꺼내놓고 희롱하면,
학인은 이를 알아차리고 하나하나에 주인이 되어 경계에 미혹되지 않는다.
다시 선지식이 곧 진심을 반쯤 드러내 보이면 학인은 곧바로 '할!' 한다.
선지식이 다시 여러 가지 차별된 말로 시험하던 중,
학인이 '좋고 나쁜 것도 모르는 이 늙고 머리 깎은 중아' 하면
선지식은 찬탄하며 '진정으로 도를 배우는 벗이로다'라고 말한다."

如善知識 把出箇境塊子 向學人面前弄 前人辨得 下下作主 不受境惑
善知識 便卽現半身 學人 便喝 善知識 又入一切差別語路中擺撲 學人
云 不識好惡 老禿奴 善知識 歎日 眞正道流

❀

이 단락에서는 선지식과 학인이 만나서 법을 거량하는 경우를 소개하고 있다. 법을 거량하는 일은 항상 있었으며, 제대로 깨달은 선지식의 거량이 있는가 하면 깨닫지 못한 선지식의 거량도 많다. 선지식도 선지식이지만 학인도 제대로 준비가 되지 않는 경우가 많다. 자신이 해야 할 소리만 내뱉고 일어서는 경우도 다반사다. 선지식도 학인이 법을 거량하기 위해 나오자마자 또는 절을 하자마자 '할'을 하고, 주장자를 치거나 몽둥이질을 한다.

여기에서 학인이 제대로 된 선지식과 만나서 오고 가는 대화를 할 때, 학인의 화두 참구에 도움이 되는 점을 간략히 살펴보자.

학인은 우선 선지식의 말을 곧이곧대로 믿고 따라가서는 안 된다. 선문에서 학인이 깨달음을 얻기 위해 참구하는 문제를 '화두話頭'라고 한다. 화두는 선지식이 학인을 가두는 은산철벽銀山鐵壁의 감옥과 같다. 그 속에서 학인은 이러지도 저러지도 못하고 숨 한 번 제대로 쉴 수 없다. 그를 가두는 수단은 선지식의 부정 혹은 긍정의 말과 행동이다. '순금이 빛을 잃는다'라고 부정을 말하고, '돌조각이 빛을 발한다'라고 긍정을 말한다. 화두를 깨치겠다고 선지식의 언행을 그대로 따라가면 '밥 속의 모래'나 '진흙 속의 가시'를 만나 낭패를 당하고, 그렇다고 해서 언행과 전혀 상관없이 행하면 깨치지 못한다.

화두를 깨치는 방법으로 부처님 말씀이나 조사들의 어록, 자신의 내린 판단 등은 알음알이로 작용하여 모두 사람을 죽이는 독약이나 비상砒霜과 같음을 알아야 한다. 달을 가리키는 손가락을 이리저리 분별하는 것은 잠꼬대일 뿐이다. 화두를 깨치는 길은 망념을 끊고 진여를 증득하는 길밖에 없다.

망념을 끊고 진여를 증득하여 구경무심을 깨달을 때, 밝은 안목이 생겨 선지식의 부정 혹은 긍정의 말과 행동이 이해된다. 긍정과 부정 등의 사전어四轉語가 서로 통하지 않고 막혀 있던 것이 중도정견의 정념으로 보니, 서로 간에 원융하여 걸림 없이 통한다. '순금이 빛을 잃는다'라는 부정과 '돌조각이 빛을 발한다'라는 긍정이 서로 간에 원융무애하여, 순금이 돌조각과 걸림이 없어 둘이 아니다. 구경무심인 진여를 깨닫고 나서는 활발발한 진여의 항사묘용을 굴린다. 선지식의 물음이나 대답, 말과 행동 등 어떠한 언행에 대해서 설명이나 논리를 전개하거나 교설이나 어록으로 응대하는 순간 사구死句가 된다.

임제의 사빈주四賓主는 주인이 손님을 대하는 네 가지 법을 말한다. 주인은 스승 즉 선지식이고, 손님은 수행자 또는 학인이다.

첫째, 주인이 객을 간파[主看客]하는 경우다. 즉, 선지식이 학인의 수준을 알아차리는 경우다. 수행자인 학인이 여러 곳에서 찾아와서 불법의 단적인 뜻을 나타내는 한마디 말을 던져 선지식을 시험하려고 한다. 그 학인이 올가미 같은 말을 들이대면서 알겠는지 모르겠는지 묻는다. 그러나 눈 밝은 선지식은 올가미임을 단박에 알아차려서 학인의 그 말을 낚아채 바로 구덩이 속으로 내던져버린다.

시험하기 위한 올가미 같은 방편의 말을 알아채지 못한다면 선지식이라고 할 수 없다. 학인은 바로 태도를 바꾸어 선지식에게 가르침의 한 말씀을 구한다. 그러나 선지식이 여전히 그를 부정해버린다. 학인은 선지식에게 참으로 지혜로우신 대선지식이라고 우롱의 칭찬을 한다. 그러자 선지식이 학인을 보고 '도대체 좋고 나쁜 것도 모르는 놈'이라고 말한다.

왜 주인인 선지식이 학인을 보고 '도대체 좋고 나쁜 것도 모르는 놈'이라고 말하는가? 학인이 선지식에게 들이댄 한마디 말이나 학인 자신을 부정하는 선사의 깊은 뜻을 알아챘어야 했다. 그러나 학인은 이를 알지 못하고 우롱의 칭찬이나 하고 있다. 선지식에게 칭찬이나 질책이나 이 둘은 서로 다르지 않다. 그런 우롱의 칭찬이 아니라 선사의 깊은 뜻을 이해하고 좋고 나쁨을 분명 이해하게 되는 순간 칭찬은 무의미함을 이해하게 되는 것이다. 좋고 나쁜 호오好惡는 분별망념의 호오가 아니라 정견의 호오로서, 호오 서로 간에 통하는 것이라는 점을 놓쳐서는 안 된다.

둘째, 주인과 객이 모두 주인이다[主看主]. 선지식이 하나의 시험하는 말[境塊子]을 꺼내놓고 학인 면전에서 희롱하면, 학인은 이를 알아차리고 하나하나에 주인이 되어 경계에 미혹되지 않는다. 학인도 선지식 못지않게 안목이 탁월한 것이다. 다시 선지식이 곧 진심을 조금 드러내 보이면 학인은 곧바로 '할!' 하고 고함을 친다. 선지식이 다시금 온갖 차별된 말속으로 들어가 흔들어댈 때 안목 없는 학인이라면 이리저리 휘둘리지만, 눈 밝은 학인은 절대 경계에 미혹되지 않는다.

학인이 '좋고 나쁜 것도 모르는 늙은이'라고 말하니, 선지식은 '진정한 수행자'라고 탄복한다. 학인이 '좋고 나쁜 것도 모르는 늙은이'라고 싸잡아 험담을 했는데도 선지식은 '진정한 수행자'라고 탄복하는 광경이 뭔가 모순된 것 같지 않은가? 그렇지 않다. 학인이 선지식을 싸잡아 험담한 것이 아니다. 눈 밝은 도인인 훌륭한 선지식을 좋고 나쁜 것도 모르는 늙은이로, 하천한 지위로 추락시키는 것이야말로 안목을 가진 학인이 드러내는 수단임을 잊지 말아야 한다. 하천한 지위가 높고 높은 귀한 자리와 다르지 않기 때문이다.

손님이 주인을 간파하다[客看主]

"제방의 선지식들이 삿된 것과 바른 것을 구분하지 못할 때다.
그래서 학인이 찾아와서 보리와 열반과 삼신과 경계와 지혜 등을 묻는다.
눈이 먼 노사는 그에게 해설을 해주다 학인으로부터 매도당하면,
곧바로 몽둥이로 후려치면서 '이 예의와 법도도 모르는 놈아!'라고 한다.
그것은 스스로 그대들 선지식들이 안목이 없기 때문이다.
그 학인에게 화를 내서는 안 되는 것이다."

如諸方善知識 不辨邪正 學人 來問 菩提 涅槃 三身 境智 瞎老師 便與
他解說 被他學人罵著 便把棒打他言無禮度 自是儞善知識無眼 不得瞋他

✿

여기서는 손님이 주인을 간파하는 것을 말하고 있다. 주인은 눈먼 선
지식이다. 눈먼 선지식은 우선 깨닫지를 못했으니 삿된 것과 바른 것
을 구분할 수가 없다. 학인이 찾아와 보리, 열반, 삼신의 경계와 지혜
등을 물으면 횡설수설로 해설을 해주다가 학인으로부터 힐난을 받으
면 곧바로 몽둥이를 후려치면서 예의와 법도 타령을 한다는 것이다.

　선지식은 우선 밝은 안목을 가져야 한다. 학인이 찾아와 묻고 있는
것을 자기의 견처에서 드러내 보여야 한다. 그리고 학인으로부터 힐
난을 받으면 그 힐난에 대해서도 눈 밝은 도인으로서 대처해야 한다.
그리고 학인에게 화를 낼 것이 아니라 학인의 힐난에 대해서 소상히
밝혀서 알아듣도록 해야 한다. 그러고 나서도 알아듣지 못하면 그때
가서 화를 내든지 말든지 할 일이다.

　눈먼 선지식은 무조건 아무것도 모르고 몽둥이질이나 소리를 지르

는 맹가할방盲枷瞎棒을 하는 경우가 많다. 때에 따라서 적절하게 방과 할을 하는 것이 아니라 시도 때도 없이 방과 할을 하며 병에 따라 약을 처방하는 것이 아니라 병의 진단도 제대로 되지 않는 상태에서 약을 처방하는 경우도 있다. 죽이기도 하고 살리기도 하되 상황에 맞아야 하는 것[棒喝要臨時]인데 그것도 모른 채 맹목적으로 방과 할을 하는 것이다. 깨우친 선지식이라면 진지하게 학인을 위해서 문답을 주고받는데 그러하지를 못하니까 화를 내고 나무라기만 하는 것이다. 선의를 가지고 일러주기는커녕 학인에게 법도와 예의도 모르는 놈이라고 소리치기만 하는 것이다.

손님이 손님을 간파하다[客看客]

"좋고 나쁜 것을 모르는 머리 깎은 중들이 있다.

그들은 동쪽을 가리키다 서쪽을 가리키고,

맑은 날을 좋아하다가 비 오는 날을 좋아하며,

등롱燈籠과 노주露柱를 좋아한다.

그대들은 잘 보아라!

눈썹에 털이 몇 개가 남아 있는가?

바로 이것(성품)이 묘한 인연을 갖추고 있는데 학인들은 알지 못하고

미혹한 경계에서 마음이 미쳐버리고 만다.

이런 무리들은 모조리 여우나 귀신 도깨비들이다.

지견을 갖춘 좋은 학인들이 쿡쿡 비웃으며 '이 눈멀고 머리 깎은 늙은이가

온 천하 사람들을 미혹하고 어지럽게 만드는구나'라며 비웃는다."

有一般不識好惡禿奴 卽指東劃西 好晴好雨 好燈籠露柱 儞看 眉毛有

幾莖 這箇具機緣 學人 不會 便卽心狂 如是之流 總是野狐精魅魍魎
被他好學人 嗑嗑微笑 言瞎老禿奴惑亂他天下人

✿

여기서는 주인과 객이 둘 다 눈먼 경우를 말하고 있다. 깨닫지 못한
악지식惡知識은 학인이 무엇을 물으면 갈팡질팡하면서 장황하게 말
을 늘어놓는다. 삿된 말을 하면 눈썹이 빠진다는 속설이 있다. 그렇게
삿된 말을 장황하게 늘어놓으면 눈썹이 남아나지 않을 것이다. 동쪽
이니 서쪽이니 말하고, 맑고 비 오는 날을 말하고, 법당에 불을 켜는
등롱이 좋다느니 법당 앞의 기둥인 노주가 좋다느니 하면서 무슨 선
문답 정도로 생각하면서 장황하게 말을 늘어놓는다는 것이다.

　모두가 묘한 인연을 갖추고 있는데 선지식이 함부로 입을 늘어놓
는 까닭에, 학인들은 이를 알지 못하고 미혹한 경계에 마음이 미쳐버
리고 만다. 선지식도 미혹하고 학인도 이를 알아보지 못하니 미혹하
다. 그러나 지견을 갖춘 훌륭한 학인들은 눈멀고 머리 깎은 늙은이가
온 천하 사람들을 미혹하고 어지럽게 만든다며 비웃는다.

12. 마주치는 대로 곧바로 죽여라

1) 도에 대해 묻고 선을 참구하였다

"도를 배우는 벗들이여!

출가한 사람은 모름지기 도를 배우는 것을 중히 여겨야 한다.

산승은 지난날 계율 공부에 전념하기도 하고 경론을 탐구하기도 하였다.

그러나 나중에서야 그것들이 세간의 병을 치료하기 위해

일시적으로 제시한 방편의 약방문이며

불법의 진리를 표현하는 언구에 지나지 않음을 알고,

마침내 몽땅 다 버려버리고 도를 묻고 선을 참구하였다.

큰 선지식을 만나 뵙고 나서야 마침내 도안道眼이 분명해져서

비로소 천하의 노화상들이 삿된지 바른지를 알 수 있었다.

이것은 어머니에게서 태어나면서부터 안 것이 아니다.

몸으로 직접 연구하고 갈고닦아서[體究練磨],

하루아침에 스스로 투철히 깨달은 것이다."

道流 出家兒 且要學道 祇如山僧 往日 曾向毘尼中留心 亦曾於經論尋
討 後方知是濟世藥 表顯之說 遂乃一時抛却 卽訪道參禪 後遇大善知
識 方乃道眼 分明 始識得天下老和尙 知其邪正 不是娘生下便會 還是
體究練磨 一朝自省

❀

이 단락은 임제 스님이 그동안 해온 수행의 길을 말하고 있다. 보고
듣고 하는 작용하는 자신이 부처임을 강조해온 임제 스님마저도 도
를 묻고 선을 참구했으며, 몸으로 철저하게 직접 연구하고 갈고닦아
서 하루아침에 스스로 투철히 깨달은 것이라고 말한다. 아무것도 하
지 않고 그저 쉬기만 해서는 도를 깨칠 수 없음을 확실하게 강조한다.

임제 스님은 오랜 수행 끝에, 병을 치료하기 위해서 약이 필요하듯
이 계율과 경론은 병을 치료하기 위한 방편이고 진리를 표현하는 언
구에 지나지 않는다는 사실을 깨친다. 그래서 그러한 가르침인 언어
와 문자를 일시에 다 던져버리고 선의 길로 들어선다. 그리고 부처님
의 마음 자체를 얻기 위해 큰 선지식을 만나 뵙고 나서야 마침내 도안
이 분명해졌다고 말하고 있다. 이러한 임제 스님의 수행 과정은 모든
학인들이 본받아야 할 수행 도정이라고 할 수가 있다.

모든 수행자가 다 같이 밟아야 하는 수행의 길이 있는 것은 아니지
만, 특히 선을 참구하는 경우에는 선의 특질인 교외별전敎外別傳, 불립
문자不立文字, 직지인심直指人心, 견성성불見性成佛을 참고해서 선을 수
행할 필요가 있음을 말해두고 싶다.

2) 부처를 만나면 부처를 죽여라

"도를 배우는 벗들이여!

여법한 견해를 터득하려면 남에게 미혹당하지 말고

안에서나 밖에서나 마주치는 대로 곧바로 죽여라.

부처를 만나면 부처를 죽이고, 조사를 만나면 조사를 죽여라.

아라한을 만나면 아라한을 죽이고, 부모를 만나면 부모를 죽이며,

친척을 만나면 친척을 죽여라.

그래야 비로소 해탈하여 사물에 구애받지 않고,

탁 트여 완전히 벗어나 자재[透脫自在]하게 된다.

道流 儞欲得如法見解 但莫受人惑 向裏向外 逢著便殺 逢佛殺佛 逢祖
殺祖 逢羅漢殺羅漢 逢父母殺父母 逢親眷殺親眷 始得解脫 不與物拘
透脫自在

❀

법다운 견해란 진정견해로서, 진정견해는 다름 아닌 중도로서 바라
본 구경각이다. 우리가 보고 듣고 하는 일거수일투족이 진여의 작용
이 아님이 없다. 이것이야말로 참으로 올바른 견해다. 이러한 견해를
믿지 않고 의심하는 자들의 속임을 당하지 말고, 진정견해 외에 다른
견해를 안팎에서 마주치는 대로 곧바로 죽이라고 말하고 있다.

　부처나 조사나 그 어떤 권위나 가치 관념으로부터 벗어나 일체를
부정하라는 말이다. 부처를 만나면 부처에 의존하고, 조사를 만나면
조사에 의지하는 것은 아직도 소득이 있는 것이다. 무소득이 아니다.

나 자신이 이미 부처요, 조사다. 그래서 부처를 만나면 부처를 죽이고 조사를 만나면 조사를 죽이라고 한 것이다.

진정한 해탈인은 일체의 망념이 사라지고 없으며 자신을 구속하는 번뇌장煩惱障과 소지장所知障이 사라지고 없는 사람을 말한다. 모든 구속에서 완전히 벗어나야 자유자재한 해탈인이다.

"제방에서 도를 배우는 벗들은
어떤 것에 의지하지 않고 내 앞에 온 자는 하나도 없었다.
산승은 처음부터 그들을 쳐버린다.
손에서 나오면 손으로 치고 입에서 나오면 입으로 치며,
눈에서 나오면 눈으로 쳐버린다.
다만 쓸데없는 것을 다 버리고
홀로 완전히 벗어난 사람은 누구 한 사람도 없었다.
모두 옛날 사람들의 부질없는 지식 언어나 행위를
흉내 내고 숭상하고 받들 뿐이다."

如諸方學道流 未有不依物出來底 山僧向此間 從頭打 手上出來 手上打 口裏出來 口裏打 眼裏出來 眼裏打 未有一箇獨脫出來底 皆是上他古人閑機境

✿

법다운 견해를 터득하려면 남에게 미혹되지 말고 안에서나 밖에서나 말이나 형상을 마주치는 대로 곧바로 끊어버려야 한다. 그래야 비로소 해탈하여 사물에 구애되지 않고, 툭 터져 완전히 벗어나서 자유자

재하게 된다. 그런데 홀로 벗어나서 나온 사람은 없고 모두가 옛날 사람들의 부질없는 말이나 형상 지식이나 언어나 행위를 숭상하고 받드는 것이 전부다. 그래서 임제 스님은 여기에서 처음부터 그들을 쳐버린다고 말하고 있다. 이제까지 도를 배우러 온 납자들을 보면 아무것에도 의지하지 않고 찾아온 사람들은 하나도 없었다고 말한다.

납자들이 손이나 입 또는 눈에서 나오든지 간에, 모두 다 홀로 투철히 벗어나 자재하게 나온 것이 아니므로 단박에 쳐내버려야 한다고 강조한다. 작용이 손에 있어 잡는 것은 신통묘용이나, 유위有爲의 행이 손에서 나오면 손으로 치고, 작용이 입에 있어 말하는 것은 신통묘용이나, 유루有漏의 말이 입에서 나오면 입으로 치며, 작용이 눈에 있어 보는 것은 신통묘용이나, 분별의 눈으로 보면 눈으로 쳐버린다.

여기서 진여의 작용이 육근에 응하는 것을 보게 된다. 깨친 자는 육근이 청정하기에 육근의 작용 그대로가 신통묘용이다. 그러나 깨닫지 못하고 미혹한 자는 육근이 오염으로 물들어 있어서 유루 번뇌의 작용을 일삼는다. 그래서 이러한 유루 번뇌가 손이든 입이든 눈에서든 나오면 모두 다 쳐버린다고 말하고 있다. 옛날 사람들의 부질없는 지식이나 언어나 행위를 숭상하고 받들 것이 아니라, 지금 그리고 여기에서 법문을 듣고 있는 이 사람이 진정한 부처임을 믿고 의심하지 않는 것이야말로 진정한 견해이다.

3) 너희들에게 무엇이 부족하단 말인가?

"산승은 남에게 줄 법이 하나도 없다.

다만 병에 따라 치료를 해주고 묶여 있는 것을 풀어줄 뿐이다.

그대들 제방의 도를 배우는 벗들이여!

시험 삼아 사물에 전혀 의존하지 말고 나와보아라.

난 그대들과 법에 대해서 문답하고 싶었지만,

5년, 10년이 지나도록 누구 한 사람 없었다.

모두가 풀이나 나무 잎사귀나 대나무에 붙어사는 정령精靈들이다.

또 여우나 도깨비 같은 것들이다.

모두 온갖 똥 덩어리에 달라붙어 어지럽게 씹어 먹는 것들이다.”

山僧 無一法與人 祇是治病解縛 儞諸方道流 試不依物出來 我要共儞
商量 十年五歲 並無一人 皆是依艸附葉竹木精靈 野狐精魅 向一切糞
塊上亂咬

❀

법은 원래 남에게 줄 수가 없다. 줄 수 있다면 받을 것이 있다는 것이
고, 주고받는 것이 있다면 그것은 법이 아니다. 법은 주고받는 물건
이 아니다. 본래 아무것도 없는 것이 법인데 어떻게 주고받을 수가 있
단 말인가! 본래 법은 무일물無一物이다. 무이명無異名하고 무형상無形
相한 것이 법이다. 다만 병에 따라 치료해주고 묶여 있는 것을 풀어줄
뿐이다. 병은 번뇌이고 묶여 있는 것은 번뇌장과 소지장의 구속이다.

사물에 의존하지 말고 나와보라는 말뜻은 무엇인가? 우린 모두가
무엇인가에 의지해서 법을 말하고, 무엇인가에 의지해서 생각하고
행동한다. 그러나 사물 혹은 누군가에 의존하지 말고 나와보라는 것
이다. 그리하여 임제 스님은 문답을 하고 싶다고 말하고 있다. 사물에

의존하지 않고 나올 수 있다면, 그 사람은 임제 스님과 법에 대해서 문답할 수 있는 자격이 있는 사람이다. 그러나 5년, 10년이 지나도록 누구 한 사람도 없었다고 임제 스님은 말한다.

사물에 의존하지 않고 나온다는 것은 사물의 본성을 알고 사물의 형상을 아는 자이다. 그래야만 제대로 사물에 의존하지 않을 수 있기 때문이다. 참사람은 사물이 가상이고 허상임을 알기 때문에 더 이상 사물에 의존하지 않는다. 그러나 사물은 그 자체로 모든 것을 보여주고 있으므로 사물 그대로가 진여의 현현이다. 깨친 자의 눈으로 보면 눈앞에 드러난 모든 사물이 진리가 아님이 없다.

그러므로 사물에 전혀 의존하지 말고 나와보라는 뜻은, 사물의 형상에 머물지 않고 자유자재하며 사물 그대로가 진여이듯이 그렇게 사물을 보는 작용하는 자신으로 나와보라는 말이다. 그러나 그런 사람을 찾을 길은 없고 모두가 옛사람들의 부질없는 지식이나 언행들을 숭상하고 받드는 것이 고작으로, 모두가 제 갈 길을 가지 못하고 있다. 그래서 모두가 풀이나 나무 잎사귀나 대나무나 나무에 붙어사는 정령들이라고 혹평하고 있는 것이다. 모두가 남들이 싸놓은 똥 덩어리에 달라붙어 어지럽게 씹어 먹는 것들이라고 말하고 있다.

"눈먼 자들이여.
시방의 신도들이 신심으로 시주한 물건을 옳지 못하게 쓰면서
'나는 출가한 사람이다'라고 하며, 이러한 잘못된 견해를 짓는구나.
나는 그대들에게 분명히 말하고자 한다.
부처도 없고 법도 없으며 닦을 것도 없고 깨칠 것도 없다.
어째서 그렇게들 옆집으로만 다니면서 무슨 물건을 구하려 하는가?

눈멀고 어리석은 자들이여! 머리 위에 또 머리를 얹고 있구나. 그대들이 무엇이 부족하단 말인가?"

瞎漢 枉消他十方信施 道我是出家兒 作如是見解 向儞道 無佛無法 無修無證 祇與麼傍家 擬求什麼物 瞎漢 頭上安頭 是儞欠少什麼

❀

보고 듣고 하는 우리 자신이 이미 부처이고, 우리 자신 이대로 조금도 부족함 없이 완전무결한데 무엇을 더 보태고 구한단 말인가. 신도들이 신심으로 시주한 물건을 옳지 못하게 쓰면서 '출가한 사람이다'라고 우쭐대며 잘못된 견해를 계속 지어내고 있는 실태를 비판한다. 모두가 무엇인가에 의지하여 말하고, 과거의 선배들이 남겨 둔 것에 의지하며, 이것이 바른 견해인 양 한다는 것이다.

진정한 출가란 세속으로부터도 벗어나야 하지만, 모든 의존과 분별로부터 벗어나야 한다. 무엇인가에 의존하고, 부처와 법에 의존하며 닦고 깨칠 것이 있다고 옆집으로 찾아다니고, 무슨 물건을 구하려고 밖으로 쫓아다니는 한 그자는 진정한 출가자가 아니다. 이미 자신이 부처이고 법이며 더 이상 닦을 것도 없이 청정하며 깨쳐야 할 것이 더 이상 없는, 조금도 부족함이 없는 완전무결한 존재다. 이러한 자신을 모르고 밖을 향해 구한다는 것은 머리 위에 또 머리를 얹는 격이다.

여기에서 임제 스님이 "너희들에게 무엇이 부족하단 말인가?" 하는 말씀을 좀 들여다보자. 이미 우리 자신은 진리의 현현으로 부처이며 조사요, 진여 자신인 우리 자신 속에 일체가 원만하게 구족되어 있다. 모든 법에 두루 존재하는 진여가 이미 우리 자신 속에 있으며 상주하여 불생불멸한다. 미래 겁이 다하도록 쓰려고 해도 다 쓸 수 없는 항사묘용을 갖추고 있다. 그러므로 아무것도 부족함이 없다는 말이다.

4) 10년을 행각하는 것보다 더 나을 것이다

"도를 배우는 벗들이여!
그대들 눈앞에서 작용하는 이것이 바로 조사와 부처님과 다르지 않다.
왜 믿지 않고 밖에서 찾는가? 착각하지 마라.
밖에도 구할 법이 없으며 안에도 또한 얻을 법이 없다.
그대들은 산승의 이러한 말을 듣는 것보다
모든 생각을 쉬어 아무 일 없이 지내는 것이 차라리 낫다.
이미 일어난 것은 계속하지 말고,
아직 일어나지 않은 것은 일어나지 않도록 하라.
이렇게 한다면 10년을 행각하는 것보다 더 나을 것이다."

道流 是儞目前 用底 與祖佛不別 祇麼不信 便向外求 莫錯 向外無法 內亦不可得 儞取山僧口裏語 不如休歇無事去 已起者 莫續 未起者 不要放起 便勝儞十年行脚

❀

눈앞에 작용하는 자신은, 한마디로 말하면 0도가 360도인 지금 그리고 이 자리에 서 있는 자이다. 우리 자신이 현재 서 있는 자리가 0도라고 할 때, 우리가 일체만물이 돌아가는 귀의처인 색즉시공色卽是空

의 경지에 이른 때를 180도로 표현한다. 그리고 일체가 사라진 바로 그 자리에서 일체만물이 탄생하는 탄생처, 즉 너도 있고 나 자신도 있는 자리인 공즉시색空即是色의 경지를 360도로 표현할 때, 이 360도는 바로 우리가 지금 서 있는 0도와 같다.

그러나 360도를 한 바퀴 완전 돌아서 시작점인 0도에 있는 것은, 같은 0도에 있지만 자신의 본성을 깨치고 그 본성과 하나되고 본성의 작용을 활용하는 자신이라는 점에서 다르다. 이것이 진여가 작용하는 자신이다. 바로 부처가 자신이다. 그러므로 작용하는 자신은 부처가 되고자 하지도 않고 조사가 되고자 하지도 않으며 석가가 되고자 하지도 않으며 달마가 되고자 하지도 않는다. 오로지 자신과 마주하고자 하는 자이다. 자신이 부처이므로 밖에도 법이 없으며 안에도 또한 얻을 것이 없다. 얻을 것이 있으면 그건 진여가 아니기 때문이다.

여기에서 임제 스님은 자신이 하는 말을 받아들이기보다는 추구하는 마음을 쉬어 아무 일 없이 지내는 것이 낫다고 말하고 있다. 왜 그런가?

듣는 것에도 두 가지 종류가 있다. 첫 번째, 진여의 작용으로 들을 때 무분별 지혜로 들으며 대상 경계에 머무르지 않고 듣게 된다. 두 번째, 분별작용으로 듣는 것으로 대상 경계에 집착하여 듣고 여기서 구하고자 하는 고통 속으로 떨어져 나간다. 임제 스님의 가르침이라 하더라도 언어 문자이며 병을 고치는 약방문의 방편이기는 마찬가지다. 이러한 문자 언어나 방편을 받아들이는 것은 자칫 말을 따라가는 것으로 오히려 독이 될 수도 있다. 차라리 밖에서도 구할 것이 없고 안에서도 얻을 수 있는 법이 없으므로 구하는 마음을 쉬어 아무 일 없이 지내는 것이 낫다.

13. 그런 허다한 일은 없는 것이다

1) 탐진치 삼독이 삼계다

"내가 보기에 불법에는 이러니저러니 장황하고 쓸데없는

그런 허다한 일은 없다.

다만 평소대로 옷 입고 밥 먹으며 아무런 일 없이 보내면 될 뿐이다.

제방에서 온 그대들은 모두가 뜻한 바가 있어,

부처를 구하려 하고 법을 구하려 하며,

해탈을 구하고 삼계를 벗어나고자 한다.

어리석은 자들아!

그대들이 삼계를 벗어나 어디로 가고자 하는가!

부처니 조사니 하는 말은 자신을 묶어두고 좋아하여 붙인

이름과 글귀일 뿐이다.

그대들은 삼계가 무엇인지 알고 싶은가?

지금 그대들이 법문을 듣고 있는 그 마음을 떠나 있는 게 아니다.

그대들 한 생각 탐내는 마음이 욕계고,

한 생각 성내는 마음이 색계이며

한 생각 어리석은 마음이 무색계이다.

이 삼계는 바로 그대들 집 안에 있는 살림살이들이다.

삼계가 제 스스로 '내가 바로 이 삼계다'라고 말하는 것이 아니다.

눈앞에서 아주 신령하게 만물을 비추어 보고, 세계를 바라보는 그대들이

주인으로서 삼계에다 이름을 붙인 것이다."

約山僧見處 無如許多般 秖是平常 著衣喫飯 無事過時 儞諸方來者 皆

是有心 求佛 求法 求解脫 求出離三界 癡人 儞要出三界 什麼處去 佛

祖 是賞繫底名句 儞欲識三界麼 不離儞今聽法底心地 儞一念心貪 是

欲界 儞一念心嗔 是色界 儞一念心癡 是無色界 是儞屋裏家具子 三界

不自道 我是三界 還是道流 目前靈靈地照燭萬般 酌度世界 底人 與三

界安名

❀

진여의 묘용은 평소대로 옷 입고 밥 먹는 것으로, 모든 것이 진여의
현현 아님이 없다. 그러므로 불법은 소승이니 대승이니 속가니 출가
니 수행의 차제니 참선이니 염불이니 이러저러한 구별을 떠나 있다.
바르고 밝은 안목으로 보면 눈앞에 보이는 삼라만상이 그대로 진리
뿐이다.

　우리는 불안하다고 하여 부처와 조사라는 이름과 글귀 뒤에 숨고,
두렵다고 하여 부처와 조사를 회피처로 삼고, 괴롭고 슬프다고 하여
부처와 조사라는 이름 속에서 도피안到彼岸을 찾는다. 부처와 조사라

는 이름과 글귀가 회피처가 되고 도피처가 되고 귀의처가 되면, 부처와 조사라는 글귀와 이름이 없으면 아무것도 할 수 없게 된다. 이것이 다름 아닌 부처와 조사라는 이름과 글귀에 자신을 옭아매는 짓이다.

삼계도 지금 그대들이 법문을 듣고 있는 그 마음, 즉 진여의 묘용을 떠나 있는 것이 아니다. 탐貪·진瞋·치癡의 삼독이 욕계·색계·무색계의 삼계다. 이 삼계란 그대들의 집에서 쓰는 살림살이 가구들이다. 삼독이나 삼계의 본성은 다 같이 진여이고 진여의 묘용이 지어낸 것이다. 왜 그런가?

탐·진·치의 본성은 공하다. 어리석은 무명으로 말미암아 탐욕이 일고, 탐욕이 뜻대로 이루어지지 않으므로 화가 일어난다. 그러나 무명의 본성은 바로 공이니, 공이 그대로 명明이다. 무명 번뇌가 바로 보리 지혜이다. 그러므로 삼독과 삼계는 서로 통하고 막혀 있지 않으며 둘이 아니다. 삼계라고 이름 붙인 자는 다름 아닌 눈앞에서 아주 분명히 만물을 비추어 보고 세계를 가늠하는 그 사람, 바로 주인으로서 작용하는 자신이다.

이 단락은 삼계를 이렇게도 저렇게도 말하고 있어서 이해하는 데 혼란을 가져오지만 잘 살펴보면 그렇지 않다. 삼계에서 벗어나 어디로 가려느냐고 물으면서, 삼계는 진여의 마음자리를 벗어나 있지 않다고 말한다. 그리고 삼계는 탐·진·치로서 집에 있는 살림살이라고 말하고, 삼계는 스스로 말하지 못하고 진여 주인이 붙인 이름이라고 말한다. 이는 앞뒤가 맞지 않는 말 같지만, 우리가 분별망념을 떠나면 머물고 있는 이 자리가 바로 삼계가, 진여가 숨 쉬고 있다는 사실을 알려주는 것이다.

2) 한 생각 마음이 쉰 곳을 보리수라 한다

"큰스님들이여!

사대四大로 이루어진 이 몸은 무상하다.

비장과 위와 간과 쓸개와 머리카락과 손톱과 치아도

오직 모든 법이 공한 모습을 보여줄 뿐이다.

그대들의 한 생각 마음이 쉰 곳을 보리수菩提樹라 하고

한 생각 마음이 쉬지 못한 곳을 무명수無明樹라 한다.

무명은 어디 일정하게 머무는 곳이 없으며 처음도 없고 끝도 없다.

그러므로 그대들이 만약 순간순간의 미혹한 마음을 쉬지 못한다면

곧 무명수 위를 오를 것이며, 곧바로 사생육도에 윤회하면서

털이 나고 뿔 달린 짐승이 될 것이다."

大德 四大色身 是無常 乃至脾胃肝膽 髮毛爪齒 唯見諸法空相 儞一念
心歇得處 喚作菩提樹 儞一念心不能歇得處 喚作無明樹 無明 無住處
無明 無始終 儞若念念心歇不得 便上他無明樹 便入六道四生 披毛戴角

❀

우리의 몸뚱이는 지地·수水·화火·풍風의 4대로 이루어져 있다. 네 가지 요소들이 조건이 맞아 결합하면 생겼다가, 조건이 흩어지면 덧없이 사라지고 마는 것이 이 몸이다. 그러므로 비장과 위와 간과 쓸개와 머리카락과 손톱과 이빨마저도, 오직 모든 것이 텅 비어 있는 모양임을 보여줄 뿐이라고 한다. 임제 스님은 한 생각 마음이 쉰 곳을 보리수라 하고, 한 생각 마음이 쉬지 못한 곳을 무명수라 했다. 한 생각

이란 무엇인가? 한 생각 마음은 분별적 사고다. 사고는 지나간 과거의 기억과 연결되어 있다. 기억은 지나간 과거의 경험이다. 그러므로 한 생각은 지나간 과거의 기억 종자이기에 기억이 현행하여 한 생각이 떠오르는 것이다. 기억 종자는 특수공능으로 작용하는 힘이고 이러한 작용이 기억 종자를 지어낸다.

그러나 이러한 기억 종자도 그 자체는 진여작용이다. 그러므로 한 생각의 본체도, 보리수도, 무명수도 진여의 작용이다. 무명과 보리는 다 같이 진여의 작용으로 다르지 않다. 그래서 무명은 일정한 머무는 곳이 없으며 처음과 끝이 없다고 하는 것이다. 그러나 무명의 본성을 보지 못하고, 한 생각 마음의 본성을 보지 못하고, 여기에 분별 집착하게 되면 곧 무명수 위를 오르는 꼴이 되어 곧바로 사생육도四生六道 윤회의 세계에 들어가게 된다. 축생의 세계로 접어들면 털이 수북이 나고 뿔 달린 고되고 아둔한 축생의 삶을 면치 못하고, 아귀의 세계로 들어서면 주림의 고통에서 벗어나기 힘들 것이다.

"그대들이 마음을 쉬기만 하면 그대로가 청정법신의 세계다.
그대들이 한 생각도 내지 않으면 곧바로 보리수에 올라
삼계에서 신통변화하여 뜻대로 화신의 몸을 나타내리라.
그래서 법의 기쁨[法喜]과 선의 즐거움[禪悅]으로
몸의 광명이 저절로 비추리라.
옷을 생각하면 비단옷이 천 겹으로 걸쳐지고
밥을 생각하면 백 가지 맛의 음식이 그득히 차려지며
다시는 뜻밖의 병으로 누울 일도 없을 것이다.
보리는 머무는 곳이 없다. 이런 까닭에 얻는 것도 없다."

儞若歇得 便是淸淨身界 儞一念不生 便是上菩提樹 三界神通變化 意
生化身 法喜禪悅 身光 自照 思衣 羅綺千重 思食 百味具足 更無橫病
菩提 無住處 是故 無得者

❀

무명無明과 보리菩提는 본체에 있어서 다 같은 진여의 작용으로 서로
다르지 않다. 그러므로 한 생각을 쉬고 한 생각도 일어나지 않으면 바
로 청정법신의 세계다. 한 생각도 나지 않으면 곧 보리수에 올라 삼계
에서 신통변화하여 마음대로 화신의 몸을 나타내게 된다.

또한 삼독을 끊으면 육근이 청정하여 모든 경계를 떠나 신통변화
를 드러낸다. 색의 경계를 떠나고 소리의 경계에 끄달리지 않아 인색
함이 없어 보시를 행하고 계를 지키게 되며 향취와 악취를 자유롭게
조절하고 삿된 말을 탐하지 않으며 애욕에 초연하여 마음을 조복받
는다. 이것이 바로 신통변화이며 화신의 몸을 나타내는 것이다.

한 생각 쉬는 것은 분별망념을 쉬고 진여정념을 드러내는 것이다.
더 이상 밖을 향해 찾거나 다른 무엇을 구하려고 헤매며 돌아다니지
않는다. 이것이 쉬는 것이며 한 생각도 일으키지 않는 것이다. 그리하
면 마음먹은 대로 몸을 나타내며 법의 기쁨과 선의 즐거움을 누리게
된다. 비단옷이 넘쳐나고 백여 가지 온갖 맛의 상차림과 진수성찬이
구족하며, 병으로 앓아눕는 일도 없다.

보리는 어떤 머무는 곳도 없고 얻을 것도 없다. 머무는 곳이 있고
얻을 것이 있다면 그것은 보리가 아니다. 보리는 허망분별의 표상작
용인 식識이 사라지고, 식의 본성인 진여가 작용하는 것을 일컫는다.

3) 잡히는 대로 활용할 뿐 이름에 집착하지 않는다

"도를 배우는 벗들이여!

대장부란 사람이 무엇을 더 의심하는가?

눈앞에서 작용하는 이가 대체 또 누구인가?

알아차린 순간 바로 잡히는 대로 활용할 뿐 이름에 얽매이지 말 것이니

이를 일러 깊은 뜻[玄旨]이라 한다.

이같이 볼 수 있다면 꺼리고 주저할 법이란 없다.

옛사람은 말하였다.

'마음은 만 가지 경계를 따라 흐르며

흘러가는 그곳이 참으로 그윽하여라.

마음이 흐르는 작용에 따라 성품을 깨달으니

기쁨도 없고 근심도 없어라.'"

道流 大丈夫漢 更疑箇什麼 目前用處 更是阿誰 把得便用 莫著名字 號
爲玄旨 與麼見得 勿嫌底法 古人云 心隨萬境轉 轉處實能幽 隨流認得
性 無喜亦無憂

✿

보고 듣고 말하고 냄새를 맡는 등 잡히는 대로 쓴다. 이러한 육반신용
六般神用도 진여의 작용이 육근에 맞춰 일어나는 것이다. 그러므로 진
여의 작용에는 이름이 발붙일 데가 없으며 이름에 집착할 것이 없다.
진여의 작용은 싫어하고 좋아하는 것을 떠나 있다. 그래서 눈앞에서
작용하는 사람을 거론하면서 잡히는 대로 쓰며 이름에 집착하지 않

는 것이 깊은 뜻[玄旨]이라고 말하는 것이다.

작용하는 자신이 바로 부처이며 자기 마음이 곧 부처다. 진여의 작용은 이름과 글귀를 떠나 있으며 이를 모르고 만약 이름과 글귀를 내세워 집착하게 되면 이는 더 이상 진여도, 진여의 작용도 아니며 오히려 진여의 성품에 삿됨을 심는 결과를 가져온다.

자기의 마음이 부처임을 알아서 마음을 깨쳐 자성을 밝히는 것이 바른 믿음이며 진정견해이다. 그 외에는 모든 것이 다 삿된 믿음이다. 작용하는 자신이 부처라는 말이 던지는 메시지는 자기 마음의 자성을 깨치는 공부 외에는 모두가 삿되고 그릇된 것임을 알려준다. 언어문자에 따라가지 말고 자성을 깨치는 공부를 하는 것이야말로 지말枝末을 버리고 근본을 밝힘이다.

옛사람의 게송은 제22조 마라나 존자摩拏羅尊者의 게송이다. 그 뜻을 살펴보자.

마음은 만 가지 경계를 따라 흐르며   心隨萬境轉

마음이 만 가지 경계를 따라 흘러간다고 하는 것은 마음의 묘용이 연을 따라 만 가지 경계에 응하여 만 가지 현상을 지어낸다는 뜻이다.

흘러가는 그곳이 참으로 그윽하여라.   轉處實能幽

흘러가는 그곳은 만상이며, 만상은 마음의 현현이다. 그래서 참으로 그윽하다고 하는 것이다.

마음이 흐르는 작용에 따라 성품을 깨달으니   隨流認得性

마음의 묘용이 작용하는 곳은 다름 아닌 만상이므로, 만상에 따라서
작용의 본체인 진여성품을 깨닫는다.

기쁨도 없고 근심도 없어라.   無喜亦無憂

진여성품에는 일체의 분별망념이 사라지고 없으므로 기쁨도 없고 근
심도 없다.

14. 주인과 객이 서로 보다

1) 객이 주인을 간파하다

"도를 배우는 벗들이여!

선종의 견해로는 죽음[死]과 삶[活]이 돌고 도는 일[死活循然]은 분명하다.

참선하는 사람들은 모름지기 이 점을 자세히 살펴야 한다.

주인과 손님이 서로 만나면 곧 말들을 주고받는다.

어떤 때는 주인이 상대방의 역량에 맞추어서 모습을 나타내기도 하고

어떤 때는 전체작용을 다 드러내 보이기도 하며

어떤 때는 상대방을 건드려 보아 의향을 넌지시 떠보며

기뻐하거나 성내기도 하며

어떤 때는 몸을 반쯤 나타내 보이기도 하며

어떤 때는 사자를 타기도 하고 혹은 코끼리를 타기도 한다."

道流 如禪宗見解 死活 循然 參學之人 大須子細 如主客 相見 便有言

論往來 或應物現形 或全體作用 或把機權喜怒 或現半身 或乘獅子 或
乘象王

❀

여기서는 여섯 가지 선문답의 사례를 통해 사람을 제접하는 것을 들
어 보이고 있다. 죽음[死]과 삶[活]이 돌고 도는 사활순연死活循然은 선
문답의 진검승부를 말한다. 선문답 하나하나가 목숨을 건 삶과 죽음
이다. 이러한 선문답이 서로를 죽이고 살리면서 전개된다. 참으로 긴
장되는 순간이다. 자칫 잘못하면 급소를 찔려 목숨을 잃는다.

　주인이 학인의 역량이나 근기에 맞추어 모습을 나타내기도 하지
만, 학인이 묻자마자 다짜고짜 몽둥이질부터 하는 전체작용全體作用
을 드러내기도 한다. 이는 임제 스님이 황벽 스님에게 당했던 사례라
고 할 수 있다. 그리고 어떤 때는 방편으로 웃거나 성내기도 하며, 어
떤 때는 살짝 반만 드러내놓고 시험하기도 한다. 어떤 때 사자를 타기
도 한다는 것은 집 안의 일을 맡은 문수보살의 역할을 뜻하며 지혜로
서 드러낸다는 말이고, 코끼리를 탄다는 것은 바깥의 일을 하는 보현
보살의 실천적인 역할을 뜻하는 것으로 구체적인 행동으로써 드러낸
다는 뜻이다.

"진정한 학인이 있어 대뜸 '할'을 하여 아교풀 단지를 속임수로 내놓으면
선지식은 그것이 유혹의 경계인 줄 모르고 곧 그 경계에서
이런 생각 저런 생각을 지어낸다.
이것을 본 학인이 다시 '할'을 하여도
눈앞의 선지식은 이를 놓아버리려 하지 않는다.

이것은 의사도 고칠 수 없는 불치병이다.
이런 경우를 '객이 주인을 간파한다[客看主]'라고 한다."

如有眞正學人 便喝 先拈出一箇膠盆子 善知識 不辨是境 便上他境上
作模作樣 學人 便喝 前人 不肯放 此是膏盲之病 不堪醫 喚作客看主

❀

눈 밝은 학인이 대뜸 '할'을 하여 아교풀 담은 단지를 하나 내어놓는
다는 것은, 미끼를 던지듯이 경계를 내놓는 것을 말한다. 이때가 중요
하다. 눈 밝은 선지식이라면 바로 학인을 간파하여 미끼를 알아차려
서 내던지든지 아니면 그 상황에 맞게 대처한다. 그러나 눈이 밝지 못
한 선지식은 미끼를 내던지기는커녕 그 미끼를 물고 이리저리 생각
을 굴린다는 것이다. 허물에 허물을 보태고 있는 형국이다. 진여의 작
용이라 해도 여기에 생각을 굴리고 헤아리면 더 이상 진여의 작용이
허망분별에 묻혀버리는데 하물며 미끼에다 이런저런 생각을 굴리다
니 말할 것도 없는 것이다.

　그런데 여기에다 또 상황을 더욱더 악화시킨다. 눈 밝은 학인이 이
러한 선지식의 잘못된 생각을 끊어주기 위해 할을 하는데도 이를 알
아차리지 못하고 끝까지 움켜잡고 놓아버리려 하지 않는 것이다. 참
으로 망념에 깊이 탐착하여 집착하는 병이 깊어, 의사도 고치기가 여
간 어렵지 않은 불치병이라고 말하고 있다. 이런 경우를 '객이 주인을
간파한다[客看主]'라고 한다.

2) 주인이 객을 간파하다

"혹 어떤 선지식이 아무것도 내놓지 않고
학인이 물으면 묻는 대로 즉시 빼앗아버린다.
학인은 빼앗기고도 죽어도 놓아버리려 하지 않는다.
이것을 '주인이 객을 간파한다[主看客]'라고 한다."

或是善知識 不拈出物 隨學人問處 卽奪 學人 被奪 抵死不放 此是主
看客

✿

이 단락은 위의 단락과는 정반대의 경우를 말하고 있다. 학인이 물으
면 묻는 대로 곧 빼앗아버린다. 묻는 대상을 빼앗는 경우도 있고, 묻
는 자를 빼앗는 경우도 있다. 아니면 묻는 자와 묻는 대상을 함께 빼
앗는 경우도 있다. 이러한 선지식의 빼앗는 행위는 학인을 깨우쳐주
게 하려는 간절한 마음의 표현이라 할 수 있다. 빼앗고 또 빼앗아서,
더 이상 빼앗을 것이 없을 때까지 빼앗아서 학인 자신으로 돌아가게
하고자 하는 데 있기 때문이다. 그래서 학인이 자신의 마음이 부처임
을 알아 마음의 자성을 깨치도록 하는 것이다.

이러한 선지식의 간절한 가르침을 모르고서 학인은 결사적으로 놓
아버리려 하지 않는다. 패배를 인정하지 않고 움켜잡고 있으려 하는
것이다. 움켜잡을 것이 아무것도 없다는 깨달음을 얻기 전까지는 계
속 움켜잡고 집착한다. 깨친 자의 눈으로 보면 만상은 공적하여 움켜
잡을 것이라고는 아무것도 없다. 학인은 우선 자신을 뒤돌아볼 필요

가 있다. 이것을 '주인이 객을 간파한다[主看客]'라고 한다.

3) 주인이 주인을 간파하다

"혹 어떤 학인이 하나의 청정한 경계를 선지식 앞에 내놓으면
선지식이 그것이 경계인 줄 간파하고
집어다가 구덩이 속에 던져버리고 궁지로 몰아넣는다.
그래서 학인이 '참으로 위대한 선지식이십니다'라고 하면
선지식은 곧 '쯧쯧, 좋고 나쁜 것도 분간하지 못하는 한심한 사람이구나'
라고 나무라고, 학인은 곧바로 절을 한다.
이것을 일러 '주인이 주인을 간파한다[主看主]'라고 한다."

或有學人 應一箇淸淨境 出善知識前 善知識 辨得是境 把得拋向坑裏
學人 言 大好善知識 卽云咄哉 不識好惡 學人 便禮拜 此 喚作主看主

❁

이 단락은 다 같은 눈 밝은 도인으로서 선지식과 학인이 선문답을 하
고 있는 경우다. 학인이 내어놓은 경계를 선지식이 던져버렸는데 학
인이 훌륭한 선지식이라고 말한 의미는 어디에 있는가? 우선 학인이
내놓은 경계를 선지식이 알아차린 데 대한 존경의 말과 함께 '훌륭한
선지식입니다'라는 말속에 선지식이 이에 대해 어떻게 대처하는지를
보려고 시험하는 마음이 동시에 들어 있다고 할 수 있다. 그러자 선지
식이 그 마음을 간파라도 한 듯, 학인의 그 말을 곧이곧대로 받아들이

기는커녕 혀를 차면서 '좋고 나쁜 것도 분간하지 못하는구나'라며 하찮은 것으로 무시하는 부정의 말을 내뱉고 있다.

무시하는 부정의 말에는 훌륭한 선지식이라고 말한 학인에 대한 대답이 숨어 있다. 훌륭한 선지식 같은 것은 없다는 의미인 것이다. 그렇지만 선지식의 이 말은 단지 무시하고 부정하는 뜻이 아니고, 허망분별을 끊은 정견에서 나온 말이다. 좋고 나쁜 것도 분간할 줄 모르니, 또 좋고 나쁜 것도 다 끊어내고 끊어낸 그 자리에서 보니, 좋은 것이 나쁜 것이고 나쁜 것이 좋은 것이다. 즉 무시가 존중이고 부정이 긍정이다. 이러한 선지식의 말에 화답하여 곧 절을 하니, 이를 '주인이 주인을 간파한다'라고 한다.

4) 객이 객을 간파하다

"혹 어떤 학인이 목에 칼을 쓰고 발에 족쇄를 차고서 선지식 앞에 나타나면
선지식이 그 위에 다시 칼과 족쇄를 한 겹 더 씌운다.
학인이 어리석게도 이를 기뻐하면, 학인과 선지식이 피차간
서로 안목이 없는 것이니 이를 '객이 객을 간파한다[客看客]'라고 한다.
큰스님들이여! 산승이 이같이 예를 든 것은
모두가 마구니와 이단을 가려내서 삿됨과 바름을 알게 하기 위함이다."

或有學人 披枷帶鎖 出善知識前 善知識 更與安一重枷鎖 學人 歡喜
彼此不辨 呼爲客看客 大德 山僧 如是所擧 皆是辨魔揀異 知其邪正

❀

학인이 목에 칼을 쓰고 발에 족쇄를 찬 채 선지식 앞에 나타난다고 한 것은, 목에 칼을 쓰고 발에 족쇄를 차면 옴짝달싹할 수 없는 것처럼 마찬가지로 교리라든가 수행에 대한 잡다한 분별망상을 한 짐 가득 짊어지고 있다는 뜻이다. 버리고 벗어버려야 할 삿된 지식과 언행들을 마치 숭고하고 위대한 양 받들어 모시고 있는 형국이다. 그럼에도 선지식은 이를 간파하지 못한 채 다시 분별과 망상으로 삿된 지식과 언행들을 덧씌워버린다.

학인도 선지식도 서로가 우둔한 처지이므로 뭐가 뭔지 모르는 것이다. 그것을 안타깝게도 학인은 기뻐하는 등 서로 분간하지 못하고 있다. 무엇이 바른 안목이며 바른길인지를 도저히 서로 모르는 것이다. 임제 스님이 이렇게 네 가지 경우를 예로 든 것은 삿됨을 쳐내고 바른 안목을 키우기 위함이다.

15. 의지함이 없는 도인

1) 짚신 값을 갚을 날이 있으리라

"도를 배우는 벗들이여!

진실한 마음을 내기란 매우 어렵고

불법은 심오하지만 알고 보면 쉽고 쉬운 일이다.

산승이 온종일 그들과 함께 설파해주지만

학인들은 도무지 바로 그 자리가 깨달음의 장소임을 알지 못한다.

천 번 만 번 밟고 다니면서도 도무지 캄캄하고 어둡기만 하다.

그것은 아무런 형체나 모습도 없으면서

분명히 밝고 뚜렷하게 홀로 빛을 비추건만,

학인들이 믿지 못하고 이름과 글귀로 이해하려 한다.

나이가 반백이 넘도록 단지 죽은 몸을 짊어지고 밖으로만 다니는구나.

이렇게 짐을 지고 천하를 돌아다녔으니

짚신 값을 갚을 날이 반드시 있으리라."

道流 寔情 大難 佛法 幽玄 解得 可可地 山僧 竟日 與他說破 學者總
不在意 千徧萬徧 脚底踏過 黑沒焌地 無一箇形段 歷歷孤明 學人 信
不及 便向名句上生解 年登半百 祇管傍家負死屍行 擔却擔子天下走
索草鞋錢有日在

❀

진실한 마음을 내기란 매우 어려운 것이고, 불법은 알고 보면 쉽다는
말은 무엇을 의미하는가? 진실한 마음은 주관과 객관이 대립하는 세
간적인 마음이 아니라 주객의 대립이 사라지고 없으며, 세간을 초월
한다. 이러한 경지는 우리가 발로 걷고 손가락을 움직이며 보고 듣고
말하는 일상의 마음이고 평상시의 마음이다. 그렇기에 우리가 지금,
여기 서 있는 이 자리가 그대로 진실한 마음의 현현인 것이다.

우리가 천 번 만 번 밟고 다니는 자리에 바로 진리가 있음에도 이를
알지 못하니 앞이 캄캄하고 어두운 눈먼 사람이 아니라 할 수 없다.
그래서 온종일 이러한 도리를 곁에서 머물며 설파해주지만 학인들은
도대체 자기가 딛고 서 있는 자리가 바로 깨달음의 장소임을 알지 못
한다고 임제 스님은 말한다.

진리가 아무 형체나 모습도 없으면서 분명히 밝고 뚜렷하게 홀로
빛을 비추고 있는데도 우리는 이를 못 믿고 이름과 글귀로 이해하려
고 한다. 이름과 글귀는 만물과 일대일로 대응하지 않는다. 현상적인
만물은 묘용이 연을 따라 지어낸 가상이고 비실재이며 있지도 않은
허상이다. 그러므로 허상에 붙은 이름과 글귀는 가명이다. 또한 성품
이 본래무일물인데 일물도 없는 것에 붙어 있는 이름과 글귀는 허명
이고 가명일 뿐이다.

지금 그리고 여기, 서 있는 바로 그 자리가 진실한 마음자리이며, 진실한 마음자리가 바로 자기 자신임을 설파해주지만, 이를 믿지 않고 이름과 글귀만 따라 집착하며 헤아리고 산다. 이것은 분명 눈 밝은 참 생명의 길이 아니라 죽은 몸을 짊어지고 밖으로만 다니는 형국이다. 이렇게 죽은 몸을 메고 천하를 돌아다녔으니 짚신은 수없이 닳았을 것이다. 그래서 염라대왕이 짚신 값을 갚으라고 할 날이 반드시 있을 것이라고 스님은 말하고 있다.

2) 움직임도 쓰고 움직이지 않음도 쓴다

"큰스님들이여!
산승이 밖에는 법이 없다고 말하면 학인들은 이를 알아듣지 못하고
곧 안으로 향하여 법을 이해하려는 태도를 일으킨다.
그러고는 곧이어 벽을 바라보고 앉아 혀를 입천장에 붙이고
고요히 움직이지 않고 좌선하는 것을 조사 문중의 불법이라고 하는데,
이는 크게 잘못 아는 것이다.
그대들이 만약 움직임이 없는 청정한 경계에 집착한다면
그대들은 무명번뇌를 주인으로 잘못 아는 것이다.
옛사람이 '깊고 깊어 감감한 구덩이는 참으로 무섭고 두렵다'라고 했는데,
바로 이를 두고 한 말이다."

大德 山僧 說向外無法 學人 不會 便卽向裏作解 便卽倚壁坐 舌柱上齶
湛然不動 取此爲是祖門佛法也 大錯 是儞若取不動淸淨境 爲是 儞卽

認他無明爲郞主 古人云 湛湛黑暗深坑 實可怖畏 此之是也

❀

공부하는 이들은 밖에 법이 없다는 말을 따라서 안에 법이 있는 줄로 알고 벽 보고 앉아 혀를 입천장에 붙이고 가만히 움직이지 않는 좌선을 최고의 가치로 삼으려 한다. 그러나 그렇게 앉아 있다고 해서 깨달음이 오는 것은 아니다.

좌선이란 모든 경계 위에 생각이 일어나지 않는 것이 '좌坐'이며, 안으로 본래 성품을 보아 어지럽지 않은 것이 '선禪'이라고 6조 혜능 선사는 말했다. 안으로 고요한 경지에만 머무르면 죽어서 다시 살아 남지 못하므로 고요한 경지마저 뛰어넘어야 한다. 이를 '사료불활死了不活'이라 하며, 선문에서는 그런 곳에 빠지지 말 것을 경계한다. 반드시 그곳에서 다시 살아나야만 진여를 체득한 대자유인의 참사람이라고 하는데 이것을 사중득활死中得活이라고 한다.

조용히 침잠하여 움직이지 않고 청정한 경계를 불법이라 여기는 것은 무기무명인 아뢰야를 주인으로 잘못 아는 것으로, 깊고 깊은 캄 캄한 동굴에 갇힌 것이며, 참으로 무섭고 두려운 일이다. 이것은 활발 발한 대기대용의 전체작용이 결여된 것으로 생명이 없는 목석과 같다.

"이번에는 반대로 그대들이 만약 움직이는 것이야말로 옳다고 인정한다면 온갖 초목들도 다 움직일 줄 아니 그것도 응당 도라고 해야 할 것이다. 그러나 움직이는 것은 바람의 특징이고 움직이지 않는 것은 땅의 특징이다. 움직이는 것이든 움직이지 않는 것이든 모두 고정된 자성이 없다[無自性]. 그대들이 만약 움직이는 곳에서 붙잡으려 하면 그것은 움직이지 않는 곳에 있다.

또 그대들이 만약 움직이지 않는 곳에서 붙잡으려 하면

그것은 움직이는 곳에 서 있다.

비유하자면 마치 물속에 있는 물고기가

쏟아지는 물결을 거슬러 뛰어오르는 것과 같다.

큰스님들이여, 움직임과 움직이지 않음은 두 가지 경계일 뿐이다.

의지함이 없는 도인[無依道人]이라야 움직임도 쓰고 움직이지 않음도 쓴다."

儞若認他動者 是一切艸木 皆解動 應可是道也 所人 動者 是風大 不動
者 是地大 動與不動 俱無自性 儞若向動處捉他 他向不動處立 儞若向
不動處捉他 他向動處立 譬如潛泉魚 鼓波而自躍 大德 動與不動 是二
種境 還是無依道人 用動用不動

❀

변견에서 나온 '동動'과 '부동不動'은 서로 통하지 않고 막혀 있으며
현상에 집착하는 상대법이다. 현상적으로 움직이는 것에 집착하여
옳다고 인정하면 움직일 줄 아는 초목도 도道라고 해야 한다고 빗대
어 말하고 있다. 현상에 집착해서 바람은 움직이고 땅은 움직이지 않
는다고 동과 부동을 말하는 것은 모두가 다 분별망념으로 자성이 없
는 것이라는 말이다. 그래서 만약 현상에 집착하여 움직이는 곳에서
불법을 붙잡으려 하면 붙잡을 수 없으며 그것은 움직이지 않는 곳에
서 있다고 말하는 것이다.

　실제로 의지함이 없는 무의도인無依道人은 움직임을 활용하기도 하
고 움직이지 않음을 활용하기도 한다. 무의도인이 쓰는 동과 부동은

허망분별의 동과 부동을 일절 끊고 진여성품의 차원에서 본 정견의 동과 부동이다. 그러므로 무의도인은 자유자재로 동과 부동을 모두 활용한다.

그러므로 '움직이되 움직이는 바가 없다'라고 경전에서 말하고, 종일 오고 가되 오고 간 적이 없으며, 종일토록 보되 본 적이 없으며, 종일토록 듣되 들은 적이 없으며, 종일토록 머무르되 머문 적이 없다고 어록에서 말하는 것이다.

움직임[動]과 움직이지 않음[止]에 대해 『신심명信心銘』에 나온 말씀을 더 들어보자. 앞에서 말한 분별과 정견의 동과 부동을 이해하는 데 도움이 되리라 생각된다. 그것은 "지동무동 동지무지止動無動 動止無止"라는 말이다. '그치면서 움직이니 움직임이 없고, 움직이면서 그치니 그침이 없다'라는 뜻이다. 여기서 움직임과 그침은 양변으로 두 상대법을 서로 부정한 다음 긍정한다. 움직임과 그침의 양변을 완전히 부정하면서 다시 양변을 서로 긍정하여 서로 통하는 중도정견을 드러내고 있다. 움직임은 그침 가운데 움직임이며, 그침은 움직임 가운데 그침이어서, 움직임과 그침의 양변을 함께 없애면서 서로 통한다.

16. 세 가지 근기로 판단하다

1) 신령스러운 소리가 귓전에 들린다

"제방의 학인들이 나를 찾아오면

산승은 그들의 물음에 세 가지의 근기로 판단한다.

중하근기가 오면 나는 곧 경계만 빼앗고 그 법을 없애지 않는다.

혹 중상근기가 오면 나는 곧 경계와 법을 함께 빼앗는다.

만약 상상근기가 오면 나는 경계와 법과 사람을 다 빼앗지 않는다.

만약 격을 뛰어넘는 견해를 지닌 사람이 오면

나는 여기서 곧 본체를 통째로 나타내어 근기를 따지지 않는다."

如諸方學人來 山僧 此間 作三種根器斷 如中下根器來 我便奪其境 而
不除其法 或中上根器來 我便境法俱奪 如上上根器來 我便境法人 俱
不奪 如有出格見解人來 山僧 此間 便全體作用 不歷根器

여기서는 근기에 따라 대처함을 말하고 있다. 근기根器란 부처님의 가르침을 듣고 그대로 발동할 수 있는 능력을 말한다. 그 능력을 차등에 따라 세 가지로 분류한다. 일반적으로 하근기는 사邪와 정正을 분별하지도 못하고, 중근기는 자세히 아는 것도 없고 모르지도 아니하여 의심을 풀지 못하며, 상근기는 정법을 보고 들을 때에 바로 판단하고 신심이 생기는 근기라고 할 수 있다.

임제 스님은 중·하근기는 경계를 실체로 집착하고 의지하므로, 이러한 사람들에게는 경계를 빼앗는 데서부터 대처한다고 말하고 있다. 중·상근기가 오면 경계와 법을 함께 빼앗는다. 중·하근기보다 낫다고 하더라도 법에 집착하여 어찌할 바를 모른다. 상·상근기가 오면 경계와 법과 사람을 그대로 두고 상대한다. 아주 높은 차원이다. 위의 세 가지는 상식적 차원에서 법을 쓰는 것이다.

그러나 이러한 중생의 마음을 벗어난 격외의 견해를 가진 사람이 오면 곧 본체를 통째로 드러내어 근기를 따지지 않는다고 한다. 본체를 통째로 드러낸다는 것은 전체작용을 말하는데, 묻고 답할 때 활발발한 용으로 한다는 것이다. 예컨대 한 스님이 부처의 대의가 무엇이냐고 묻자 임제 스님이 곧 "할!"이라고 하는 것이 본체를 통째로 드러낸 예이다. 물론 할이나 방 외에도 두 팔을 펼친다든지 어깨를 으쓱한다든지, 아니면 손목을 돌리고 발가락을 움직이는 것 등이 다 활발발한 용으로서 전체작용이라 할 것이다.

"큰스님들이여, 이러한 경지에 이르러 수행자가 전력을 다하는 곳에선 바람도 통하지 않고 전광석화도 오히려 느려 벌써 찰나 간에 지나쳐버린다.

학인이 만약 눈을 깜박인다 하여도 요점과는 전혀 아무런 관계가 없으며,
마음으로 헤아리려 하면 곧 틀리며
생각을 움직였다 하면 바로 어긋나버린다.
그러나 이 뜻을 깨닫고 아는 사람이 있다면
목전目前에서 떠나지 않을 것이다.”

大德 到這裏 學人 著力處 不通風 石火電光卽過了也 學人 若眼定動
卽沒交涉 擬心卽差 動念卽乖 有人解者 不離目前

❀

격을 벗어난 뛰어난 견해를 가진 사람이 오면 곧 본체를 통째로 나타
내는데, 이러한 경지에 이르러 수행자가 전력을 다하는 곳에선 바람
한 점 통하지 않고 전광석화도 오히려 느리다고 한다. 이 무슨 말인가?
  예컨대 한 스님이 “불법의 대의가 무엇이냐?”라고 묻자 임제 스님
이 곧 “할!” 하니, 그 스님이 절을 하는 광경은 그야말로 눈앞에서 그
대로 활발발한 작용인 목전현용目前現用의 전체작용을 드러내놓은 것
이다. 임제 스님과 학인, 서로의 뜻이 조금의 간격도 없이 딱 맞아떨
어진 상태다. 이 자리는 찰나의 마음으로 헤아려서는 곧 틀린다. 이러
한 곳에서는 바람 한 점도 통하지 않는다. 또한 그런 상황에서는 전광
석화 같은 재빠른 대응도 오히려 늦은 대응일 뿐이다.
  본체작용은 진여의 작용이며 진여의 묘용이다. 이 자리는 분별하
는 마음이 없으며 알음알이가 털끝만치도 일어나지도 않는다. 하지
만 그런 분별을 떠난 사람은 목전에서 그대로 일어나는 대로 쓴다.

"큰스님들이여!

그대들은 바랑과 똥자루 몸뚱이를 짊어지고

옆집으로 내달리며 부처와 법을 구하는구나.

지금 그렇게 구하는 바로 그 사람이 누구인지 그대들은 아는가?

활발발하게 작용하지만 그 뿌리가 없으니

움켜잡아도 모이지 않고 흩트러뜨려도 흩어지지 않는다[擁不聚 撥不散].

구할수록 더욱 멀어지고 구하지 않으면 도리어 눈앞에 역력히 있어

신령스러운 소리가 귀에 속삭인다.

이것을 사람들이 믿지 않는다면 백 년 세월을 수고로움만 더할 뿐이다."

大德 儞擔 鉢囊屎擔子 傍家走 求佛求法 卽今與麼馳求底 儞還識渠麼 活鱍鱍地 祇是勿根株 擁不聚 撥不散 求著卽轉遠 不求 還在目前 靈音 屬耳 若人 不信 徒勞百年

❀

이 단락은 말하고 행동하는 자신이 바로 무위진인이고 참자기이며 부처이고 법인데, 이러한 안목이 없으니 바랑과 똥자루 몸뚱이를 짊어지고 다닌다고 질책하고 있다. 진정한 안목을 도외시하고 의심하면서 다른 사람들의 삿된 의견에 속아서 자신 밖에서 부처와 법을 구하며 찾아 헤매는 자들을 바로 가리켜 일깨우고 있다. 그것은 다름 아닌 '부처를 구하고 법을 구하는 바로 그 사람이 누구인가?' 하는 되물음이다.

　이러한 되물음을 통해서 자신으로 돌아가 자신이 다름 아닌 부처라는 것을 일깨우며, 자기 자신 밖에서 부처를 구하고 법을 구하지 말

라고 말한다. 한마디로 바랑과 똥자루 몸뚱이를 짊어지고 옆집으로 내달리는 자들에게 '자신과 마주하라'고 일깨우는 것이다.

법은 형상이 없으므로 구할 수가 없으며, 만일 구해서 얻어지는 것이 있다면 그것은 법이 아니다. 법은 모든 구하는 마음이 사라지고 없는 그때 눈앞에서 활발발하게 작용한다. 법문을 듣고 있는 신령스러운 소리가 귓전에 들리고, 보고 듣고 냄새 맡고 말하고 손으로 잡고 발로 걷는 육근의 신통묘용이 바로 눈앞에 드러나 있다. 만약 이것을 사람들이 믿지 않는다면 백 년 세월을 헛수고만 할 뿐이다.

2) 일시에 모두 다 놓아버려라

"도를 배우는 벗들이여!
한 찰나 사이에 연화장세계蓮華藏世界에 들어가고
비로자나불 국토에 들어간다.
해탈 국토에도 들어가고 신통 국토에도 들어가고 청정 국토에도 들어간다.
법계에도 들어가며 정토淨土에도 들어가고 예토穢土에도 들어간다.
범부의 세계에도 들어가고 성인의 세계에도 들어가며
아귀 축생의 세계에도 들어간다.
그러나 곳곳마다 찾고 찾아보아도
어느 곳에도 생사가 있지 아니하고 공명空名만 있음을 볼 뿐이다.
허깨비 꽃이며 헛꽃인 것을 애써서 붙잡으려 하지 말고
이득과 손실과 옳고 그름을 일시에 모두 다 놓아버려라."

道流 一刹那間 便入華藏世界 入毘盧遮那國土 入解脫國土 入神通國土 入淸淨國土 入法界 入穢入淨 入凡入聖 入餓鬼畜生 處處討覓尋 皆不見有生有死 唯有空名 幻化空花 不勞把捉 得失是非 一時放却

❀

이 단락에서는 세상만사 모든 것을 진여의 작용이 지어내고, 진여의 작용만이 있고, 세상만사는 허상이고 가상이며 허망한 이름일 뿐임을 말하고 있다. 그래서 허깨비인 헛꽃을 놓아버리고 이득과 손실 역시 놓아버리라고 한다.

진여의 작용은 우주 법계를 관통하고 있으므로 들어가지 않는 곳이 없다. 연화장 비로자나불의 국토, 해탈 국토, 청정 국토, 법계, 정토(깨끗한 곳), 예토(더러운 곳), 범부, 성인, 아귀, 지옥, 축생의 세계에도 들어간다. 진여의 작용은 우주법계를 관통할 뿐만 아니라 우주와 삼라만상을 다 지어낸다. 하나의 별, 태양계와 같은 행성 시스템, 인간 등 모든 것을 지어낸다. 그러한 작용으로 인해 금속, 부도체, 기체, 결정, 부드러운 것, 딱딱한 것, 투명한 것, 색깔 있는 것 등등의 다양한 특성들이 생긴다. 그러나 곳곳마다 찾아보고 찾아봐도 어느 곳에서도 나고 죽는 것을 보지 못하고[皆不見有生有死] 오로지 허망한 이름인 공명空名만 있을 뿐이라고 말하고 있다.

모든 삼라만상이 서로 다른 작용의 형상으로서 작용만 있고 다른 실체는 없다. 모두 다 용用의 현현일 뿐이다. 허망한 이름뿐이며 움켜잡을 것이라고는 아무것도 없다. 모두 다 허깨비인데 무슨 이득과 손실을 저울질할 필요가 있으며 옳고 그름을 판단할 것이 있는가! 다 놓아버려라.

17. 오늘날 법을 쓰는 것

1) 나는 선문의 정통을 계승한다

"도를 배우는 벗들이여!

산승의 불법은 확실하고 분명한 선문禪門의 흐름을 계승한다.

위로부터 내려온 마곡麻谷、단하丹霞、마조 도일馬祖道一、여산廬山、

석공石鞏 화상은 한 길로 조사선의 가풍을 천하에 두루 폈는데

아무도 믿지 않고 비방만 하였다.

예컨대 마조 화상이 법을 쓴 것은 매우 순수무잡純粹無雜하였다.

그분께 도를 배우던 삼백에서 오백이나 되는 학인들은

모두 다 화상의 뜻을 보지 못했다.

여산 화상은 자재하고 참되고 바른 분이었다.

역순으로 법을 쓰는 것을 학인들이 그 경계를 측량하지 못하고

모두 다 갈팡질팡하였다.

단하 하상은 구슬을 굴리는 솜씨가 자유자재하여, 보였다 안 보였다 하였다.

찾아오는 학인들마다 모두 꾸지람을 들었다.

마곡 화상이 법을 쓰는 것은 소태나무 씹는 것같이 쓴맛이라

모두들 가까이하지 못하였다.

또 석공 화상이 법을 쓰는 것은

화살을 쏘듯이 사람을 시험해보는 방식이었으니,

오는 사람들이 모두 두려워하였다.”

道流 山僧佛法 的的相承 從麻谷和尙 丹霞和尙 道一和尙 廬山與石鞏
和尙 一路行徧天下 無人信得 盡皆起謗 如道一和尙用處 純一無雜 學
人三百五百 盡皆不見他意 如廬山和尙 自在眞正 順逆用處 學人不測
涯際 悉皆忙然 如丹霞和尙 翫珠隱顯 學人來者 皆悉被罵 如麻谷用處
苦如黃檗 皆近不得 如石鞏用處 向箭頭上覓人 來者皆懼

❀

임제 스님의 불법은 확실하고 분명한 선문의 정통을 계승한 것이라
고 밝히고 있다. 부처님이 자신의 정법안장을 가섭에게 전한 이후로
보리달마 대사로 이어졌고, 달마 대사가 중국에 와서 선의 초조가 된
이후 6조 혜능으로 이어지고, 다시 황벽에서 임제로 이어져 왔음을
말하고 있다.

　선문의 정통을 계승한다는 것은 무엇을 말하는가? 그것은 마음으
로 마음을 전한 것이며, 문자를 세우지 않는 일이다. 모두가 한마음一
心으로 돌아가며, 마음 그대로 부처라는 것이다. 마음을 제하고는 따
로 부처를 찾을 수 없으며, 마음을 떠나 부처를 구할 수 없고, 앞 부처

와 뒤 부처가 오직 마음 하나를 말씀하셨으니 '마음이 곧 부처요, 부처가 곧 마음'이다.

본문에서 예로 든 조사들은 가풍이 독특하여 사람들이 쉽게 알아보지 못했다. 깨침의 경지는 같다고 하더라도 활용의 경지는 다 달라서 조사들의 가풍이 제각각이다. 그러나 가풍은 모두 달랐을지라도 선문의 역대 선지식들 모두 학인들을 알음알이로는 살아날 길이 없는 막다른 처지로 몰아넣은 것은 같았다. 조그마한 빈틈마저 허용하지 않는다. 모두 두려워할 수밖에 없지 않은가!

2) 그대는 옷을 입는 그 사람을 아는가?

"산승이 오늘날 법을 쓰는 것은
진정으로 만들기도 하고 부수기도 하는 것을
마음대로 하며 가지고 놀며 신통변화를 부려 일체 경계에 들어가지만
가는 곳마다 아무 일이 없어서 경계가 나를 빼앗지 못한다.
누가 찾아와서 도를 구하는 이가 있으면
나는 곧바로 그 사람을 간파하지만 그는 나를 알아보지 못한다.
그래서 내가 곧 몇 가지 옷을 입어 보이면 학인들은 알음알이를 내어
모두 나의 말과 글귀 속으로 끌려 들어오고 마니, 애처로운 일이로다."

如山僧今日用處 眞正成壞 翫弄神變 入一切境 隨處無事 境不能換 但
有來求者 我卽便出看渠 渠不識我 我便著數般衣 學人 生解 一向入我
言句 苦哉

여기서는 임제 스님이 법을 쓰는 가풍을 말하고 있다. 임제 스님은 진여의 항사묘용을 상황에 따라 적절히 대처하여 사용한다. 스님은 자유자재로 만들고 부수며 놀고, 신통을 부리고, 어떤 경계에 들어가도 그 경계가 자신을 빼앗지 못한다고 한다.

그것은 스님이 삶의 주인이 되었기 때문이다. 어디를 가든, 무슨 환경에 처하든 주인이 되기 때문에 거침없이 만들기도 하고 부수기도 한다. 그리고 그것이 강제적으로나 억지로 하는 행위가 아니라 자발적이면서도 유희이기에 피로감도 없다. 삶의 주인공은 바람처럼 자유롭기에 어떠한 자나 어떤 상황도 그를 구속하지 못한다.

임제 스님은 텅 비어 자유롭고 어떤 편견도 갖고 있지 않으며 어떤 것에도 의지하지 않는 참사람이기에, 어떤 사람이 오더라도 그의 마음속으로 들어가 그와 하나가 된다. 그러므로 다가오는 사람을 곧바로 알아본다.

학인들은 분별하는 알음알이로만 보기 때문에 임제 스님이 여러 가지 옷을 입어 보이면 옷이라는 형상에 집착한다. 그래서 작용에 변화를 보이면 학인들은 나타난 말에 집착하여 그 뜻은 모른 채 말에만 끌려다닌다. 본래면목은 하나의 실오라기 같은 옷도 걸치지 않는 발가벗은 몸이며, 어떤 옷도 입지 않는 깨끗한 자신을 말한다. 그러므로 본래면목은 열반의 옷이나 보리의 옷, 진여의 옷, 해탈의 옷 등 그 어떤 옷도 전혀 걸치지 않는 맨몸이다. 이러한 본래면목을 보지 못하니 애처롭고 슬픈 일이라고 말하고 있다.

"눈멀고 머리 깎은 중이나 안목 없는 사람들이

내가 입은 옷에 집착하여 푸르거나 누르거나 붉거나 희다고 말한다.
내가 옷을 벗어버리고 청정한 모습으로 들어가면
학인은 한 번 보고 기쁜 생각을 지어낸다.
또 내가 다시 옷을 벗어버리면 학인은 마음을 잃어버리고
조급한 생각으로 바쁘게 달아나면서 '내가 옷을 입지 않았다'라고 말한다.
내가 그때 바로 그들에게 '그대는 내가 옷을 입기도 하고 벗기도 한
바로 그 사람인 줄 아는가?'라고 물으면
그는 홀연히 머리를 돌려 나를 알아본다."

瞎禿子無眼人 把我著底衣 認靑黃赤白 我脫却 入淸淨境中 學人 一見
便生忻欲 我又脫却 學人 失心 忙然狂走 言我無衣 我卽向渠道 儞識
我著衣底人否 忽爾回頭 認我了也

❀

이 단락에서는 입고 있는 옷을 보지 말고 옷을 입는 그 사람을 보라고
말하고 있다. 옷을 입는 그 사람은 바로 자신이다. 무위진인이다. 차
별 없는 사람이다. 어떤 옷을 입든 무슨 상관이 있는가? 근기와 상황
에 따라서 그때그때 다양한 옷을, 푸르거나 누르거나 붉거나 흰 옷 등
각양각색의 옷을 입는 것이다. 입은 옷으로 판단하지 마라. 옷은 하나
의 상相이다. 상으로 그 사람의 실재를 봐서는 안 된다.

　음성이나 형색으로 부처를 봐서는 안 되듯이, 입은 옷으로 사람을
평가해선 안 된다. 옷은 필요나 경우에 따라 얼마든지 입고 벗을 수
있는 것임을 알아야 한다. 옷을 입고 벗는 것에 일희일비하지 마라.
대신에 옷을 입는 그 사람을 보라. 그래서 임제 스님은 "그대는 내가

옷을 입기도 하고 벗기도 한 바로 그 사람인 줄 아는가" 하고 물으며 옷을 입는 그 사람, 즉 '그대 자신과 마주하라'고 말씀하시는 것이다.

3) 옷을 잘못 알지 마라

"큰스님들이여!
그대들은 형상을 가릴 뿐인 옷을 잘못 알지 마라.
옷은 제 스스로 움직일 수 없다. 사람만이 능히 옷을 입을 수 있다.
청정한 옷이 있고, 생사가 없는 옷이 있으며,
보리의 옷과 열반의 옷이 있으며, 조사의 옷과 부처의 옷도 있다.
큰스님들이여!
다만 소리와 명칭과 문구 따위는
모두 옷들의 형상과 색깔의 변화에 따라 달라지는 것과 같다.
배꼽 아래 단전으로부터 울려 나와서
이가 서로 부딪쳐 글귀와 의미를 이루는 것이니
이것은 분명히 아지랑이[幻化]임을 알아야 한다."

大德 儞莫認衣 衣不能動 人能著衣 有箇淸淨衣 有箇無生衣 菩提衣 涅槃衣 有祖衣 有佛衣 大德 但有聲名文句 皆悉是衣變 從臍輪氣海中鼓激 牙齒敲磕 成其句義 明知是幻化

❀

옷을 잘못 알지 말라고 하면서 옷은 스스로 움직일 수가 없고 다만 사람만이 옷을 입을 수가 있다고 말하고 있다. 옷은 사람이 필요에 따라 입고 벗는 것일 뿐이다. 청정한 옷, 생사가 없는 옷, 부처나 조사의 옷 역시, 그것이 아무리 좋고 화려해도 옷은 옷일 뿐이다. 본래무일물인 인간의 진여성품의 작용이 지어낸 다양한 이용상異用相에 말과 언어 문자로서 나타낸 것이다. 언어 문자에 따른 실체는 없으며 비실재이다.

본래면목은, 청정이나 생사가 없음이나 보리, 열반, 조사, 부처 등의 옷을 벗어버린 온몸이 그대로 드러난 자신이며 본래 깨끗한 참사람이다. 이처럼 소리와 명칭과 문구는 실체가 없는 가명일 뿐으로 아지랑이 같은 환화幻化다.

"큰스님들이여!
밖으로 표출된 소리인 말은 내부의 여러 가지 마음작용이 드러난 것이며
헤아림이라는 의지작용[思]으로 생각[念]으로 떠오르는 것인바,
이들은 모두가 옷에 지나지 않는다.
그대들이 다른 사람이 입고 있는 옷만 보고 그것을 진짜라고 생각하면
한량없는 세월을 보내더라도 다만 옷만 붙잡고 있는 것이다.
이렇게 되면 삼계에 돌고 돌며 생사에 윤회하게 되니
차라리 아무 일 없는 것만 같지 못하다.
서로 만나도 알아보지 못하고,
함께 이야기를 나누어도 상대의 이름을 알지 못하도다."

大德 外發聲語業 內表心所法 以思有念 皆悉是衣 儞祇麼認他著底衣
爲實解 縱經塵劫 祇是衣通 三界循還 輪廻生死 不如無事 相逢不相識
共語不知名

✱

밖으로 표출된 소리인 '말'은 내부의 여러 가지 마음작용이 드러난 것이며 헤아림이라는 의지작용으로, 생각으로 떠오르는 것[外發聲語業 內表心所法 以思有念]인바, 그 모두가 옷이라고 말하고 있다.

여기서 '이사유념以思有念'의 의미를 짚고 넘어가자. '사思'와 '념念'은 인과관계를 이룬다. '사思'는 항상 일어나는 마음인 변행遍行의 하나이다. 변행은 변화에 감촉되어 마음이 움직이고 느낌을 가지며 하나의 상을 갖고 행동을 일으키는 일련의 마음작용을 말한다. 즉, 사는 구체적인 행동을 일으키는 의지작용을 일컫는다. 자석에 철을 움직이게 하는 힘이 있듯이 경계에 대하여 마음을 움직이는 것이라고 쉽게 생각하면 된다. '념念'은 대상을 생각해내는 기억작용이다. 마음을 움직이는 힘에 의해 대상을 생각해내는 기억작용인 념이 일어난다. 사나 념은 다 같이 마음작용이며 분별 마음이라 할 수 있다.

옷은 단적으로 '말'과 '헤아리고 분별하는 마음'이다. 분별하는 마음과 말과 언어가 다 옷이라는 것이다. 분별하는 마음과 언어나 문자의 말이 어떤 기능을 해나가는지 간략히 살펴보자.

분별하는 마음은 주관과 객관으로 분리되어 하나는 주관인 보는 자가 되고, 다른 하나는 객관인 대상 경계가 된다. 이러한 주관과 객관은 알음알이로 지어냈으며 자신만의 색안경으로 세상을 보기에 대립과 갈등이 일어나고, 이로 말미암아 생사를 윤회하게 된다. 옷 역시 마찬가지다. 그것은 우리들의 분별의식이 만들어낸 것이기에, 거기에 집착하면 생사윤회를 벗어나지 못한다.

우리는 외양이나 겉모습만 보고 사람들과 인간관계를 갖는 것이 다반사이며 서로 만나서도 서로 간의 자신을 알지 못하고, 함께 이야기를 나눠도 상대의 이름조차 모르는 경우도 많다. 마찬가지로 우리가 부처를 알고 진리를 안다는 것 역시 말이나 분별하는 마음 정도에서 알고 있는 것으로, 진정한 진리를 모르고 있으며 말과 분별을 따라 끝없이 윤회할 뿐이다. 차라리 아무 일 없는 것만 같지 못하다.

그러나 이렇게 말하기는 참으로 쉽지만 그대로 이해하고 행하기는 참으로 어렵다. 말이나 분별을 하지 않는다는 것은 참으로 어렵다. 말이나 분별이 옷에 지나지 않는다고 들어서 아는 것으로는 말과 분별을 그칠 수가 없다. 그러므로 말과 분별과 생각의 본성을 이해하지 않으면 안 된다. 본성을 이해하고 생각과 분별이 허망하며 말이라는 것이 참으로 가명임을 알 때라야만 진정 그칠 수 있다. 그 말과 옷에 집착하지 않기 때문이다.

옷이 중요한 것이 아니라 옷을 입고 있는 사람이 중요하다. 옷을 입고 있는 그 사람을 확실히 알면 옷은 입어도 좋고 벗어도 좋은 것이다. 그리고 옷을 입은 채로 옷을 벗을 수도 있는 것이다.

18. 그대들의 본래 마음을 알고자 하는가?

1) 이름과 문자를 잘못 알고 있다

"오늘날 공부하는 이들이 깨닫지 못하는 것은

이름과 문자에 사로잡혀 이해하려 하기 때문이다.

두꺼운 공책에다가 죽은 노인들의 말들을 베껴서는

세 겹 다섯 겹 보자기에 싸서 사람들이 보지 못하게 하고

그것을 현묘한 이치[玄旨]라 하며 보호하고 중히 여기니

이는 큰 착각이다.

눈멀고 어리석은 사람들이여!

그대들은 깡마른 뼈다귀에서 어찌 국물을 찾고 있는가?"

今時學人 不得 蓋爲認名字爲解 大策子上 抄死老漢語 三重五重 複子
裏 不敎人見 道是玄旨 以爲保重 大錯 瞎屢生 儞向枯骨上 覓什麼汁

여기서 이름과 문자인 '명자名字'의 의미를 간략히 살펴보자.

'명名'은 마음과 물질에 상응하지 않고 마음과 물질의 작용 위에 임시로 세워진 것이다. 마음과 물질이 연기성의 존재로 가유假有이긴 하지만 현상적인 존재로 간주되는 데 반해, 명은 마음과 물질 위에 임시로 세워진 것으로 현상적인 존재로 인정되지 않는다.

명은 마음과 물질 위에 단지 임시로 세워진 것에 그치지 않고, 마음에 명이 부가됨으로써 마음을 고정시키고 한정한다. 명은 물질에 부착되어 구체적인 의미를 갖는 대상으로 탈바꿈하게 만드는 당사자이다. 그러므로 가상인 현상에 대하여 이름과 명칭을 부가함으로써 가상이 실체로 착각하게 하여 여기에 집착하고 매달려 자성을 깨치는 것을 근본적으로 막는다.

그리고 명자는 현상적인 마음과 물질에 부가되는 것 외에 마음의 본성인 진여에 대하여도 이름을 붙임으로써 많은 오해와 착각을 불러일으킴을 잊지 말아야 한다. 마음의 본성인 진여일심은 본래 명자와 상相과 분별 마음이 발붙일 데가 없는 청정한 본래무일물이다. 그런데도 여기에다 성품이니 불성이니 도니 진여니 중도니 부처니 여래니 열반이니 극락이니 보리니 하는 등 명자를 붙이면, 그 명자에 걸려 넘어진다.

죽은 노인이든 살아 있는 노인이든, 부처든 조사든, 그분들의 말씀을 기록하여 세 겹 다섯 겹 싸서 애지중지하는 것은 좋다. 그러나 이러한 일체 경전과 어록들을 잘못 알지 말라고 말하고 있다. 진리의 가르침과 진리 그 자체는 다르다. 가르침은 진리를 가리키는 손가락에 지나지 않는다. 명자란 단지 문자에 지나지 않고 말에 지나지 않는다.

따라서 말이나 이름에 집착하지 말고 그것이 가리키는 문자 밖의 진리를 깨달아야 한다. 가리키는 문자에 집착하지 말고 가리키는 마음을 알아 자성을 밝히도록 해야 한다. 현묘한 뜻[玄旨]이란 언어나 문자 밖의 깊은 뜻으로 '진여'를 말한다. 마른 뼈다귀에서 국물이 나오지 않는 것과 같이 말이나 명자에 집착해서는 영원토록 깨닫지 못한다.

"좋고 나쁜 것도 모르는 어떤 무리들은
경전의 가르침에서 자기 나름대로 의미를 찾아내 이리저리 헤아리니
이것은 마치 똥 덩어리를 입속에 넣었다가
다시 뱉어서 다른 사람에게 먹여주는 것과도 같고,
또 세속인들이 술자리에 입에서 입으로 전하는 놀이 같으니
일생 헛살았도다.
그러면서 '나는 출가한 사람이다'라고 말하지만
불법에 대해서 질문을 받으면 입을 꾹 다물고 한마디도 못 한다.
멍하니 쳐다보는 눈은 캄캄한 검은 굴뚝 같고,
입에다 나무 막대기를 걸친 것 같구나.
이 같은 무리들은 미륵부처님이 세상에 나오시더라도
다른 세계로 쫓겨 가거나 지옥에 떨어져 온갖 괴로움을 받으리다."

有一般不識好惡 向敎中 取意度商量 成於句義 如把屎塊子 向口裏含了 吐過與別人 猶如俗人 打傳口令相似 一生 虛過 也道我出家 被他問著佛法 便即杜口無詞 眼似漆突口如楄擔 如此之類 逢彌勒出世 移置他方世界 寄地獄受苦

✿

명자에 집착해서는 안 된다고 앞 단락에서도 말한 바 있다. 여기서는 한술 더 떠, 좋고 나쁜 것도 모르는 어떤 무리들이 부처님의 가르침에다 자기 나름의 의미를 붙여 지어내 이리저리 헤아리는 것을 나무란다.

진리의 가르침을 분별 망념으로 의미를 지어낸다고 생각해보라. 이 얼마나 진부하고 썩어 빠진 냄새가 진동하겠는가? 진리의 말씀도 그 명자에 매달지 말아야 하는데, 하물며 무지몽매한 자가 헛된 분별로 경전을 자기 나름대로 헤아려서 의미를 만들어낸다면 이야말로 쓰레기이고 똥 덩어리에 지나지 않는 것이다. 그래서 똥 덩어리를 입에서 입으로 뱉고 먹여주는 것으로 비유하고 있다.

그러면서도 자신은 출가한 사람이라고 떠벌리고 살아간다. 그러나 이러한 자는 질문을 받으면 옳고 그른 것도 모르기 때문에 밝은 안목으로 한마디 말도 할 수 없어 입을 꾹 다물고 만다.

2) 참된 부처는 형상이 없다

"큰스님들이여!
그대들은 바쁘게 제방을 쏘다니며 무엇을 구하느라고
발바닥이 판때기처럼 넓적해지도록 걸어 다녔는가?
부처는 구하는 게 아니고, 도는 이루는 게 아니며,
법은 얻는 게 아니다[無佛可求 無道可成 無法可得].
밖으로 형상이 있는 부처를 구하면 그대들과는 닮지 않은 것이다.
그대들의 본심을 알고자 하는가?

합해져 있지도 않고 떨어져 있지도 않다[非合亦非離].

도를 배우는 벗들이여!

참 부처는 형상이 없고[眞佛無形],

참 도는 실체가 없으며[眞道無體],

참 법은 규정됨이 없다[眞法無相].

이 세 가지 법이 서로 혼합되고 융화하여 하나로 화합한 것이니

이러한 이치를 알지 못한다면

허둥지둥 바쁜 업식의 바다에서 헤매는 중생이라 부른다."

大德 爾波波地往諸方 覓什麼物 踏爾脚板闊 無佛可求 無道可成 無法
可得 外求有相佛 與汝不相似 欲識汝本心 非合亦非離 道流 眞佛 無
形 眞道 無體 眞法 無相 三法 混融 和合一處 既辨不得 喚作忙忙業識
衆生

✿

묻고 답하는 자신이 바로 부처요, 무위진인이다. 마음이 곧 부처요,
부처가 곧 마음이다. 마음 밖에 부처가 없고 부처 밖에 마음이 없다.
자기의 마음이 부처인 줄 안다면 마음 밖에서 부처를 찾지 말아야 한
다. 부처를 이루고자 하면 성품을 보아야 한다.

부처라는 작은 법이라도 얻을 것이 있다면 부처를 비방하는 것이
다. 부처는 본래 공하여 더럽거나 깨끗하지 않으며, 본래 성품이기에
닦을 것도 증득할 것도 없다. 그런데 무엇을 구하느라 바쁘게 제방을
쏘다녀 발바닥이 부르트고 평발처럼 넓적해지도록 헛고생을 하는가.

부처는 형상이 없으므로[無形] 모습으로 구하는 게 아니며, 도는 실

체가 없으므로[無體] 이루는 게 아니며, 참된 법은 규정될 수 없으므로 [無相] 특정한 모습으로 얻어지는 것이 아니다. 그렇기에 우리들의 본래 마음은 하나로 합해져 있지도, 전혀 다른 것으로 떨어져 있지도 않다. 이를 비합비리非合非離라 한다. 서로 합해져 있음과 서로 따로 떨어져 있음 둘 다를 떠나 쌍차雙遮하고 있는 것이다. 이 자리에서 진여가 드러나면서 다시 합해져 있음과 따로 떨어져 있음, 둘 다를 비추어 쌍조雙照한다. 합함[合]이 떠남[離]이고 떠남[離]이 합함[合]이다. 바로 중도진여 실상이다. 이는 우리들의 본래 마음자리는 중도진여임을 말하고 있는 것이다. 이 중도진여의 자리는 형상이 없으며, 실체가 없고, 규정할 수 없다. 그리고 이 세 가지 도리가 섞이고 융통하여 한곳에 화합하여 움직이는 곳에 중도실상이 빛난다. 이 자리는 다 끊어진 자리에서 원융무애하고 화합하는 모두를 드러내고 있다. 이러한 중도진여를 분별하지 못한다면 허둥지둥하며 바쁜 허망분별의 마음의 바다에서 헤매는 윤회의 중생임을 면치 못한다.

19. 참 불[眞佛], 참 법[眞法], 참 도[眞道]

1) 참 부처, 참 법, 참 도가 하나되는 도리

어떤 스님이 임제 스님에게 물었다.

"무엇이 참 부처[眞佛]이며 참 법[眞法]이며 참 도[眞道]인지,

바라옵건대 가르쳐주십시오."

"부처란 마음이 청정한 것[佛者 心淸淨]이고

법이란 마음이 광명한 것[法者 心光明]이며

도란 어디에서나 걸림이 없는 청정함이며 광명이다[道者 處處無碍淨光].

이 셋이 곧 하나[三卽一]이니 모두가 헛이름일 뿐, 실제로 있는 것은 아니다.

진정한 도를 닦는 사람이라면 한순간 한순간도

마음에 끊어짐이 없어야 한다."

問 如何是眞佛眞法眞道 乞垂開示 師云 佛者 心淸淨 是 法者 心光明

是 道者 處處無礙淨光 是 三卽一 皆是空名 而無實有 如眞正作道人

✿

진여일심은 일체의 번뇌가 끊어지고 없어 청정하며, 일체의 번뇌가 끊어지고 없는 그 자리에 밝고 밝은 마음의 광명이 함께한다. 도道란 이러한 청정과 광명이 걸림 없이 어우러지는 자리에서 드러난다.

진여일심이 곧 부처이며 법이고 도이다. 그러나 이러한 마음은 본래 한 물건도 용납하지 않으므로 여기에다 부처니 법이니 도이니 하고 명자를 붙인다 하더라도 명자에 부합하는 실체 같은 것은 없다. 이 자리는 일체의 이름이나 문자가 사라지고 없는 자리이다. 그러나 부득불 말을 하자니 이렇게 명자를 붙이게 된 것임을 알아야 한다.

그리고 진정한 도를 지어가는 사람은 순간순간 마음에 틈새가 없으며, 틈새가 있다면 그것은 진정한 도가 아니다. 한순간의 마음이 영원과 연결되어 있으며, 영원한 마음이 바로 한순간의 마음과 연결되어 있다.

진여일심을 바로 깨치면 깨친 자체는 영원토록 잊어버리거나 없어지지 않는다. 비유해보면 이제까지 뱀[蛇]인 줄 알았던 것이 뱀이 아니라 마麻로 꼰 새끼줄[繩]임을 한 번 보고 나서부터는 두 번 다시 뱀을 무서워하지 않으며 영원토록 잊지 않게 된 것을 말한다. 여기서 뱀은 우리가 실체라고 집착하며 살아가는 일체 현상, 즉 아我와 법法이라고 할 수 있으며, 새끼줄은 진여의 묘용이 연을 따라 지어낸 가상의 현상이다. 우리가 지어낸 일체의 유위법들이 한 번 깨닫고 보니 꿈 같고 허깨비 같은 가상으로서 두 번 다시는 실체라고 집착하며 오인하지 않게 된 것을 말한다. 이러한 한 번의 깨달음은 영원한 깨달음이며, 영원한 깨달음에는 틈새가 없다.

2) 달마와 혜가

"달마 대사가 서쪽에서 오신 뜻은
다만 남에게 속지 않는 사람을 찾기 위해서였다.
뒤에 이조 혜가를 만났는데, 혜가가 (달마 스님의) 한마디 말에 곧 깨닫고
비로소 종전의 공부가 헛된 것임을 알게 되었다."

自達磨大師 從西土來 祇是覓箇不 受人惑底人 後遇二祖 一言便了 始
知從前虛用功夫

❋

달마 대사가 서쪽에서 오신 뜻, 즉 서역에서 중국으로 온 뜻에 대해서
는 여러 가지 말이 있다. 어느 학승이 "달마 스님이 서쪽에서 오신 뜻
이 무엇입니까?"라고 물으니 조주 스님은 "뜰 앞의 잣나무이니라"라
고 하였다. 임제 스님은 "다만 남에게 속지 않는 사람을 찾기 위해서"
왔다고 말하고 있다. "달마 스님이 서쪽에서 오신 뜻은, 즉 진리란 무
엇입니까?"라는 구절은 "선禪의 뜻은 무엇입니까?"로 주로 통용된다.
　여기에 대해 곧바로 사람의 마음을 가리켜 성품을 바로 보고 부처
를 이루기 위해서 온 것이라고 말하기도 하고, 사람이 바로 부처임을
알리기 위해 오셨다고도 말한다. 어찌하든 보고 듣고 하는 마음이 바
로 성품의 작용임을 보여주기 위해 오신 것이다. 달마와 2조 혜가의

문답을 보자.

혜가 : 스님, 저는 마음이 불안합니다. 마음을 편안하게 해주십시오.
달마 : 그 불안한 마음을 가져오시오. 그러면 편안하게 해주겠다.
혜가 : 마음으로 마음을 구하였으나 마음을 얻을 수가 없습니다.
달마 : 찾을 수 있다면 어찌 그것이 그대의 마음이겠는가?
　　　나는 벌써 그대에게 마음의 평안을 주었다.
혜가 : 그 가르침을 문자로 기록할 수 있겠습니까?
달마 : 나의 법은 마음으로써 마음에 전하는 것이다.
　　　문자를 쓰지 않는다.

　불안의 실체는 없다. 실체가 없으니 그 불안한 마음을 찾아봐도 찾을 길이 없다. 이때 달마의 "찾을 수 있다면 어찌 그것이 그대의 마음이겠는가? 나는 벌써 그대에게 마음의 평안을 주었다"라는 말에 혜가는 곧바로 깨닫는다.

　진여는 진여가 아니기 때문에 진여다. 진여의 청정한 마음에는 하나의 분별 티끌도 발붙이지 못한다. 그러므로 '마음, 마음' 하지만 마음마저도 고정된 모습이 없는 것이다. 불안의 실체는 없다.

　마음의 본성에는 형상이나 문자가 사라지고 없다. 문자와 형상을 초월해 있다. 그러므로 마음을 찾아도 찾을 수가 없는 것이다. 문자와 형상을 초월하고 있기 때문에 문자로 기록할 수 없으며, 마음에서 마음으로 전하는 것이라고 말하고 있는 것이다.

　진여는 찾을 수도 없고, 구하면 구할수록 더더욱 멀어지는 것이다. 그리하여 혜가는 참마음인 진여를 깨닫게 됨으로써 어느 누구에게도 속지 않는 사람이 된 것이다. 달마 대사께서 인도에서 오신 것은 다만 마음의 성품인 진여를 깨달아 남에게 속지 않는 사람을 찾기 위함이었다고 말하는 뜻이 여기에 있다.

"산승의 지금 견해로는 조사와 부처는 다르지 않다.
제일구에서 깨달으면 조사나 부처의 스승이 된다.
제이구에서 깨달으면 인간과 천상의 스승이 된다.
제삼구에서 깨달으면 자기 자신마저도 구하지 못한다."

山僧今日見處 與祖佛不別 若第一句中得 與祖佛爲師 若第二句中得
與人天爲師 若第三句中得 自救不了

❀

제일구 법문은 논리 같은 것이 없으며 한 생각도 발붙일 데가 없다. 그렇게 진여의 묘용을 드러낸다. 제이구 법문은 방편적인 간접적인 표현을 써서 설명하고, 제삼구 법문은 논리와 개념적으로 설명한다.

삼구 법문을 이렇게 이해함으로써 끝이라고 생각해서는 안 된다. 이러한 이해는 제대로 된 삼구 법문에 대한 이해가 아니다. 왜냐하면 삼구 법문이 서로 간에 깊고 얕음이 있고, 제일구는 깊고 제삼구는 얕은 심천의 구별이 있다고는 하나, 그것은 삼구 법문의 일면만을 말하고 있음을 이해해야 한다. 차별이 없으면서 심천深淺의 차별이 있고, 차별이 있으면서 차별이 없는 것임을 알아야 한다.

20. 달마 대사께서 서쪽에서 오신 뜻

1) 머리가 있는데 또 머리를 찾는구나

어떤 스님이 임제 스님에게 물었다.

"달마 대사가 서쪽에서 오신 뜻이 무엇인가?"

"뜻이 있었다면 자기 자신도 구제하지 못했을 것이다."

"이미 뜻이 없었다면 2조께서 어떻게 법을 얻었겠습니까?"

"얻었다는 것은 얻지 못했다는 것이다[得者是不得]."

"이미 얻지 못했다면 어떤 것이 얻지 못했다는 것입니까?"

"그대들은 모든 곳을 향하여 치달려 구하는 마음을 쉬지 못하므로

달마 조사께서 말씀하시기를, '슬프다. 장부들이여!

머리에 또 머리를 찾는구나' 하신 것이다.

그대들은 이 말끝에서 스스로 되돌아보아라.

더 이상 다른 데서 찾지 말고

이 몸과 마음이 조사나 부처와 다르지 않음을 알아서

당장에 아무 일 없으면 비로소 법을 얻었다고 하는 것이다."

問 如何是西來意 師云 若有意 自救不了 云旣無意 云何二祖得法 師
云 得者 是不得 云旣若不得 云何是不得底意 師云 爲儞向一切處 馳
求心 不能歇 所以 祖師言 咄哉 丈夫 將頭覓頭 儞言下 便自回光返照
更不別求 知身心與祖佛不別 當下無事 方名得法

✿

달마 대사가 서쪽에서 오신 뜻은 위에서 말한 바와 같이 '보고 듣고 하
는 마음이 바로 성품임을 보여주기 위해 오신 것이다'라고 할 수 있다.

　마음의 성품은 개념이 발붙일 수가 없는 자리다. 또 이 자리는 묻고
답할 수 있는 자리가 아니다. 그런데도 조사가 오신 뜻이 무엇인지 묻
고 있으니 애당초 잘못된 질문이다. 그래서 조사가 서쪽에서 오신 뜻
이 있었다고 하면, 이는 잘못된 안목으로 자기 자신도 구제하지 못한
다고 말하고 있다. 그러자 말귀를 못 알아듣고, 뜻이 없었다면 2조께
서는 어떻게 법을 얻었느냐고 다시 묻는다. 진여일심의 성품은 형상
과 모습이 사라지고 없기 때문에 얻고 잃고 할 것이 없다. 그래서 "얻
었다는 것은 얻지 못했다는 것이다[得者是不得]"라고 답한다.

　이 임제 스님의 말끝에서 깨달아야 한다. 그리고 곧 스스로 자신의
본래 모습을 되돌아보아야 한다. 그러나 이 학승은 "얻지 못했다"라
는 말에 매어서 집착을 하고 분별을 하여 또다시 "어떤 것이 얻지 못
했다는 뜻입니까" 하고 물고 넘어지는 형국이다. 그렇다면 "얻었다는
것은 얻지 못했다는 것이다"라는 임제 스님의 말끝에서 깨달아야 한
다는 것은 무엇을 뜻하는가?

얻었다는 것[得]과 얻지 못했[不得]는 것은 양변이다. 허망분별의 망념으로 보면 득과 부득은 서로 막혀 있고 양극단이며 서로 통하지 않는다. 이 학승은 분별 망상으로 득과 부득을 이해하고 있다. 그러나 깨친 자의 눈으로 보면, 즉 진여일심에서 보면 얻음도 없고 얻지 못함도 없다. 얻음도 진여의 묘용이요, 얻지 못함도 진여이다. 진여일심에 서면 얻음과 얻지 못함이 서로 통하고 다르지 않으며 원융무애하다.

보고 듣고 하는 이 마음이 다름 아닌 진여의 작용이며 바로 부처이며 조사다. 그러므로 자신이 부처인데 또다시 부처를 찾는 것은 '머리가 있는데 또 머리를 찾는다'라고 말하며, 모든 곳을 향해서 치달려 구하는 마음을 쉬지 못하고 있음을 애달파하는 것이다. 더 이상 다른 데서 찾지 말고 작용하는 자신이 바로 부처와 다름없음을 알고 매사에 무심하여 아무 일 없게 되면, 이것이 바야흐로 법을 얻었다고 하는 것이다.

2) 밥값을 갚을 날이 있을 것이다

"큰스님들이여!
산승이 오늘 부득이 쓸데없는 잔소리를 많이 하고 있다.
그대들은 착각하지 마라.
내가 보기에는 실로 이처럼 허다한 도리는 없다.
작용하게 되면 곧바로 작용하고, 작용하지 않으면 곧바로 쉰다
[要用便用 不用便休]."

大德 山僧今時 事不獲已 話度說出許多不才淨 儞且莫錯 據我見處 實
無許多般道理 要用便用 不用便休

❊

임제 스님은 실로 이처럼 허다한 도리는 없다고 말한다. 간경看經, 참
선, 염불, 어록 강의 등의 모든 허다한 도리는 쓸데없다는 것이다.
　"작용하게 되면 곧바로 작용하고, 작용하지 않으면 곧바로 쉰다"는
것은 '듣게 되면 들으며, 가게 되면 가고, 오게 되면 오고, 사람을 만나
면 만나고, 말하게 되면 말하며, 작용하지 않으면 곧 쉰다'는 뜻이다.
진여의 작용은 항사묘용으로 그 작용이 이루 헤아릴 수가 없으며 우
리의 일상사 모두가 작용이 아님이 없다.

"제방에서는 육도만행을 부처님의 법이라고 말하지만
나는 그것을 장엄하는 일이고, 불사佛事이지 불법은 아니라고 말한다.
몸과 마음을 깨끗이 하고 계행을 지키며
기름이 가득 찬 그릇을 들고 가는 것처럼 살피며 조심스럽게 행동하더라도
도를 보는 안목이 밝지 못하면 모두가 빚을 갚지 않을 수 없으니
밥값을 치를 날이 있을 것이다. 어째서 그런가?
불도에 들어와서 이치를 통하지 못하면
다시 태어나 신도들의 시주를 갚아야 하기 때문이다.
그래서 장자가 81세가 되자 그의 집 나무에서
버섯이 나지 않았던 것이다."

祇如諸方 說六度萬行 以爲佛法 我道 是莊嚴門佛事門 非是佛法 乃至

持齋持戒 擎油不潤 道眼不明 盡須抵債 索飯錢有日在 何故如此 入道
不通理 復身還信施 長者八十一 其樹不生耳

❀

이 단락에서는 불법佛法과 불사佛事가 다른 점을 말하며 안목을 밝히
는 것이 무엇보다 중요하다고 말한다. 보시, 지계 등 육도만행은 불사
이지 불법은 아니며, 몸과 마음을 깨끗이 하는 재계나, 살생 등을 금
하는 계행, 조심스러운 행동 등은 불사이지 불법이 아니라고 강조한다.

물론 중도정견의 입장에서 하는 육도만행은 자성이 비어 있음을
통찰하기에 불법이지만, 여기서는 불법과 다른 불사 차원의 육도만
행을 말하고 있다. 보시, 지계, 인욕, 정진, 선정, 지혜의 육도만행을
포함하여 목욕하고 마음을 깨끗이 하여 재계를 지키고 단식하고 예
배드리고 염불하며 등불을 밝히고 탑돌이를 하며 향을 피우고 꽃을
흩고 절을 짓고 불상을 조성하는 이런 일들이 모두 다 상相에 머물러
있다면 그것은 불사는 될 수 있어도 불법은 아니라는 것이다.

그래서 이러한 행동을 하더라도 도를 보는 안목이 밝지 못하면 모
두가 빚을 지지 않을 수 없으니 밥값을 갚을 날이 있을 것이라고 말
한다. 도를 보는 안목이 밝지 못해 자기가 지은 업장은 그대로 지니고
다시 태어나서 빚을 갚아야 한다. 빚을 갚고 갚지 못하는 것은 불도에
들어와서 이치를 통하느냐 아니냐의 문제다. 하루빨리 마음을 깨쳐
서 업장을 소멸하고, 그래서 시주 빚을 갚아야 한다고 역설하고 있다.

장자가 81세가 되자 그의 집에 있는 나무에서 비로소 버섯이 나지
않았다는 이야기는, 79세 된 장자와 그의 아들이 일찍이 비구 스님을
정성껏 공양하였는데 비구가 불법을 깨닫지 못하고 죽은 뒤에 그 장

자의 집에 나무 버섯으로 환생하여 그 장자가 81세가 될 때까지 계속 돋아나면서 공양받은 빚을 갚았다는 사연이다. 제15조 가나제급 존자가 인도의 바라국을 찾았을 때 만났던 장자의 이야기이다.

3) 작용하는 그곳에는 아무런 자취가 없다

"높은 산봉우리에 혼자 머물며 아침 한 끼만 공양을 하고
눕지도 않고 밤낮으로 도를 닦는다 하여도 모두 다 업을 짓는 일이다.
머리와 눈과 골수를 보시하고 나라와 처자를 보시하고
코끼리와 말 등 일곱 가지 값진 보물들을 아낌없이 보시하더라도
이 같은 견해는 모두가 몸과 마음을 괴롭히기 때문에
괴로운 과보를 다시 불러온다.
차라리 아무 일도 없이 순일무잡純一無雜함만 못하다.
또한 십지에 오른 보살조차도 이 도인들의 자취를 찾을 수 없다.
그러므로 모든 천신天神들이 기뻐하고
지신地神들이 그의 발을 받들어 모시며
시방의 모든 부처님들이 칭찬하지 않는 이가 없다.
어째서 그런가? 지금 법문을 듣고 있는 도인은
작용하는 그곳에는 아무런 자취가 없기 때문이다."

乃至孤峯獨宿 一食卯齋 長坐不臥 六時行道 皆是造業底人 乃至頭目
髓腦 國城妻子 象馬七珍 盡皆捨施 如是等見 皆是苦身心故 還招苦果
不如無事 純一無雜 乃至十地滿心菩薩 皆求此道流蹤跡 了不可得 所

以 諸天 歡喜 地神 捧足 十方諸佛 無不稱歎 緣何如此 爲今聽法道人
用處無蹤跡

상相에 머물며 하는 고행이나 보시는 몸과 마음을 괴롭히고 과보를
불러온다. 상에 머물러 있다면 높은 산봉우리에 혼자 산다고 해서 그
것이 깨달은 도인이 되는 것은 아니며, 아침 한 끼만 공양하는 것과
도를 깨치는 것과는 상관이 없다.

상에 머물러 보시하면, 그 보시를 하기 위해 보시하는 과정이 엄청
난 고통을 가져온다. 예컨대 몸을 보시하고 자식을 보시한다는 것이
말은 쉽지만 엄청난 고통을 동반한다. 그리고 그러한 보시를 통한 과
보는 유한하므로, 그 과보와 공덕 또한 사라져 느끼는 고통 또한 크
다. 그러므로 괴로운 과보를 불러온다고 하는 것이다.

그래서 차라리 아무 일 없이 순일무잡하면 대가를 바라지 않기에
오히려 편하다. 그리고 순일무잡하면 인연이 오면 오는 대로, 가면 가
는 대로 인연을 떠나지도 않고 물들지도 않으며 자유자재하여, 오늘
도 훨훨 자유롭고 내일도 훨훨 자유롭고 또 자유롭다.

이러한 도인들의 자취는 십지보살조차도 찾을 길이 없다. 지금 법
문을 듣고 있는 도인의 작용하는 그곳에는 진여의 묘용이 움직이며
진여는 청정하고 무형상이므로 아무런 자취가 없기 때문이다.

21. 대통지승불大通智勝佛

1) 부처님은 항상 세간에 머물면서도 세간법에 물들지 않는다

"대통지승불大通智勝佛이 십 겁 동안 도량에 앉아 계셨지만
불법이 나타나지 않아서 불도를 이루지 못하였다고 하는데,
그 뜻이 무엇입니까? 스님께서 가르쳐주십시오."
"대통大通이란 자기 자신이니, 곳곳에서 만법이 성품도 없고,
상도 없음을 통달하는 것을 대통이라 한다.
지승智勝이란 어디에서나 한 법도 얻을 수 없음을 의심하지 않음이다.
불佛이란 마음이 청정하여 그 광명이 온 법계를 꿰뚫어 비춤을 불이라 한다.
십 겁 동안 도량에 앉았다고 하는 것은 십바라밀을 닦음이다.
불법이 나타나지 않았다 하는 것은 부처란 본래 생기는 것이 아니고
법은 본래 없어지는 것이 아니므로 무엇이 다시 나타나겠느냐는 의미다.
불도를 이루지 못했다고 하는 것은
부처는 본래 부처이므로 다시 부처가 될 필요가 없다는 뜻이다.

그러므로 옛사람이 '부처님은 항상 세간에 머물지만 세간법에 물들지 않는다'라고 하였다."

問 大通智勝佛 十劫 坐道場 佛法 不現前 不得成佛道 未審此意如何 乞師指示 師云 大通者 是自己於處處 達其萬法無性無相 名爲大通 智 勝者 於一切處 不疑 不得一法 名爲智勝 佛者 心淸淨光明 透徹法界 得名爲佛 十劫坐道場者 十波羅蜜 是 佛法 不現前者 佛本不生 法本不 滅 云何更有現前 不得成佛道者 佛不應更作佛 古人云 佛常在世間 而 不染世間法

❀

이 단락에서는 『법화경法華經』의 말씀을 예로 들어 대통지승불의 진정한 의미를 말하고 있다. 그것은 선법의 진여일심으로 대통大通, 지승智勝, 불佛의 세 가지로 나누어 설명하는 데서 잘 드러난다. 비록 대통지승불이 십겁 동안 도를 닦았지만 불법이 나타나지 않은 이유는 그 부처님이 본래 부처였기에 불법이 나타나지 않은 것 같지만, 실은 이미 그 모습 그대로 드러나 있기 때문이다. 본래 부처이기에 세간에 머물러 있어도 세간법에서 자유롭다.

2) 한마음이 생겨나지 않으면 만법에 허물이 없다

"도를 배우는 벗들이여!
그대들이 부처가 되고자 한다면 일체 만물에 따라가지 마라.

마음이 일어나니 갖가지 법이 일어나고[心生種種法生]
마음이 사라지니 갖가지 법이 사라진다[心滅種種法滅].
그러므로 한 마음도 일어나지 않으면 만법에 허물이 없다[一心不生 萬法無咎].
세간이든 출세간이든 부처도 없고 법도 없다.
나타난 적도 없고 일찍이 잃어버린 일도 없다."

道流 儞欲得作佛 莫隨萬物 心生 種種法生 心滅 種種法滅 一心不生
萬法無咎 世與出世 無佛無法 亦不現前 亦不曾失

✿

부처가 된다고 하는 것은 마음의 성품을 보는 것이다. 마음의 성품은
진여일심이다. 진여일심의 묘용이 연을 따라 만 가지 형태에 응하여
지어낸 것이 일체만상이다. 깨친 자의 눈으로 보면 만법 그대로가 진
리이며 눈앞에 드러난 삼라만상이 그대로 진리 아님이 없다.

그런데 미혹한 자는 진여로서 자신의 마음을 저버리고 대상 경계
에 따라 출렁거린다. 그러나 모든 것은 마음이 지어낸 것이다. 그래서
"마음이 일어나니 갖가지 법이 일어나고, 마음이 사라지니 갖가지 법
이 사라진다"라고 말하는 것이다. 그러므로 마음이 여여부동하여 흔
들리지 않는다면 만법은 그 모습 그대로 청정하다.

"설혹 무엇이 있다 하더라도 그것은 모두가 명칭과 문구뿐이다.
마치 어린아이를 달래고 병에 따라 쓰이는 약과 같다. 명칭과 문구일 뿐이다.
그런데 명칭과 문구도 스스로 붙인 명칭과 문구가 아니라
도리어 그대들 눈앞에서 아주 밝고 분명하게 느끼고 듣고 알며 비춰 보는

그 사람이 모든 명칭과 문구를 만들어 붙이는 것이다."

設有者 皆是名言章句 接引小兒 施設藥病 表顯名句 且名句不自名句
還是儞目前昭昭靈靈 鑑覺聞知照燭底 安一切名句

❁

우리는 대상이나 사물을 인식할 때 갖가지 명칭을 사용한다. 그러므로 명칭은 인식 대상과 일치한다고 믿어 의심치 않는다. 즉 명칭과 사물이 일대일로 대응하는 것으로 믿는다. 그리하여 우리는 명칭과 사물에 집착하면서 삶을 영위해가고 있다.

노자는 『도덕경道德經』 제1장 시작에서부터 "도가도 비상도道可道 非常道 명가명 비상명名可名 非常名"이라 했다. '도라고 불리는 도는 항상恒常한 도가 아니며, 이름으로 불리는 이름은 항상한 이름이 아니다.' 즉, 언어와 결부한 도나 이름이 진정한 도나 항상한 이름과 대응하지 않는다는 사실을 보여주면서, 말로 설명할 수 있는 도, 즉 차별이나 분별의 대상이 되는 도는 영원불변한 도가 아니라고 말한다. 말하자면 명칭과 결부된 부처나 법은 진정한 부처나 법이 아니라는 말과 같은 의미다.

말은 그것이 적용될 대상이 있어야 하고, 그 대상은 다른 것과 구분되어야 한다. 그렇다면 그것은 전체 그 자체일 수는 없으며 전체의 한 부분일 수밖에 없고 불완전하며 한계를 지닌다. 그러므로 도라고 불리는 도는 영원불변한 항상한 도가 아니다.

명칭과 문장은 어린아이를 달래기 위한 것이며, 병에 따라 쓰이는 약이다. 명칭과 문구는 스스로 만드는 능력이 없다. 이러한 이름과 문구는 아주 밝고 분명하게 느끼고 듣는 자신이 만들어 붙인 것일 뿐이다.

22. 무간지옥에 떨어지는 다섯 가지 업

1) 다섯 가지 업을 지어야 바야흐로 해탈하게 된다

"큰스님들이여!

다섯 가지 무간지옥에 떨어질 업을 지어야 바야흐로 해탈하게 되느니라."

"무엇이 다섯 가지 무간지옥에 떨어질 업입니까?"

"아버지를 죽이는 것, 어머니를 해치는 것, 부처님의 몸에 피를 내는 것,

화합 승단을 깨트리는 것, 경전과 불상을 불사르는 것이 그것이다."

"무엇이 아버지입니까?"

"무명無明이 아버지다. 그대들의 한 생각 마음이 일어났다 없어졌다

하는 곳을 찾을 수 없음이 마치 허공에 메아리가 울려 퍼지는 것 같아서

머무는 곳마다 아무 일이 없는 것을 아버지를 죽인다고 한다."

"무엇이 어머니입니까?"

"탐내고 애착하는 것이 어머니이다. 그대들의 한 생각 마음이

욕계에 들어가 그 탐내고 애착하는 것을 찾아보아도

오직 모든 법이 공한 모양이어서 어디에도 집착하지 않는 것이
어머니를 해친다고 한다."

"무엇이 부처님의 몸에 피를 내는 것입니까?"

"그대들이 청정한 법계에서 한 생각 마음으로 알음알이를 내지 않고
어디에서든 칠흑처럼 캄캄하고 어두운 상태[黑暗, 절대 평등]로 있는 것이
부처님의 몸에 피를 내는 것이라 한다."

"무엇이 화합 승단을 깨트리는 것입니까?"

"그대들의 한 생각 마음이 번뇌에 묶이는 것은 마치 허공처럼 의지할 곳이
없다는 점을 올바르게 통달함을 화합 승단을 깨트리는 것이라 한다."

"무엇이 경전과 불상을 불사르는 것입니까?"

"인연이 공하고 마음이 공하고 법이 공한 이치를 알아서
한 생각을 결정코 끊어 아무런 일이 없는 것을
경전과 불상을 불사르는 것이라 한다."

"큰스님들이여!
이같이 통달한다면 범부다, 성인이다 하는 이름에 구애되지 않을 것이다."

大德 造五無間業 方得解脱 問 如何是五無間業 師云 殺父 害母 出佛
身血 破和合僧 焚燒經像等 此是五無間業 云 如何是父 師云 無明 是父
儞一念心求起滅處不得 如響應空 隨處無事 名爲殺父 云 如何是母 師
云 貪愛爲母 儞一念心 入欲界中 求其貪愛 唯見諸法空相 處處無著 名
爲害母 云 如何是出佛身血 師云 儞向清淨法界中 無一念心生解 便處
處黑暗 是出佛身血 云 如何是破和合僧 師云 儞一念心 正達煩惱結使 如
空無所依 是破和合僧 云 如何是焚燒經像 師云 見因緣空心空法空 一
念決定斷 逈然無事 便是焚燒經像 大德 若如是達得 免被他凡聖名礙

이 단락에서 임제 스님은 범부들이 다섯 가지 무간업을 지어 무간지옥에 떨어지는 것을 바른 안목으로 지도하고 있다. 범부들의 눈으로 보면 분명 업을 지어 고통을 받는 것은 당연하다. 그러나 바른 안목으로 보면 업이라는 것이 없으며, 업이 없으므로 고통도 없다. 오무간업의 본성이 공하며, 따라서 무간지옥도 실체가 있는 것이 아니다. 그러므로 본성인 진여를 밝히는 공부가 화급하며 본성을 밝히기 위해 마음의 번뇌와 망상을 제거하고 끊는 것이 필요하다.

한 생각 마음으로 일어나는 무명과 탐 · 진 · 치 삼독과 번뇌 장애와 헤아림과 번뇌에 묶임을 아버지와 어머니, 부처와 화합 승단, 경전과 불상을 해하는 것으로 비유하고 있다. 그러나 그렇게 마음을 일으키는 실체는 없다. 그 한 생각 마음만 끊으면 된다.

이 단락의 메시지는 업이니 지옥이니 하는 것은 깨닫지 못한 미혹한 자의 몫이라는 말과, 업과 지옥에서 벗어나는 길은 속히 마음을 알아 자성을 밝히는 길밖에 없다는 것이다. 그래서 자성을 밝히는 길은 번뇌 망상을 끊는 길이며, 그러한 번뇌를 유형별로 다섯 가지로 나누어 말하고 있다. 공부를 마치려면 업장이 본래 공하다는 것을 체득해야 된다. 찰나에 무간지옥의 업을 없애는 것이다. 자성을 깨치면 업의 본성이 공함을 알 뿐만 아니라 범부와 성인도 본래 공하여 이름뿐임을 알게 된다. 그러므로 범부와 성인에 구애되지 않으며, 업이 있어도 자유롭고 업을 갚거나 갚지 않는다 해도 자유롭다.

2) 산승이 말하는 것도 취하지 마라

"그대들의 한 생각 마음이 빈주먹 손가락이 가리키는 것에
무엇이 실체한다는 생각을 낸다.
또 육근과 육경, 육식이라는 현상계 가운데에서
공연히 없는 것을 만들어 내어 괴이한 짓을 하여
스스로를 가볍게 여기고 뒷걸음질치면서
'나는 범부고 저분은 성인이시다'라고 한다. 이 머리 깎은 중생들아!
무엇이 그리 다급하여 사자의 가죽을 쓰고 여우의 울음소리를 내는가?"

儞一念心　祇向空拳指上生實解　根境法中　虛捏怪　自輕而退屈言　我是
凡夫　他是聖人　禿屢生　有甚死急　披他師子皮　却作野干鳴

✿

진여일심의 묘용이 연을 따라 만 가지 형태에 응하여 만상을 지어내
나, 이는 망령되이 허상을 지어냄이며, 있지도 않은 형상을 있는 듯이
여기는 것이다. 마치 빈주먹이 가리키는 것에 무엇인가 실체가 있다
고 생각하며, 육근과 육진 육식의 현상계 가운데에서 공연히 없는 것
을 만들어내며, 스스로가 진여일심의 부처인 줄 모르고 형상에 사로
잡혀 자신을 가벼이 여겨 범부라 하고 성인과 구분한다. 이것은 사자
의 가죽을 쓰고 여우의 울음소리를 내는 어리석고 가련한 행동이다.

"대장부가 장부의 기개를 펴지 못하고
자기 집안의 보물을 믿으려 하지 않으며, 단지 바깥으로만 찾아다닌다.

옛사람들이 만드는 부질없는 명칭과 문구에만 사로잡히고
음양의 점괘에 의지하여 분명하게 통달하지 못한다.
그렇기에 경계를 만나면 곧 연을 맺고, 육진을 만나면 곧 집착하며
닿는 곳마다 미혹을 일으켜서 일정한 기준도 없이 움직인다.
도를 배우는 벗들이여! 산승이 말하는 것도 그대로 취하지 마라.
어째서인가? 내 말에도 아무런 근거와 의지할 데가 없다.
잠깐 허공에 대고 그림을 그리는 것처럼
빈 그림에 채색을 입히는 것과 같다.

大丈夫漢 不作丈夫氣息 自家屋裏物 不肯信 祇麽向外覓 上他古人閑
名句 倚陰博陽 不能特達 逢境便緣 逢塵便執 觸處惑起 自無准定 道
流 莫取山僧說處 何故 說無 憑據 一期間圖畵虛空 如彩畵像等喻

❀

대장부의 기개는 무엇인가? 대장부란 홀로 호젓하고 당당하게 어디
를 가더라도 주인이 되는 자다. 자기 자신이 바로 진여의 당체요, 주
인공임을 아는 자다. 나 자신은 모든 지혜 공덕을 다 갖추고 진리와
열반과 자유와 평등과 평화 등 온갖 보물들을 다 갖추고 있다. 이러한
진여 자신인 대장부는 바깥을 찾아다니지 않으며 옛사람들의 명칭과
문구에도 사로잡히지 않고, 이런저런 대상에도 의지하지 않는다.

　대장부 사나이가 장부의 기개를 펴지 못하면, 즉 미혹하여 깨닫지
못하면, 경계를 만나면 곧 거기에 분별하고, 육진을 만나면 경계에 물
들어 곧 집착하게 된다. 스스로 정한 기준 없이 갈팡질팡한다.

　임제 스님의 말씀도 역시 아무런 근거와 의지할 데가 없는 것이다.

단지 병을 치료하기 위한 약방문에 지나지 않는다. 임제 스님의 말을 따라가고 집착하면 그것은 독약이다. 임제 스님의 말씀도 잠깐 허공에 대고 그림을 그린 것이고, 남이 그린 그림이나 형상에 색칠한 것에 지나지 않는다.

3) 부처를 구한다면 그 사람은 부처를 잃을 것이다

"도를 배우는 벗들이여!
부처를 궁극의 경지라고 여기지 마라.
부처란 마치 뒷간의 똥통 같은 것이다.
보살과 나한은 모두 다 목에다 씌우는 칼과 발을 묶는 족쇄와 같이
사람을 결박하는 물건들이다.
그러므로 문수는 긴 칼로 부처님을 죽이려 했고
앙굴리마라는 짧은 칼로 석가모니를 해치려 한 것이다."

道流 莫將佛爲究竟 我見猶如厠孔 菩薩羅漢 盡是枷鎖 縛人底物 所以文殊仗劍 殺於瞿曇 鴦掘 持刀 害於釋氏

✿

부처를 궁극의 경지[究竟]라고 여기고 자행되는 말과 행동들을 살펴보라. 부처에 매달려 온몸과 마음을 다 바쳐 모신다. 화려하게 불상을 조성하고 절을 짓고 금가루 옷을 입히고 향을 피우고 꽃을 흩고 불을 밝히고 불상 주위를 돌고 염불하며 온갖 공양을 다 바친다.

그러한 부처가 자신의 도피처이고 은신처이다. 부처가 안주처가 되고 도피처로 있는 한 우리 자신은 거기에 갇혀버리게 된다. 부처는 우리 자신에게 하나의 큰 감옥으로 다가오는 것이다. 부처가 최고의 경지라고 여기는 순간 더 이상 진정한 부처는 없다.

부처를 최고의 경지라고 여겨 일어나는 여러 가지 행위는 오염된 덩어리를 덮어쓰고 쏟아내는 것이라 할 수 있다. 보살과 나한 역시도 우리의 은신처로서 얼마나 우리가 매달려 살고 있는가? 보살과 나한이 없으면 살아가야 할 의지처를 잃는다고 생각한다. 어느새 우리 자신도 모르게 우리를 그렇게 얽어매고 있는 것이다. 그러니 이들은 모두 우리를 결박하는 물건과 같다.

그래서 우리의 잘못된 안목을 고쳐주고 족쇄를 풀어주기 위해 문수보살과 앙굴리마라가 긴 칼과 짧은 칼로 부처님을 해하려 한 것이다.

"도를 배우는 벗들이여!
얻을 수 있는 부처란 없다.
삼승三乘과 오성五性, 원돈교圓頓敎의 자취마저도 모두 다 그때그때의
병에 따라 약을 주는 것이지 고정된 실다운 법은 없다.
설사 있다 하더라도 그것은 누구나 볼 수 있게 드러내어 공지한 문서이며
문자를 알맞게 배열하여 임시로 그럴듯하게 말한 것에 지나지 않는다."

道流 無佛可得 乃至三乘五性 圓頓教迹 皆是一期藥病相治 並無實法
設有 皆是相似表顯路布文字差排 且如是說

✿

부처란 얻을 것이 없다. 일물도 없으므로 얻을 것이 없다. 얻을 것이 있다면 그것은 성품도 아니고 진여일심도 아니다. 삼승과 오성, 원돈교의 자취마저 없다. 원돈교가 부처의 가르침이라면 성품은 부처님의 마음이다. 삼승이나 오성, 원돈교의 자취마저도 고정된 실다운 법이 있지 않다. 설사 있다 하더라도 그것은 말이나 문자로 표현하여 누구나 볼 수 있게 드러내어 공지한 문서이고 사람들을 끌어들이기 위해 선전하고 떠들어대는 광고이다. 중생들이 유혹되기 쉬운 문자를 알맞게 배열해놓은 것이다.

"도를 배우는 벗들이여!
어떤 머리 깎은 사람들은 출세간법出世間法에 힘을 쏟으며 구하려 한다.
그것은 잘못이다.
부처를 구한다면 그 사람은 부처를 잃을 것이고
도를 구한다면 도를 잃을 것이며
조사를 구한다면 조사를 잃을 것이다."

道流 有一般禿子 便向裏許著功 擬求出世之法 錯了也 若人求佛 是人失佛 若人求道 是人失道 若人求祖 是人失祖

✿

진여 그 자체는 모든 이름과 모습이 다 끊어진 자리이기 때문에, 보려고 해도 볼 수가 없고 찾으려고 해도 찾을 수가 없으며 구하려고 해도 구할 수가 없다. 그래서 부처와 도와 조사를 구하려고 하면 잃어버린

다고 말하고 있다. 구해서 얻어지는 것은 부처와 조사가 아니고, 오히
려 구한다면 부처와 조사를 잃게 된다.

4) 배가 고프면 밥을 먹고 잠이 오면 눈을 감으면 된다

"큰스님들이여!

착각하지 마라.

나는 그대들이 경과 논을 잘 이해하고 있는 것을 높이 사지 않는다.

나는 또 그대들이 국왕이나 대신이라 하더라도 높이 사지 않는다.

나는 또 그대들이 폭포수처럼 유창한 말솜씨를 가졌다 하더라도

높이 사지 않는다.

나는 또 그대들이 총명하고 지혜롭다 하더라도 높이 사지 않는다.

오직 그대들이 진정견해를 가지기를 바랄 뿐이다."

大德 莫錯 我且不取儞解經論 我亦不取儞國王大臣 我亦不取儞辯似懸
河 我亦不取儞聰明智慧 唯要儞眞正見解

✿

경과 논을 안다는 것은 교리를 배우고 안다는 것으로, 그것은 달을 가
리키는 손가락일 뿐 달이 아니다. 그리고 국왕이나 대신이라 하더라
도 그것은 현실의 허망한 상에 지나지 않는다. 폭포수처럼 유창한 말
솜씨라 하더라도 솜씨일 뿐 진정견해와는 전혀 상관이 없다. 총명하
고 지혜롭다 하더라도 많이 듣고 아는 지혜와 총명은 망념을 끊고 진

여일심을 증득하는 데 제일 큰 장애가 될 뿐이다. 그러므로 이러한 것들은 높이 사지도 않고 높이 사야 할 것도 아니다. 오로지 진정견해를 가지는 것이 필요할 뿐이다. 진정견해란 중도정견이요, 그대 자신이 부처라는 믿음이다.

"도를 배우는 벗들이여!
설사 백 부部의 경과 논을 이해한다 하더라도
한 사람의 일없는 스님만 같지 못하다.
그대들이 좀 아는 것이 있으면
곧 다른 사람들을 경멸하여 아수라처럼 승부를 다투게 될 뿐이고
나와 남을 분별하는 무명번뇌로 지옥의 업을 기를 뿐이다.
예컨대 선성善星 비구가 십이분교를 잘 알면서도
산채로 지옥에 떨어져서 대지大地도 용납하지 않은 것과 같으니
차라리 아무 일 없이 쉬느니만 못하다.
그러므로 배고프면 밥을 먹고 잠이 오면 눈 감으면 된다.
어리석은 사람은 나를 보고 비웃겠지만 지혜로운 사람은 알 것이다.
도를 배우는 벗들이여!
문자 속에서 구하려고 하지 말지니
마음이 움직이면 피곤하고 찬 기운을 들이마시면 무익하다.
차라리 한 생각 인연으로 일어난 법은
본래 일어남이 없던 것만 같지 못하니
삼승 방편을 펼치는 보살들의 경계를 뛰어넘어야 하리다."

道流 設解得百本經論 不如一箇無事低阿師 儞解得 即輕懱他人 勝負

修羅 人我無明 長地獄業 如善星比丘 解十二分教 生身陷地獄 大地 不
容 不如無事休歇去 飢來喫飯 睡來合眼 愚人 笑我 智乃知焉 道流 莫
向文字中求 心動疲勞 吸冷氣無益 不如一念緣起無生 超出三乘權學菩薩

❀

자기 자신의 마음을 깨쳐서 자성을 밝히지 못하고 백 권의 경이나 논을 아무리 많이 읽고 외우고 이해해보았자 그것은 남의 집의 소를 헤아리는 것과 같다. 자기 자신의 보물은 도외시하고 남의 집 보물만 탐내는 격이다.

경이나 논을 보고 이해하면 경의 뜻을 안다고 생각되지만, 그것은 생각으로 이해하는 것이지 정말 경의 뜻을 아는 것이 아니다. 진정 경의 뜻을 알려면 번뇌 망념을 끊어서 진여일심을 증득해야 한다.

깨닫기 전에 글자를 이해한 것을 두고 깨달음이니 뭐니 하고 떠들어대지만, 그것은 깨달음이 아니며 결코 경이나 논의 깊은 뜻을 알 수가 없다. 깊은 뜻은 언어나 글자 밖에 있기 때문이다. 진여일심을 깨달아 들어가기 위해서는 무엇보다도 먼저 이러한 경이나 논으로 이해한 지해知解를 가장 먼저 버리지 않으면 안 된다. 지해는 우리를 분별 사량 속으로 밀어 넣어 나와 남을 분별하므로 무명 번뇌로 업을 키우기 때문이다. 그러므로 경과 논의 지해를 벗어나서 아무 일 없이 지내는 것이 더 낫다고 말하고 있다.

아무 일 없이 지낸다고 하니까 그냥 빈둥빈둥 하는 일이 없이 노는 것을 말한다고 오해해서는 안 된다. 참으로 아무 일 없이 지내기 위해서는 더 이상 닦고 증득할 바가 없어야 된다. 깨치면 일체의 망념의 구름이 사라지고 진여의 광명이 온누리에 비치게 된다.

선성善星 비구는 부처님 당시의 비구로 삼장 12부 경전을 모두 암송하였으나 외도의 가르침을 배워 사선정四禪定이라는 선정을 얻은 결과, 이야말로 정말로 올바른 가르침이며 깨달음이라고 잘못 생각하여 부처님을 배반한 끝내, 대지가 갈라져 무간지옥으로 떨어졌다. 그러므로 차라리 아무 일 없이 쉬는 것이 낫다고 하는 것이다.

배고프면 밥을 먹고 잠이 오면 눈을 감는다. 물을 마시면 차고 더움을 아는 것이 진여의 작용이듯이 배고프면 밥 먹고, 졸리면 눈을 감고, 똥을 싸고 오줌 누는 것이 다 항사묘용이 아님이 없다.

법은 본래 무명無名, 무상無相한 진여이며, 생멸이 없다. 공연히 한 생각으로 일으킨 타산적이고 계산적인 행위는 생각 없음만 못하다. 그래서 인연소생법이 모두 다 공하며 생멸이 없음을 보는 것이 삼승의 방편학설을 공부하는 보살보다 낫다고 말한다.

5) 철퇴를 얻어맞을 날이 있을 것이다

"큰스님들이여!
이리저리 돌고 돌며 허송세월을 보내지 마라.
산승이 지난날 견처見處를 얻지 못했을 때는 감감하고 심히 어지러웠다.
촌음도 헛되이 보내고 싶지 않아 속은 타고 마음은 바빠
이리저리 도를 물으러 다녔다.
그런 뒤에 뛰어난 힘을 얻고 나서야 오늘에 이르러
같이 도를 닦는 여러분들과 이렇게 이야기를 나눌 수 있게 되었다.
도를 닦는 그대들에게 권하노라.

먹고 입는 것에 끄달리지 마라.

세월은 쉽게 지나가고 선지식은 만나기 어려우니

우담바라 꽃이 때가 되어야 한번 피는 것과 같이 드문 일이다."

大德 莫因循過日 山僧往日 未有見處時 黑漫漫地 光陰 不可空過 腹熱
心忙 奔波訪道 後還得力 始到今日 共道流如是話度 勸諸道流 莫爲衣
食 看世界易過 善知識 難遇 如優曇華 時一現耳

❀

임제 스님이 지난날 공부하던 과정을 간략히 소개하고 있다. 임제 스
님의 깨달음은 치열한 공부의 결과에서 나온 것이다. 속은 타고 마음
은 바빠서 분주히 도를 물으러 다녔다는 말씀이 이를 말해주고 있다.
깨달음은 그냥 감나무 밑에서 입 벌리고 앉아 뚝 떨어지는 감을 먹듯
이 그렇게 성취되는 것이 아니다. 깨닫기 위해서는 치열한 참구參究
가 있어야 한다. 여기서 참구하는 사람들에게 도움이 되었으면 하는
바람으로 필자의 경우를 간략히 말하고자 한다.

　필자는 우리 인간의 마음 상태를 자세하게 분석해서 연구해놓은
유식 철학을 오래전에 만났다. 유식 철학은 인간의 심리상태를 잘 정
리해놓은 불교 철학의 한 분야이다. 유식 철학은 우리 인간의 마음을
관찰하고 이해하는 데 있어 참으로 소중한 많은 것들을 알려준다. 그
래서 유식 철학을 가까이하면서 즐기게 되었다. 특히 유식 철학 중에
서도『유식삼십송唯識三十頌』은 유식 철학의 꽃으로서 항상 머리맡에
두고 애송하였다.

　그러던 중 마음의 전모를 밝히는『유식삼십송』의 제3송 20자 중에

처음 일곱 자 "불가지 집수처료不可知 執受處了[아뢰야식의 인식대상인 '집수執受(종자와 육체)', '처處(자연환경)'와 인식 주관인 '료了'는 알 수 없다는 뜻으로, 아뢰야식의 인식 주관과 인식 객관을 알 수가 없다는 뜻임]"에 대한 크나큰 의심(이를 '7자 의심'이라고 칭한다)을 품게 되었다. 의심을 품은 지는 오래되었으나 집중적으로 공부하지 않고 시간 나는 대로 한 번씩 의심하는 정도로 그친 것이 그간의 솔직한 심정이다.

그래서 『유식삼십송』 전체에 대해 먼저 이해해야겠다는 뜻을 정하고, 1994년 5월 금강경 해설서인 『강을 건넜으면 뗏목을 버려야지 왜 메고 가나』(대원정사)를 출판한 이후 약 11년에 거쳐 유식 공부에 매진하여 2005년 3월 『행복한 삶을 위한 유식 삼십송』(불교시대사)을 출판하기에 이르렀다. 나름대로 유식의 전반에 대한 깨달음을 통해 가슴에 울림이 있어 책을 저술하기는 했으나 뭔가 아직도 미진한 점이 마음 한구석에 남아 있었고 그것은 다름 아닌 '7자 의심', 바로 그것이었다. 이에 대한 의심 타파에 또다시 10여 년 동안 자나 깨나 한마음으로 전력을 기울여 공부에 매진하였다. 그러는 동안 이제까지 한 번도 의심에 의심이 꼬리를 물고 일어나지 않은 적이 없었다.

그렇게 의심을 관찰해오던 중, 어느 날 아침 일어나자마자 평소처럼 세면장에 갔다. 세수를 하기 위해 세면대에 물을 받으려고 수도꼭지를 틀어 물이 흘러나오는 소리를 듣는 순간 만상이 하나로 관통되는 통찰의 빛이 순식간에 스쳐 지나갔다. '아! 바로 이것이야!' 하는 탄성이 나도 모르게 저절로 터져 나왔다. 너무나 뜻밖의 놀라운 체험이었다. 참으로 생생해서 도저히 잊어버릴 수가 없었다. 통찰의 빛으로 7자 큰 의심이 타파된 것이다. 구름이 걷혀 맑은 하늘이 순식간에 드러나듯이 모든 심상과 만상의 의심이 단박에 사라졌다. 전혀 이질적이라서 상관없어 보이던 만상이, 앞뒤가 아귀가 맞듯이 통찰의 빛 하나로 꿰어지면서 관통되는 희열을 맛보게 되었다. 이러한 견처로 힘을 얻어 이 책 『자신과 마주하는 임제록』을 저술하게 된 것이다.

우담바라 꽃은 3천 년에 한 번씩 피어나는 꽃으로 부처님을 의미하는 상상의 꽃이며 부처님의 지혜를 나타낸다. 그러므로 옷과 밥을 생각하지 말고, 쉽게 지나가는 세월 속에 우담바라 꽃을 만나기 어렵듯이 선지식을 만나기 어려우니 열심히 공부하라고 말하고 있다.

"그대들은 제방에서 임제라는 노장이 있다는 말을 듣고
이곳으로 오자마자 어려운 질문을 던져 말문을 막히게 하려 한다.
그때 산승이 본체를 다 드러내는 전체작용으로 대응하면
그 학인은 부질없이 눈만 동그랗게 뜨고 입도 열지 못한다.
몽매하여 어떻게 대답할지를 모른다.
그래서 나는 그들에게 '큰 코끼리가 힘껏 나아가는데
나귀 따위가 감당할 바가 아니다'라고 말한다."

儞諸方 聞道有箇臨濟老漢 出來便擬問難 敎語不得 被山僧全體作用
學人 空開得眼 口總動不得 懵然不知以何答我向伊道 龍象蹴踏 非驢
所堪

❀

본체를 다 드러내는 전체작용은 자신을 온전히 드러내는 것이나. 온전히 드러내는 자신은 무심 자신이고 진여 자신이며 주인공이다. 말문을 막히게 하려고 질문을 하는 것은 진정한 질문이 아니다. 질문 자체가 작용이 되고 질문에 대한 답이 작용이 되어야 하는 것이다. 단지 말문이나 막으려고 하다니 참으로 한심스럽기 짝이 없다. 질문하는 자가 이렇다 보니 전체작용을 당하고 나면 어찌할 바를 몰라 눈을 동그랗게 뜨고 입도 열지 못한다. 그래서 '큰 코끼리가 힘껏 나아가는데 나귀 따위가 감당할 일이 아니다'라고 말한다. 여기서 큰 코끼리는 가장 힘이 세고 뛰어난 코끼리를 말하는 것으로, 뛰어난 식견과 역량을 갖춘 선승이나 학덕을 겸비한 수행자를 말하며, 나귀는 하열하여 능하지 못한 범부를 비유한 말이다. '좀 더 질문다운 질문을 준비하고 오라.' 즉, 말문을 막는 질문이 아니라 큰 코끼리를 상대할 만한 질문다운 질문을 가지고 오라고 말하고 있다.

"그대들 제방에서는 가슴을 드러내고 몸을 으스대면서
'나는 선을 알고 도를 안다'라고 하여 지껄이지만
둘이건 셋이건 여기에 와서는 어찌할 바를 모르는구나.
애달프다! 그대들은 이 훌륭한 몸과 마음을 가지고 가는 곳마다
두 조각 입술을 나불대면서 사람들을 기만하고 속였으니
염라대왕의 철퇴를 얻어맞을 날이 있으리라.
이들은 출가한 사람이라 할 수 없다.
모두 아수라의 세계에 빠질 것이다."

儞諸處 祇指胸點肋 道我解禪解道 三箇兩箇 到這裏 不奈何 咄哉 儞
將這箇身心 到處簸兩片皮 誑諕閭閻 喫鐵棒有日在 非出家兒 盡向阿
修羅界攝

많은 사람이 도를 깨치고 진여의 작용을 말하고 있지만, 과연 그들이 깨쳤다고 하는 진여가 부분적으로 타파하고 부분적으로 깨달은 것은 아닌지 솔직히 자기 자신을 들여다보아야 한다. 진여의 작용을 남의 말을 듣고 흉내 내고 있는 것은 아닌지, 혹은 부분적으로 조금 마음에 울림이 있다고 해서 전체를 깨달은 양 나서고 있지는 않은지 자신을 돌아볼 필요가 있다. 그래서 임제 스님도 제방에서 가슴을 드러내놓고 큰소리치면서 '나는 선을 알고 도를 안다'라고 으스대는 것을 꼬집고 있다. 이러한 점에서 제대로 된 진여의 작용을 깨치고 제대로 된 밝은 안목이 열렸다고 인가하고 점검할 수 있는 나름의 통과 관문이 있어야 되는 것은 아닌가 하고 생각된다. 물론 깨친 자의 눈으로 보면 통과 관문 같은 것이 없어도 단박에 알 수가 있지만 말이다. 그래서 혹시라도 자신이 깨달았다고 생각하는 사람이 있으면 지금 제시하는 관문을 얼마나 돌파하고 있는지를 살펴보는 것도 도움이 되리라 싶다. 이러한 관문을 돌파함 없이 깨쳤다고 나서거나 깨친 양 떠들어댄다면 자숙해야 할 것이다. 아래의 여섯 가지 통과 관문은 자기에게도 적용되지만, 남의 견성 점검에도 필요한 것이라 여겨진다.

1. 삼라만상을 꿰뚫는 통찰 지혜의 빛을 스스로 몸으로 체득하고 안팎이 탁 트여 항상 밝고 밝은가?
2. 체득하는 순간 아뢰야 극미세망념이 찰나에 멸각되어 일체 장애를 벗어나 자유롭고 안락한 무심 자신과 마주하는가?
3. 삼라만상의 모습[相]과 성품[性]을 동시에 깨달아 만상이 서로 간에 원융하여 걸림이 없음을 아는가?

4. 순경계와 역경계가 나타날 때 본성을 보아 떠나지도 머무르지
   도 않으며 싫어하고 좋아하지도 않으며 오면 오는 대로 가면 가
   는 대로 걸림이 없이 항상 자유로운가?
5. 지금 그리고 여기 보고 듣고 말하고 행동하고 가고 앉고 하는
   일체처 일체시에 항상 살아 움직이는 진여의 작용을 느끼고 활
   용하고 굴리면서 일상日常을 영위하는가?
6. 체득한 경지가 부처님의 가르침과 조사님들의 말씀에 비추어
   조금도 어긋남이 없고 의심스러운 점이 없는가?

이 관문을 돌파하면 종교를 불문하고 무슨 일을 하든지 상관없이
존엄한 진정한 무위진인無位眞人이고 자기 성품을 똑바로 본 깨달은
사람이라 할 수 있을 것이다. 견처가 있지도 않으면서 있는 양 가는
곳마다 두 조각 입술을 나불대면서 다른 사람들을 속이면 철퇴를 얻
어맞을 날이 있으리라.

6) 설사 한 물건이라 하여도 맞지 않다

"본래 지극한 불법의 도리는 쟁론으로 높이 선양하는 것이 아니다.
큰소리로 외도를 꺾는 것도 아니다.
불조가 면면히 서로 이어오는 것조차 무슨 특별한 뜻이 있는 것이 아니다.
설혹 부처님의 말씀과 가르침이 있다 하더라도
삼승三乘과 오성五性의 구별은 인간계와 천상계의 중생들을
인과의 도리 등을 통해 선업을 행하도록 하기 위한 교화의 방편일 뿐이다.

그러나 원돈교에서는 절대 그렇지 않으니
선재 동자도 오십삼선지식에게 다 법을 구하러 다닌 것은 아니다."

夫如至理之道 非諍論而求激揚 鏗鏘以摧外道 至於佛祖相承 更無別意
設有言教 落在化儀 三乘五性人天因果 如圓頓之教 又且不然 童子善
財 皆不求過

✿

지극한 불법의 도리는 쟁론을 떠나 있다. 쟁론을 통해 높이 선양하는
것이라면 이미 그것은 도가 아니다. 도는 논쟁이든 아니든 대상이 사
라지고 없는 무형상이기 때문이다. 그러므로 큰소리를 쳐서 외도를
꺾는다든지 아니면 조곤조곤 설득해서 외도를 제압하는 그 모든 것
이 지극한 불법의 도리하고는 상관이 없다.

　불도의 도리에는 별다른 뜻이 있는 것이 아니다. 별다른 뜻이 있다
면 그것은 지극한 도가 아니다. 부처님의 말씀과 가르침이라 하더라
도 교화하는 법도에 따른 가르침일 뿐이며 부처님의 마음 자체는 아
니다. 그러나 선가의 원돈교는 일체가 원만 구족한 무상대법인 구경
각이며 구경무심으로 자취를 찾으려야 찾을 수 없으며 흔적을 찾을
수 없는 지극한 도이다.

　그러므로 선재 동자가 오십삼선지식五十三善知識에게 다 법을 구하
여 찾아다녔던 것은 아니다[童子善財 皆不求過], 라고 말한다. 이는 무엇
을 뜻하는가? 선새 동자는 깨달음을 구하기 위하여 53명의 선지식을
찾아다녔다지만, 이는 삼승三乘, 오성五性 등의 차제次第에 따른 방편
수행을 가리키는 법을 구하러 다닌 것이 아니다. 찰나에 일체의 망념

을 끊고 수행 차제 없이 바로 여래의 경지에 곧바로 들어가는 원돈일
승圓頓一乘의 법을 구하러 다닌 것이다. 선재 동자는 밖에서 법을 구하
는 것이 아니라 자기 자신이 본래 갖추고 있는 성품을 깨닫기 위해 법
을 구하러 다닌 것이라는 뜻이다.

"큰스님들이여!
마음을 잘못 쓰지 마라.
마치 큰 바다가 죽은 시체를 머무르게 하지 않는 것과 같이 하라.
그렇게 죽은 시체 같은 분별 마음을 한 짐 잔뜩 짊어지고 천하를
돌아다니니 스스로 진정한 견해에 장애를 일으켜 마음을 막는 것이다.
해가 떠 있는 하늘에 구름 한 점 없으니 그 빛이 하늘을 널리 두루 비추고
눈에 병이 없으니 허공 속의 꽃을 볼 일이 없다."

大德 莫錯用心 如大海不停死屍 祇麼擔却 擬天下走 自起見障 以礙於
心 日上無雲 麗天普照 眼中無翳 空裏無花

❀

진짜가 아닌 가짜, 진리가 아닌 허위의 삿된 견해, 바르지 못한 안목
을 쓰지 마라. 이러한 잘못된 견해와 안목은 끝내 사라지고 모두 다
걸러 내어진다. 마치 바다가 죽은 시체를 밖으로 밀어내어 머물지 못
하도록 하는 것과 같다. 그렇게 진짜가 아닌 가짜와 허위의 잘못된 견
해와 바르지 못한 안목을 한 짐 잔뜩 짊어지고 천하를 돌아다니니 이
어찌 견해의 장애를 일으켜 마음을 막지 않겠는가! 원증견성圓證見性
을 이루기 위한 최대 최고의 장애는 이러한 잘못된 견해와 바르지 못

한 안목이며 다문지해多聞知解의 해오解悟이다.

　이러한 해오와 번뇌 망상을 끊고 진여를 증득하는 길만이 한 점 구름도 없는 아름다운 하늘을 보는 것이다.

"도를 배우는 벗들이여!

그대들이 법답게 되려면 의심을 내지 말지어다.

펼치면 온 법계를 싸고도 남는다. 거두면 실오라기 끝도 세울 데가 없다.

또렷또렷하고 호젓이 밝아 일찍이 조금도 모자란 적이 없었다.

눈으로 볼 수도 없고 귀로 들을 수도 없으니 이 무엇인가?

옛사람이 이르기를 '설사 한 물건이라 하여도 맞지 않는다' 하였다.

그대들은 다만 자기 스스로를 보아라. 그 밖에 무엇이 있겠는가?

아무리 설명한다 해도 끝이 없다. 각자가 힘껏 노력하여라. 편히 쉬어라."

道流 儞欲得如法 但莫生疑 展則彌綸法界 收則絲髮不立 歷歷孤明 未曾欠少 眼不見 耳不聞 喚作什麼物 古人云 說似一物 則不中 儞但自家看 更有什麼 說亦無盡 各自著力 珍重

✿

여기서는 일물一物, 즉 중도 진여일심을 말하고 있으며, 그 중도 진여일심이란 자기 자신을 스스로 보고 듣고 하는 마음임을 강조하며, 자기 자신과 마주하기를 당부하고 있다.

　우리는 앞서 임제 스님이 "법이란 마음의 법이고, 마음의 법은 형상이 없어서 시방법계를 관통하고 있어 눈앞에 그대로 작용하고 있다"라고 하면서 사람들이 그러한 사실을 철저히 믿지 못함을 안타까 위한 것을 여기서 상기할 필요가 있다.

"펼치면 온 법계를 싸고도 남는다. 거두면 실 끝도 세울 데가 없다"라는 말에서 펼친다는 것은 진여일심이 연을 따라 진여의 체가 온통 그대로 일어나는 항사묘용恒沙妙用을 말하고, 거둔다고 하는 것은 연을 따르지 않는 진여일심 그 자체를 말한다. 진여일심이 우주 공간에 편만하여 온 법계를 싸고도 남으며, 우주에 존재하는 삼라만상은 진여일심이 연을 따라 지어낸 것이다. 그러나 진여일심 그 자체가 본래 부동하고 고요하다. 부동하여 움직임도 없으니 형상이 없어 실 끝도 세울 데가 없다고 말하고 있다.

이 진여일심은 또렷또렷하고 호젓이 밝아 일찍이 조금도 모자란 적이 없다. 어느 것에도 의지하지 않고 홀로 밝고 밝은 열반의 무루의 세계이며 생각으로 헤아릴 수 없는 불가사의한 경계다. 이것은 눈으로 볼 수 없고 귀로 들을 수 없으니 무엇이라고 불러야 하는가?

옛사람이 이르기를 '설사 한 물건이라 하여도 맞지 않는다' 하였다. 마음 법은 형상과 이름, 모습(상)을 떠나 있어 모든 것을 끊은 경지다. 무엇이라고 불러야 하겠는가? 불러야 할 것이 있다면 그것은 진여일심이 아니다. 이는 진여일심을 불러야 할 대상으로 한정하고 한계를 지우는 것이다. 진여일심이라는 말도 부적당하다. 진여일심은 진여일심이 아니기 때문에 진여일심이라고 부르는 것이다. 그러므로 설사 한 물건[一物]이라고 하여도 맞지 않는다.

다음으로 "그대들은 다만 자기 스스로를 보아라. 그 밖에 무엇이 있겠는가? 아무리 설명한다 해도 끝이 없다. 각자가 힘껏 노력하여라"라고 한 부분은 진여일심이 다름 아닌 자기 자신의 마음임을 말하고 있다. 깨친 자의 눈으로 보면 보고 듣고 말하고 웃는 이 마음 이대로가 진여의 작용이 아님이 없다. 이 마음은 다름 아닌 우주법계를 관통하는 진여일심이며 우리가 일상생활에서 갖는 평상시의 마음이다.

　말하고 행동하는 마음이 진여의 묘용임을 믿고, 우리의 모든 일상이 화두話頭가 되게 하고 공안公案이 되게 하라. "자기 자신이 바로 부처다"라고 하면 "왜 내가 부처냐?" 하고 의문을 품어라. 도대체 무엇이 나를 소리치게 하고 웃게 하는지, 나는 누구인지, 부모로부터 태어나기 전 나는 어떤 모습인지 물어라. 묻고 묻다 보면 벽에 부딪힌다. 궁금하고 갑갑하여 견딜 수 없을 것이다.

　그 커다란 의문 속으로 들어가라. 그리고 그 커다란 의문과 함께 살아가라. 누워서나 깨어서나 밥을 먹고 똥을 쌀 때도 그 의문과 함께하라. 의심할 땐 다른 모든 것은 내려놓아라.

　한마디로 하면 임제 스님은 작용作用 하나에서 시작하여 작용 하나로 마무리하면서 작용하는 자신이 부처임을 역설하고 있다. 작용이 이미 만상과 자신에 체화된 사실을 간파하여 모든 사람이 살아 있는 무위진인, 즉 자신이 부처임을 거듭 확인케 하고 더 이상 부족함이 없어 밖을 향해 구하지 말라고 거듭 당부하고 있다.

4장

감변勘辨

감변勘辨은 선승 상호 간에 이루어지는 선문답이자 법거량이다. 서로를 감정하고 점검하며 구별하여 판단한다는 의미로 감변이라고 한다. 선승이 서로의 안목을 확인하고 불법의 견해를 점검하는 것을 말한다. 여기에는 선승들의 수행의 깊고 얕음과 깨달음의 진실과 거짓을 판별하기 위한 문답들이 실려 있다. 특히 이 감변의 현장에는 활발발한 목전현용을 볼 수 있으며 살아 있는 현장감을 체험하게 된다.

1. 황벽 일전어一轉語[•]

1) 호랑이 수염을 잡아당기는구나

황벽 스님이 부엌에 들어갔던 차에 공양주에게 물었다.

"무얼 하느냐?"

"대중들이 먹을 쌀을 일고 있습니다."

"하루에 얼마를 먹느냐?"

"두 섬 닷 말을 먹습니다."

"너무 많지 않느냐?"

"오히려 적을까 싶습니다."

황벽 스님이 공양주를 때렸다.

黃檗 因入廚次 問飯頭 作什麼 飯頭云 揀衆僧米 黃檗云 一日喫多少

• 미혹한 마음을 바꿔 깨달음에 이르게 하는 간단명료한 말 한 마디.

飯頭云 二石五 黃壁云 莫太多麽 飯頭云 猶恐少在 黃壁 便打

❀

황벽 스님이 공양주에게 대중 스님들이 먹는 쌀에 대해 물으며 공양주가 공부한 정도를 점검해보고 있다. 그러나 공양주는 순순히 대중 스님들이 평소 먹는 쌀에만 국한해서 답하고 있는 실정이다.

공양주의 공부가 제법 무르익었더라면 황벽 스님이 "너무 많지 않느냐?"라고 묻는 순간, 작용을 드러냈어야 한다. 그러나 작용을 드러내기는커녕 "오히려 적을까 싶습니다"라고 대답함으로써 황벽 스님이 공양주를 때리는 상황에 이르렀다.

황벽 스님이 공양주를 왜 때린 것인가? "너무 많지 않느냐[莫太多麽]?"라고 물으니 "오히려 적을까 싶습니다[猶恐少在]"라고 대답했기 때문이다. 황벽 스님의 말씀을 그대로 따라서, '많다고 생각하여 적을까 싶다'라고 말하고 있는 형국이다. 황벽 스님의 말을 그대로 따라가면 독약이고 비상인 줄을 모르는 것이다.

황벽 스님의 '많다[多]'는 말씀은 '적다[少]'는 말에 대한 양변으로서 하는 분별 변견의 말이 아니다. 그런데도 공양주는 양변의 변견으로 답했고, 그러자 황벽 스님이 때리고 공양주는 맞았다. 그러나 이렇게만 이해하고 이것이 답이 된다고 한다면 충분하지 않다. 황벽 스님이 때리고 공양주가 맞은 것을 두고 시시비비를 가리면 더욱더 낭패다. 다음은 황벽 스님이 공양주를 사랑하는 마음이 읽히는 대목이다.

공양주가 이 일을 임제 스님에게 말하니,
임제 스님이 "내가 그대를 위해 이 늙은이를 간파해주겠다"라고 하였다.

그러고는 곧바로 가서 황벽 스님을 뵈니,

황벽 스님이 앞의 이야기를 먼저 했다.

임제 스님이 황벽 스님에게 부탁했다.

"공양주가 잘 알아듣지 못했으니 스님께서 대신 한마디 말씀해주십시오."

그리고 임제 스님이 곧바로 물었다.

"너무 많지 않습니까?"

황벽 스님이 말했다.

"내일 한 번 더 먹는다고 왜 말하지 못하느냐?"

임제 스님은 "무엇 때문에 내일을 말씀하십니까? 지금 먹는다고 해야지요"
하고는 곧 황벽 스님의 뺨을 손바닥으로 쳤다.

황벽 스님이 "이 미친놈이 또 여기 와서 호랑이 수염을 잡아당기는구나"
하자, 임제 스님이 "할" 하시고는 나가버렸다.

飯頭却舉似師 師云 我爲汝勘這老漢 纔到侍立次 黃壁舉前話 師云 飯
頭不會 請和尙 代一轉語 師便問 莫太多麼 黃蘗 云 何不道來日 更喫
一頓 師云 說什麼來日 卽今便喫 道了 便掌 黃壁 云 這風顚漢 又來這
裏捋虎鬚 師便喝 出去

✿

이 문답에서 백미는 '내일'에 대하여 '지금'이라고 말한 부분이다. 내
일은 시간이 개입되어 있는데, 시간은 다름 아닌 분별 마음이고, 분별
마음은 망념이다. 진여일심을 증득하기 위해서는 망념을 끊어야 한
다. 그러나 망념을 끊는다고 해서 망념이 실제로 존재하는 것쯤으로
여겨서는 안 된다. 망념을 끊는다는 것은, 망념의 본성을 알면 망념

그대로 진심이고 진여일심임을 드러내는 것이다. 망념을 끊고 진여일심을 증득하는 것이 다름 아닌 구경무심이다.

지금 그리고 여기는 더 이상 망념이 발붙이지 못하고 시간개념이 사라지고 없는 영원한 현재다. 영원한 현재는 진여일심의 자리로, 임제 스님은 진여의 작용을 황벽 스님의 뺨을 손바닥으로 침으로써 드러내고 있다. 고함을 지르고 몽둥이질을 하는 것 못지않게 뺨을 손바닥으로 때리는 것 역시 활발발한 작용임에 틀림이 없다.

황벽 스님은 자신을 호랑이로, 임제는 호랑이 수염을 잡아당기는 자로 비유하여 "이 미친놈이 또 여기 와서 호랑이 수염을 잡아당기는 구나"라고 했다. 여기서 임제 스님을 미친놈[風顚漢, 풍전한]이라고 말한 것은, 상대의 견지를 인정하는 의미의 말이다. 단지 격식에서 벗어났다든지 아니면 미치광이라는 의미가 아니다. 그리고 호랑이 수염을 잡아당긴다는 것은 준열한 기상과 파격의 역량을 비유적으로 치켜세우는 행위로, 어렵거나 위험한 일을 잘했다고 칭찬하는 말 정도로 이해하면 된다.

이러한 황벽 스님의 말에 임제 스님은 '할'을 함으로써 호랑이도 없고 호랑이 수염도 없는 진여일심의 자리를 진여의 작용으로 드러내고는 나가버린다.

2) 도적을 집에 끌어들여 집 안을 망쳐 놓은 것과 같다

뒷날 위산 스님이 앙산 스님에게 물었다.
"이 두 큰스님들의 참뜻이 무엇이겠는가?"

"화상께서 어떻게 생각하십니까?"

"자식을 길러봐야 부모의 사랑을 알리라."

"그렇지 않습니다."

"그럼 그대는 어떻게 보는가?"

"마치 도적을 집에 끌어들여 집 안을 망쳐 놓은 것과 흡사합니다
[似勾賊破家]."

後 潙山 問仰山 此二尊宿意作麼生 仰山云 和尙 作麼生 潙山云 養子
方知父慈 仰山云 不然 潙山云 子又作麼生 仰山云 大似勾賊破家

※

위산 스님이 "자식을 길러봐야 부모의 사랑을 알리라"고 한 말의 뜻
은 무엇인가? 황벽 스님[父]이 때리고, 공양주[子]가 맞은 것을 두고,
공양주가 맞을 짓을 했다고만 이해해서는 충분하지 않다. 황벽 스님
의 공양주를 사랑하는 마음이 읽히는 대목이다. 그래서 위산 스님은
"자식을 길러봐야 부모의 사랑을 알리라"고 말한 것이다.

여기서 앙산 스님이 "도적을 집에 끌어들여 집 안을 망쳐 놓은 것
과 흡사합니다"라고 한 말의 의미를 잘 살펴야 한다. 앙산 스님은 '도
적이 집 안에 들어 집 안을 망쳐놓았다'고 부정적으로 말하고 있다.
반면 앞서 위산 스님은 '자식을 길러보아야 부모의 사랑을 알리라'고
긍정적인 표현을 썼다.

우리는 선사들의 부정과 긍정의 언행을 예의 주시해야 한다. 본인
이 깨치겠다고 선사의 언행을 그대로 따라가면, '밥 속의 모래'나 '진
흙 속의 가시'를 만나 낭패를 본다. 그렇다고 해서 언행과 전혀 상관

없이 행하면 깨치지 못한다. 이러지도 저러지도 못하고 숨 한번 제대로 쉴 수가 없다. 그래서 화두는 선사가 학인을 가두는 은산철벽銀山鐵壁의 감옥이라고들 하는 것이다.

부정과 긍정은 두 측면이 있다. 생멸변견生滅邊見의 측면과 중도정견中道正見의 측면이다. 생멸변견이 미혹한 자의 입장이라면, 중도정견은 깨친 자의 입장이라고 할 수 있다. 생멸변견의 입장에서 긍정과 부정은 서로 막혀 있고 통하지 않는다. 그러나 중도정견은 진여일심의 자리에 서 있으므로 부정과 긍정이 서로 통하고, 둘이 아닌 하나다. 그러므로 중도정견의 입장에서 볼 때, 앙산 스님의 표현은 부정과 긍정이 같은 것이라고 할 수 있다.

마음을 훔치는 것도 도적이다. 도적을 집에 끌어들여 집 안을 망쳐 놓은 것[破家]이라 하나, 집 안을 살려내는 것[活家]과 다르지 않다.

2. 세 번 후려치다

임제 스님이 한 스님에게 물었다.

"어디서 오는가?"

그 스님이 "할!" 하였다.

임제 스님은 공손히 예를 표하고 앉았다.

그 스님이 머뭇거리자 곧바로 후려쳤다.

임제 스님이 한 스님이 오는 것을 보고 불자를 세우니

그 스님이 절을 하였다.

임제 스님은 그대로 후려쳤다.

또 한 스님이 오는 것을 보고 마찬가지로 불자를 세우니

그 스님이 거들떠보지도 않자 임제 스님이 이번에도 후려쳤다.

師問僧 什麼處來 僧 便喝 師便揖坐 僧 擬議 師便打 師見僧來 便竪起
拂子 僧 禮拜 師便打 又見僧來 亦竪起拂子 僧 不顧 師亦打

임제 스님은 왜 다른 스님들을 하나하나 모조리 후려쳤는가? 임제 스님의 후려친 뜻이 어디에 있는가? 후려치는 것은 임제 스님이 학인을 제접하는 방법의 하나다. 임제 스님은 뛰어난 견해를 가진 사람이 오면 근기를 헤아리지 않고 전체작용을 나타낸다. 전체작용으로, 진여의 작용을 통하여 온전히 다 드러낸다. 후려친 것은 전체작용을 드러낸 것이다. 무슨 근기나 차별 같은 것이 없다.

절을 하건 거들떠보지도 않건, 아무 상관이 없다. 학인의 근기에 따라 차별을 두지도 않는다. 본래 진여일심에는 차별 같은 것이 없다. 근기 같은 것도 물론 없다. 진여일심을 그대로 보여주는 길은 후려치는 것밖에 다른 것이 없다. 임제 스님이 이와 같이 어느 경우에나 후려치는 것은 엄정하고 평등하게 법령을 시행한 것이라 할 수 있다. 후려치는 것은 살인검殺人劍이기도 하고 활인검活人劍이기도 하다.

3. 보화 스님과 함께 재齋에 가다

1) 스님께서 전날에 무슨 말씀을 했지요?

임제 스님이 보화 스님을 보고 말했다.

"내가 남방에서 황벽 스님의 편지를 전하려고 위산에 도착했을 때
그대가 먼저 이곳에 와서 내가 오기를 기다리고 있다는 것을 알았소.
내가 이곳에 와서 그대의 도움을 받아 이제 황벽의 종지를 세우고자 하니
그대는 반드시 나를 위해 도와주시오."

보화 스님은 정중하게 인사를 하고 내려갔다.

뒤에 극부 스님이 오자 임제 스님은 보화 스님에게 한 말과 똑같이 말했다.

극부 스님 역시 정중하게 인사를 하고 내려갔다.

사흘 후에 보화 스님은 다시 올라와서 인사를 하고는 물었다.

"스님께서는 전날에 무슨 말씀을 했지요?"

임제 스님이 주장자를 들고서 곧 내리쳤다.

또 삼일 후에 극부 스님이 올라와서 인사를 하고 물었다.

"스님은 전날 보화 스님을 주장자로 내리쳤다고 하는데
어떻게 된 일입니까?"
임제 스님이 역시 주장자를 들어 내리쳤다.

師見普化 乃云 我在南方 馳書到潙山時 知儞先在此住 待我來 乃我
來 得汝佐贊 我今 欲建立黃檗宗旨 汝切須爲我成襬 普化珍重下去 克
符後至 師亦如是道 符亦珍重下去 三日後 普化却上問訊云 和尙 前日
道甚麼 師拈棒便打下 又三日 克符亦上 問訊乃問 和尙 前日打普化
作甚麼 師亦拈棒打下

✽

이 단락은 보화 스님과 극부 스님이 임제 스님의 전체작용을 더욱더
빛을 발하게 하는 부분이다. 조연이 주연 못지않은 역할을 하고 있다
고 생각된다. 조연이 되어서 주연을 빛나게 하는 연출을 보자.

   사흘 후에 보화 스님이 다시 올라와서 인사를 하고는 "스님께서는
전날에 무슨 말씀을 했지요?"라고 묻고 있는 부분이 참으로 전체작
용을 드러내는 멋진 질문이라 하지 않을 수가 없다. 왜냐하면 임제 스
님이 아니면 이 질문에 걸려들기가 십상이기 때문이다. 그러나 임제
스님이 전체작용으로 멋지고 깔끔하게 대처하고 있는 모습은 참으로
과연 임제 스님답다는 감탄이 절로 나온다.

   "스님께서는 전날에 무슨 말씀을 했지요?"라고 묻고 있는 부분을
잘 들여다보면, 이 질문은 지나간 기억을 묻고 있는 것이다. 기억은
지나간 경험의 흔적이다. 경험의 흔적이 있느냐 없느냐를 점검하고
자 하는 뜻이 숨어 있는 것이다. 그러나 임제 스님은 이러한 숨어 있

는 뜻을 모를 리가 없고 또한 임제 스님은 그러한 흔적 같은 경험이 사라지고 없는 구경무심을 깨달은 선지식이다. 그래서 임제 스님은 보화 스님을 주장자로 내리친 것이다. 극부 스님 역시도 같은 맥락에서 묻고 있다. "전날 보화 스님을 주장자로 내리쳤다고 하는데 어떻게 된 일입니까?" 이 질문 역시 같은 맥락이다. 그래서 역시 주장자로 내리친다. 깨달은 자에게는 흔적이나 자취가 없다. 그래서 '깨달음은 무소득無所得'이라고 하는 것이다.

2) 너무 과격하구나!

임제 스님이 하루는 보화 스님과 함께 시주의 집에서 공양을 하다가 보화 스님에게 물었다.

"'터럭 하나가 온 바다를 삼키고 겨자씨 한 알에 수미산을 담는다' 하는데 이것은 신통하고 묘한 작용作用인가? 아니면 근본 바탕[本體]인가?"

그러자 보화 스님이 밥상을 걷어차 엎어버렸다.

임제 스님이 "너무 거칠구나!" 하니

보화 스님이 "여기가 무엇이 있다고 거칠다느니 세밀하다느니[說麤說細] 하는가?"라고 하였다.

師一日 同普化 赴施主家齋次 師問 毛吞巨海 芥納須彌 爲是神通妙用 本體如然 普化踏倒飯狀 師云 太麤生 普化云 這裏是什麼所在 說麤說細

임제 스님의 질문을 잘 들여다보아야 한다. "터럭 하나가 온 바다를 삼키고 겨자씨 한 알에 수미산을 담는다 하는데 이것은 신통하고 묘한 작용인가? 아니면 근본 바탕인가?"

진여의 근본 바탕은 신통하고 묘한 작용과 둘이 아니다. 그런데 양자택일을 묻고 있다. 그리고 진여의 작용을 예로 들어서 개념적으로 풀어 설명하고 있다. 임제 스님이 제삼구로 묻고 보화 스님은 제일구로 답하고 있는 광경이다.

제삼구는 개념적으로 설명하는 것을 말한다. 제일구는 한 생각이 일어나기 이전의 소식, 즉 주관과 객관이 나누어지기 이전의 소식이다. 한순간도 흔적을 찾아볼 수가 없는데 터럭이니 겨자씨니 바다니 수미산이니 하는 것이 있을 수가 없으며 근본이니 신통묘용이니 하는 말과 글귀가 발붙일 데가 없다. 그래서 보화 스님은 공양을 차린 밥상을 걷어차 엎어버렸다. 밥상에는 터럭, 겨자, 바다, 수미산, 근본, 묘용 등의 말로써 풍성하게 잘 차린 음식[盛饌]들이 가득 차려져 있기 때문이다. 그래서 걷어차서 말끔히 치워버린 것이다.

그러자 임제 스님이 너무 거칠다고 말하니, 보화 스님이 여기가 무엇이 있다고 거칠다느니 세밀하다느니 하십니까, 하고 대꾸한다.

거칠고[麤] 세밀하고[細]는 양변이다. 양변의 변견이 완전히 끊어진 중도의 자리를 천명하고 있는 것이다.

3) 임제 스님이 혀를 내둘렀다

임제 스님이 다음 날 또 보화 스님과 함께
시주집에 공양을 하러 갔다가 물었다.
"오늘 공양이 어제에 비하면 어떤가?"
보화 스님이 전날과 마찬가지로 공양 상을 발로 차 엎어버렸다.
임제 스님이 "옳기는 옳은 일이지만 너무 거칠다"라고 하자
보화 스님이 말했다.
"이 눈먼 어리석은 사람 같구먼!
불법에 대해 무슨 거치느니 세밀하다느니 할 것이 있단 말인가?"
임제 스님이 혀를 내둘렀다.

師來日 又同普化赴齋 問 今日供養 何似昨日 普化依前踏倒飯牀 師云
得卽得 太麤生 普化云 瞎漢 佛法說什麼麤細 師乃吐舌

❀

앞의 대화와 맥을 같이하고 있다. "오늘 공양이 어제에 비하면 어떤
가?"라는 질문은 미끼를 던져 유혹하는 것이다. 걸려들기를 바라면서
한 말이다. 그러나 보화 스님이 어떤 사람인가? 공양 상을 발로 차 엎
어버렸다. 임제 스님은 오늘과 어제를 비교하는 미끼를 던졌다. 어제
와 오늘은 시간이고 비교이며 분별이다. 망념 분별을 그냥 넘어갈 리
가 없다. 그래서 발로 차서 엎어버린 것이다. 진여일심의 이 자리는
거칠다느니 세밀하다느니 하는 말이 발붙일 데가 없는 자리이다.

4. 임제 스님은 어린 종이다

임제 스님이 하루는 하양河陽 장로와 목탑木塔 장로와 합께
승당의 화롯가에서 불을 쬐면서 보화 스님의 이야기를 하였다.
"보화 스님이 매일 길거리에서 미친 짓을 하는데
도대체 그가 범부인가요, 성인인가요?"
말이 채 끝나기도 전에 보화 스님이 들어오자
임제 스님이 보화스님에게 물었다.
"그대는 범부인가, 성인인가?"
"임제 스님이 먼저 말씀해보시오. 내가 범부입니까? 성인입니까?"
임제 스님이 "할!"을 하니 보화 스님이 손으로 사람들을 가리키면서
"하양은 새색시 선, 목탑은 노파 선인데, 임제는 어린애 같은데
그래도 모두 한쪽 눈[一隻眼, 일척안]을 갖추었구나" 하였다.
임제 스님이 "야, 이 도적놈아!" 하자
보화 스님이 "도적놈아, 도적놈아!" 하면서 나가버렸다.

師一日 與河陽 木塔長老 同在僧堂地爐內坐 因說普化每日 在街市 掣
風掣顚 知他是凡 是聖 言猶未了 普化入來 師便問 汝是凡 是聖 普化
云 汝且道 我是凡是聖 師便喝 普化以手指云 河陽 新婦子 木塔 老婆
禪 臨濟 小廝兒 却具一隻眼 師云 這賊 普化云 賊賊 便出去

✿

임제 스님이 보화 스님에게 "그대는 범부인가, 성인인가?"라고 물었
는데 보화 스님이 "그대가 먼저 말씀해보시오. 내가 범부입니까? 성
인입니까?" 하고 응수하는 솜씨가 보통 노련하지 않다. 자신에 대한
평가를 묻고 있는 사람에게, 묻는 당신은 나를 어떻게 생각하느냐고
질문의 표적을 돌리고 있다.

임제 스님이 보화 스님에게 "범부인가, 성인인가?"라고 묻는 것은
범성변견凡聖邊見의 망념妄念으로 묻는 것으로, 망념의 그물에 옭아매
고자 하는 함정이 도사리고 있다. 이를 보화 스님이 모를 리가 없다.

개는 주인이 흙덩이를 던지면 쫓아가서 흙덩이를 물고 늘어진다.
그러나 사자는 흙덩이를 던지는 주인을 문다. 임제 스님의 질문에 대
해 보화 스님이 똑같이 임제 스님에게 물은 것은 사자가 주인을 문 격
이다. 흙덩이는 다름 아닌 분별 망상의 덩어리다. 보화 스님이 사자
가 아니고 개[犬]라면 범성변견의 망념 덩어리를 물고 이리 흔들고 저
리 흔들면서 늘어졌을 것이다. 그러나 보화는 과연 사자이므로 이러
한 번뇌 망상 덩어리를 도리어 주인에게 내던지면서 주인을 물고 있
다. 범부니 성인이니 하는 것이 무슨 말라빠진 뼈다귀냐고 하면서 말
이다. 임제는 자신에게 던진 보화의 질문의 뜻을 잘 아는지라 "할!"을
한 것이다.

그리고 보화 스님은 하양과 목탑과 임제 스님을 두고 "하양은 새색시 선禪, 목탑은 노파 선인데, 임제는 어린애 같은데 그래도 모두 한쪽 눈[一隻眼]을 갖추었구나"라고 하였다.

새색시 선은 그야말로 시집온 지 얼마 안 되는 색시가 쫓겨나서 밥도 얻어먹지 못할까 봐 불안하고 두려워서 지나치게 소심하고 조심하는 태도를 보이는 선으로서 그 견해가 여리고 부드러운 것을 빗대어서 하는 말이다. 노파 선은 할머니가 손자를 돌보듯이 지나치게 친절하고 알뜰하게 가르쳐주는 선으로 거친 기개가 전혀 없는 것을 빗대어서 하는 말이다. 그리고 임제의 선은 어린애처럼 순수하다는 것이다. 모두 한쪽 눈[一隻眼]을 갖추었다고 하는 것은 모두 시방세계를 꿰뚫어 보는 올바른 심안을 갖추고 있다는 뜻이다.

이러한 보화 스님을 두고 임제 스님이 "야, 이 도적놈아!"라고 하자 보화 스님이 "도적놈아, 도적놈아!" 하면서 나가버렸다.

보화 스님은 과연 도적이다. 무슨 도적인가? 마음을 훔친 도적이다. 그래서 임제 스님이 도적놈이라고 했더니 보화 스님 역시 도적놈이라고 응수한 것이다. 임제 역시 도둑놈이기는 마찬가지다.

5. 보화 스님이 생채를 먹다

하루는 보화 스님이 승당 앞에서 생야채를 먹고 있으니
임제 스님이 이를 보고 말한다.
"꼭 한 마리의 당나귀 같구나."
이에 보화 스님이 곧바로 당나귀 울음소리를 내니
임제 스님이 "야, 이 도적놈아!" 하였다.
보화 스님은 "도적놈아, 도적놈아!" 하면서 나가버렸다.

一日 普化在僧堂前 喫生菜 師見云 大似一頭驢 普化便作驢鳴 師云 這
賊 普化云 賊賊 便出去

❀

여기서 임제 스님은 생야채를 먹고 있는 보화 스님을 한 마리 당나귀
로 비하하여 비천한 존재로 끌어내리고 있다. 보화 스님이 어떻게 나
오는지 시험하고 있는 것이다. 그런데 보화 스님은 바로 당나귀가 되

어 당나귀 울음소리를 내고 있다. 본래면목에서 당나귀면 어떤가? 오히려 무거운 짐을 묵묵히 지고 나르니 당나귀가 더 훌륭하다. 이는 바로 임제 스님의 마음을 훔친 것이다. 그러나 마음을 훔치는 데서는 임제 스님도 뒤지지 않는다. 둘 다 큰 도둑이다.

6. 보화 스님, 요령을 흔들다

보화 스님은 항상 저잣거리에서 요령을 흔들면서 말하였다.

"밝음으로 오면 밝음으로 치고[明頭來明頭打],

어두움으로 오면 어두움으로 치며[暗頭來暗頭打],

사방팔면으로 오면 돌개바람처럼 치고,

허공으로 오면 도리깨질로 연거푸 친다."

임제 스님이 시자를 보내며 전했다.

"보화 스님이 그렇게 말하는 것을 보면, 바로 멱살을 휘어잡고

'앞에서처럼 아무것도 오지 않을 때는 어찌하겠습니까?' 하고 물어보라."

그대로 하자 보화 스님은 시자를 밀쳐버리면서 말하였다.

"내일 대비원에서 공양을 베푼다."

시자가 돌아와 말씀드리니 임제 스님이 말했다.

"나는 벌써부터 그를 의심하였다."

因普化 常於街市搖鈴云 明頭來明頭打 暗頭來暗頭打 四方八面來旋風

打 虛空來連架打 師令侍者 去 纔見如是道 便把住云 總不與麼來時如
何 普化托開云 來日 大悲院裏有齋 侍者回舉似師 師云 我從來 疑著這漢

❀

'명두래 명두타明頭來明頭打, 암두래 암두타暗頭來暗頭打.' 즉 '밝음이 오
면 밝음으로 치고, 어둠이 오면 어둠으로 친다.' 이는 보화 스님의 걸
림 없는 큰 해탈의 삶을 보여준다. 밝음으로 차별이 있으니 용用이다.
세상에 차별이 있으니 부처도 있고 중생도 있다는 말이다. 어둠은 차
별이 없으니 체體이다. 어두움으로 부처도 없고 중생도 없다는 말이다.

보화 스님은 상황에 따라 어떤 문제가 닥치더라도 자유자재하게
대처하여 매 순간 경계에 얽매이지 않고 스스로 주인이 되는 경지에
있음을 드러낸다. 그래서 어떤 경계가 오더라도 그대로 쳐내버리는
것이다. 부처가 오면 부처가 되어서 쳐내고, 범부가 오면 범부가 되어
쳐내는 것이다.

그래서 이러한 보화 스님의 말에 임제 스님이 시자를 보내 "아무
것도 오지 않을 때는 어찌하겠습니까?' 하고 물어보라"고 하였다. '아
무것도 오지 않을 때'는 무엇을 의미하는가? 밝음으로 오지도 않고
어둠으로 오지도 않고 사방팔면이나 허공으로도 오지 않아 아무것도
오지 않을 때를 말한다. 본체와 작용을 뛰어넘고, 본체와 작용을 나누
지 않으며, 안팎을 나누지 않으며, 동서남북도 가리지 않으며 사방과
팔면이 몽땅 하나의 큰 해탈문이다. 둥글고 둥글어서 털끝만큼의 누
락도 없이 온몸이 한 조각을 이루어 일제의 망념이 다시 일어날 수가
없다. 그래서 옛 성현들이 말하기를 "온몸이 꿰맨 자국이 없어서 온
통 한 덩어리다"라고 말했던 것이다.

둥글고 큰 하나의 해탈 자체이니 일체의 망념이 발붙일 데가 없다. 이것이 아무것도 오지 않는 경지다.

시자가 임제 스님이 시키는 그대로 하자, 보화 스님은 시자를 밀쳐 버리면서 "내일 대비원에서 공양을 베푼다"라고 하였다. 진심의 묘용은 평상시의 마음이나 일상사 속에 있다. 대비원의 공양은 아무런 의도나 꾸밈이 없는, 작위가 없는 일상사 그대로 진심의 묘용이다. 그래서 '일용즉묘용日用卽妙用'이라고 한다. 일상사의 활동이 묘한 진여의 활동이다.

임제 스님은 시자의 말을 듣고 "나는 벌써부터 그를 의심하였다"라고 말했다. 여기서 의심은 부정의 의미가 아니라 긍정의 의미로 쓰였다. 보화 스님을 인정하고 있다는 말이다.

7. 사람들의 그릇을 점검하다

1) 노스님 점검 — 절을 할까 말까

어떤 한 노스님이 임제 스님을 찾아뵙고 인사도 나누기 전에
"절을 해야 옳습니까, 절을 하지 않아야 옳습니까?[不禮拜卽是]"라고 물었다.
임제 스님이 곧 "할!"을 하므로 그 노스님이 곧바로 절을 하였다.
임제 스님이 "보기 드문, 뭘 좀 아는 좀도둑이로다" 하였다.
그러자 노스님이 "도둑놈아, 도둑놈아[賊賊]!" 하고 나가버렸다.
임제 스님이 "아무 일이 없다고 생각하지 않는 것이 좋을 것이네"라고
하였다.

有一老宿 參師 未曾人事 便問 禮拜卽是 不禮拜卽是 師便喝 老宿 便
禮拜 師云 好箇卓賊 老宿云 賊賊 便出去 師云 莫道無事好

✿

예배와 불예배 사이에 분별이 개재되어 있다. 노스님은 분별로 묻고, 임제 스님이 할로써 분별을 끊어낸 자리를 드러낸 것이다. 노스님이 절을 해야 옳은가 하지 않아야 옳은가 하는 고약한 질문을 던져서 임제 스님을 옴짝달싹 못 하도록 몰아붙이는 광경이다.

그러나 임제 스님은 할을 통해 양자택일의 분별을 단번에 끊어내버린다. 그때 노스님이 곧바로 절을 한다. 이때 노스님의 '절'은 임제 스님의 '할'에 버금가는 것이라고 할 수 있다. 그래서 임제 스님이 노스님을 "보기 드문, 뭘 좀 아는 좀도둑[好箇草賊]"이라고 말한 것이다. 호개好箇란 감탄을 내포하는 '대단한, 훌륭한'이라는 의미다. 임제 스님의 법을 훔쳐봤기 때문이다.

그러자 노스님이 "도둑놈아, 도둑놈아!" 하고 나가버리니 임제 스님은 "아무 일이 없다고 생각하지 않는 것이 좋을 것이네"라고 한다. 이 말은 상대가 하는 그대로 허용하지 않겠다는 뜻으로 지금은 아무 일 없이 자리를 떠나지만, 앞으로는 여기에 더 안주해서는 안 될 것이며, 어떤 상황이 닥치더라도 능히 대처할 수 있는 자신이 되어야 한다는 의미로 한 말이라고 보면 된다.

2) 수좌 점검 ― 허물은 어디에 있는가

임제 스님이 옆에서 모시고 있는 수좌에게 물었다.

"허물이 있는가, 없는가?"

"예, 허물이 있습니다."

"손님 쪽에 있는가? 주인 쪽에 있는가?"

"두 쪽에 다 있습니다."

"허물이 어디에 있는가?"

수좌가 그냥 나가버리니 임제 스님이 말하였다.

"아무 일이 없다고 생각하지 않는 것이 좋을 것이네."

뒤에 어떤 스님이 이 일을 남전 스님에게 말하니 남전 스님이

"나라에서 키우는 훌륭한 말들이 서로 차고 밟은 격이다" 하였다.

首座侍立次 師云 還有過也無 首座云 有 師云 賓家有過 主家有過 首
座云 二俱有過 師云 過在什麼處 首座便出去 師云 莫道無事好 後有
僧擧似南泉 南泉云 官馬相踏

✿

임제 스님의 법을 훔쳐본 앞의 한 노스님과의 법담에서 무슨 허물이
있느냐고 수좌에게 물었다. 여기서 허물을 잘 들여다보아야 한다.

앞서 임제 스님과 노스님의 법담에서 허물은 없었다. 허물이 없는
데도 왜 허물이 있다고 말하고, 양쪽 다 허물이 있다고 말하는가? 이
는 임제 스님을 한 번 더 분별의 한복판으로 밀어 넣기 위한 의도라고
해야 하지 않을까? 하지만 수좌도 보통 그릇은 아니다. 수좌가 나가
버린 것은 손님과 주인 어느 편에도 간여하지 않겠다는 뜻이 숨어
있다.

남전 스님이 "나라에서 키우는 훌륭한 말들이 서로 차고 밟은 격"
이라고 말하지만 실은 서로 차고 밟는 것이 아니라 주연과 조연이 서
로 제 역할을 제대로 함으로써 주연도 빛나고 조연도 빛이 나는 광경

이다. 서로 걷어차는 것은 두 사람의 기봉機鋒이 날카롭고 활발발하다는 것을 나타낸다. 한 노스님이 법을 훔쳐본 도적이라면 임제 스님과 수좌는 도적을 잡는 관군으로 비유하고 있다. 서로 던져주고 서로 받고, 서로 안아주고 받고 하는 것으로 아름다운 광경으로 말하고 있는 것이다.

3) 군 장교 점검 — 나무토막일 뿐

임제 스님이 군부대에 공양 초대를 받아 갔을 때의 일이다.
문 앞에서 군인을 만나자 노주[露柱, 천막 기둥]를 가리키며 물었다.
"이것이 범부인가? 성인인가?"
군인이 아무런 대꾸가 없자 스님이 노주를 두드리며
"설사 잘 대답했더라도 일개 나무토막일 뿐이다"라고 하고는 들어가버렸다.

師 因入軍營赴齋 門首 見員僚 師指露柱問 是凡是聖 員僚無語 師打
露柱云 直饒道得 也祇是箇木橛 便入去

❀

기둥은 나무토막으로 지어진 것이다. 나무토막이 본성이라고 하면, 기둥은 본성이 지어낸 것이다. 우리를 포함한 삼라만상이 모두 다 진여의 묘용이 연을 따라 지어낸 것이다. 삼라만상의 본성이 진여이고 나무토막으로 비유된다. 그러므로 우리 모두가 한낱 나무토막인 것이다. 두두물물 전체가 다 나무토막이다. 그러나 이렇게 이치로만 이해하면 이는 사구死句가 된다. 활구活句로 살려내야 너도 살고 나도 살고 일체 만상이 살아난다. "설사 잘 대답했더라도 일개 나무토막일 뿐이다" 하고는 들어가버렸다는 말을 깊이 들여다보면, 거기에는 자성견自性見이 있다. 자성으로 본다는 것이다. 자성견은 자성이 본래 청정하여 담연히 비고 고요하므로, 보는 것이 능히 일어나는 것[能生]을 말한다. 본체 중에서 이처럼 '보는 것이 일어나는 것'이 자성견이다.

　그러면 자성으로 보는 것은 무엇인가? 한낱 나무토막으로 보고 있는 것이 다름 아닌 자성으로 보고 있는 것이다. 보고 있는 것이 작용이고 묘용이다. 보고 있는 것이 다름 아닌 진여의 작용이고 항사묘용임을 아는 것이 바로 '깊은 뜻을 깨닫는다'는 말이다.

　"일개 나무토막일 뿐이다"라는 임제 스님의 말씀을 따라서 나무토막인 줄로만 알면 그것은 사구가 된다. 그러나 말씀 밖의 깊은 뜻인 '보는 작용[自性見]'을 깨달으면 활구가 되어 너도 살리고 나도 살린다. 너도 나무토막이고 나도 나무토막이다. 이 무슨 뜻인가?

4) 원주 점검 ─ 글자 한 획도 팔 수 있는가

임제 스님이 원주에게 물었다.

"어디서 오느냐?"

"시내에 차좁쌀[黃米]을 팔러 갔다 옵니다."

"그래 다 팔았느냐?"

"예, 다 팔았습니다."

임제 스님이 지팡이로 원주 앞에다 한 획[─]을 그으면서

"그래, 이것도 팔 수 있느냐?" 물었다.

원주가 곧 "할!"을 하므로 임제 스님이 후려갈겼다.

전좌典座가 오자 임제 스님이 앞의 이야기를 들려주니

전좌가 "원주는 큰스님의 뜻을 몰랐습니다" 하였다.

"그럼 네 생각은 어떠하냐?" 하시니 전좌가 절을 하였다.

임제 스님은 그도 역시 후려갈겼다.

師問院主 什麼處來 主云 州中糶黃米去來 師云 糶得盡麼 主云 糶得
盡 師以杖 面前 畫一畫云 還糶得這箇麼 主便喝 師便打 典座至 師舉
前話 典座云 院主不會和尙意 師云 儞作麼生 典座便禮拜 師亦打

✿

임제 스님은 원주가 쌀을 다 팔았다는 말에 지팡이로 원주의 앞에다
한 획을 그으면서 "그래, 이것도 팔 수 있느냐?"라고 묻는다. 이 대목
의 핵심이다.

　한 획은 진여일심의 한 획을 비유하는 것이고 진리의 당체를 비유
해서 나타내는 한 획으로 볼 수 있다. 다 팔았다고 하자, 그러면 진여
일심의 법까지 팔 수 있느냐고 묻고 있다. 진여일심은 일심一心도 없
어서 일심이며 한 물건도 없는 것이다. 한 물건도 없는데 어떻게 팔
수가 있는가? 그래서 원주가 "할!"을 한 것이다. 원주가 곧 "할!"을 하
므로 임제 스님이 후려갈겼다. 전좌 역시 임제 스님의 질문을 유도하
기 위해 "원주는 큰스님의 뜻을 몰랐습니다"라고 하니까 임제 스님이
"그럼 네 생각은 어떠하냐?" 하시니 바로 전좌가 절을 하였다. 임제
스님은 그도 역시 후려갈겼다.

임제 스님과 원주, 그리고 전좌가 주고받는 선문답이 참으로 아름답다. 임제 스님은 원주와 전좌에게 똑같이 한결같이 몽둥이로 후려 갈겼다. 차별 없이 평등하게 법령을 시행한 것이라고 할 수 있다. 임제 스님이 그은 한 획의 의미를 원주와 전좌 둘 다 알고 있기 때문에 할을 해도 때리고 절을 해도 때린 것이다. 거기에 사람을 죽이고 살리는 활발발한 자유자재가 숨 쉬고 있다.

5) 좌주 점검 ― 경전을 밝게 아는가

어떤 좌주(경전을 강론하는 스님)가 찾아왔을 때 임제 스님이 물었다.
"좌주는 무슨 경론을 강의하는가?"
"저는 아는 것이 모자랍니다. 그저 백법론을 조금 익혔을 뿐입니다."
임제 스님이 "한 사람은 삼승십이분교를 밝게 알았고,
한 사람은 삼승십이분교를 밝게 알지 못했다면 같은가? 다른가?" 하니
좌주가 "밝게 알았다면 같겠지만 밝게 알지 못했다면 다릅니다"라고
하였다.

有座主 來相看次 師問 座主 講何經論 主云 某甲 荒虛 粗習百法論 師
云 有一人 於三乘十二分敎 明得 有一人 於三乘十二分敎 明不得 是
同是別 主云 明得卽同 明不得卽別

❀

『백법론百法論』은 유식의 중요한 경전이다. 유식은 '만법유식萬法唯識,

유식무경唯識無境, 경식구민境識俱泯'을 표방한다. 만법은 오로지 '식識'이 지어내고, 식만 있고 만상은 없으며, 식이라는 것도 유식실성이 지어낸 가상으로 만상과 식 둘 다 없다는 뜻이다. 아뢰야식은 만법을 지어내고, 진여의 묘용이 연을 따라 지어진 가상공체假相空體다. 연緣을 따라 지어진 것이므로 아뢰야식의 모습은 생멸하는 허망분별로서 가상이며, 진여의 묘용이 지어낸 것이므로 본체는 진여 그 자체다.

만물이나 사람이나 본성은 진여공眞如空 그 자체로 같다. 깨닫든 깨닫지 못하든, 이치를 알든 모르든 똑같다. 그래서 깨닫지 못한 사람의 마음도 불성을 지니고 있다고 한다[不會之心卽佛性]. 우리의 진여본성은 밝게 알고 모르는 것과는 상관이 없다. 진여본성에는 그런 것이 없다. 『백법론』을 강의하는 이 강사는 아직도 유식실성을 깨치지 못한, 그리하여 대원경지가 현발하지 못한 스님임에 틀림없다. 그렇지 않다면 "밝게 알았다면 같겠지만 밝게 알지 못했다면 다릅니다"라는 이런 전혀 엉뚱한 이야기를 할 수가 없기 때문이다. 교학을 통달하는 것은 그리 높이 평가할 일이 아니다. 진여본성의 바른 안목을 보는 것이 참으로 중요하다. 진여본성에는 부처와 중생이 다르지 않다.

그때 시자로 있던 낙보 스님이, 임제 스님 뒤에 서 있다가 말했다.
"좌주는 여기가 어디라고 같다느니 다르다느니 하십니까?"
임제 스님이 시자를 돌아보며 물었다.
"그래, 너는 어떻다고 보느냐?"
시자가 곧 "할!" 하였다.
임제 스님이 좌주를 보내고 돌아와서 시자에게 물었다.
"조금 전에 나를 보고 '할'을 하였느냐?"

"예, 그렇습니다" 하니 그대로 후려쳤다.

樂普爲侍者 在師後立云 座主 這裏是什麼所在 說同說別 師回首問侍
者 汝又作麼生 侍者便喝 師送座主回來 遂問侍者 適來是汝喝老僧 侍
者云 是 師便打

❀

임제 스님이 시자를 점검하는 솜씨가 혀를 내두른다. 임제 스님이
"조금 전에 나를 보고 '할'을 하였느냐?"라고 물었을 때 낙보 스님이
자신의 견처를 드러냈어야 한다. 그러나 자신의 견처 없이 단지 임제
스님의 '할'을 흉내 냈음을 자인하는 말을 하고 있다. 그리하여 "예,
그렇습니다" 하니 그대로 후려쳤다는 것이다.

　여기서 미끼는 '조금 전'이라는 말씀이다. '조금 전'과 '조금 후'로
나누어 묻고 있다. 전후는 마음이 지어낸 분별이다. 허망분별이다. 허
망분별이 있고서야 '할'은 할로써 아무런 가치도 소용도 없다. 분별로
하는 '할'이나 흉내 내는 '할'은 단지 죽은 '할'에 지나지 않기 때문이
다. 흉내 내지 말고 자신이 스스로 깨달아 우뚝 서라고 후려친 것이다.

6) 덕산 스님과 시자 점검 — 덕산 30방

임제 스님은 덕산 스님이 대중에게 법문할 때
"대답을 해도 30방[道得也三十棒], 대답을 못 해도 30방이다[道不得也三十棒]"
라고 얘기한다고 들었다.

시자로 있던 낙보 스님을 덕산 스님에게 보내면서

"대답을 했는데 어찌하여 몽둥이 30방입니까?'라고 물어보고

그가 만약 너를 때리면 그 몽둥이를 잡아 던져버려라.

그리고 그가 어찌하는가를 보라"고 시켰다.

낙보 스님이 그곳에 도착하여 시키는 대로 물으니,

덕산 스님이 곧 후려치므로

몽둥이를 붙잡고 던져버리자

덕산 스님이 곧 방장실로 돌아가버렸다.

낙보 스님이 돌아와 임제 스님께 그대로 말씀드리니

"나는 이전부터 그가 보통 인물이 아니라고 의심해왔다.

그건 그렇다 치고, 그렇다면 너는 덕산을 보았는가?"

낙보 스님이 머뭇거리자 임제 스님이 곧 후려쳐버렸다.

師聞 第二代德山 垂示云 道得也三十棒 道不得也三十棒 師令樂普去

問 道得 爲什麼 也三十棒 待伊打汝 接住棒送一送 看他作麼生 普到

彼 如敎而問 德山 便打 普接住送一送 德山 便歸方丈 普回擧似師 師

云 我從來 疑著這漢 雖然如是 汝還見德山麼 普擬議 師便打

✿

여기서 덕산 스님은 덕산 '방棒'으로 유명한 스님이다. 방망이로 때리
길 잘하는 스님이라서 그렇다. 덕산 스님은 『금강경金剛經』에 정통해
서 주금강注金剛으로 불렸는데, 용담 스님을 만나 큰 깨우침을 얻은
일화가 유명하다.

　덕산 스님이 밤늦도록 용담 스님과 담화를 나누다가 숙소로 돌아

갈 적에, 밤이 어두워 용담 스님이 촛불을 켜서 덕산에게 주었다. 덕산이 초를 받아들고 방에서 나와 신을 신자마자 용담이 불을 확 꺼버렸다. 그 즉시 칠흑처럼 캄캄하고 어두운 상태[黑暗]가 도래하고, 순간 덕산은 몰록 깨우쳤다.

밝음[明]과 백白이 차별 현상을 상징한다면, 어두움[暗]과 흑黑은 평등 진여를 상징한다. 캄캄하고 어두운 상태는 평등한 경계를 드러낸다. 칠흑 같은 밤에는 아무것도 소용없다. 제아무리 뛰어난 지식이나 『금강경』의 가르침도 전혀 쓸데가 없다. 중요한 것은 언제 어디서나 어떤 상황에서도 거뜬히 헤쳐 나갈 수 있는 바른 안목, 즉 중도의 진정견해가 필요하다. 그래서 그는 이튿날 짊어지고 다니던 『금강경』을 모두 불태워버리고는 말했다. "팔만대장경도 역시 한가한 문자에 불과하군."

덕산 스님이 대중들을 일깨우기 위해, 대답을 해도 방망이로 때리고 대답을 못 해도 때린다는 소문이 자자했다. 낙보 스님은 덕산 스님을 찾아가서 임제 스님이 시키는 대로 했다. 덕산 스님이 곧 후려치므로 낙보 스님은 몽둥이를 잡아 던져버렸고, 그러자 덕산 스님은 곧 방장실로 돌아가버렸다. 이러한 덕산 스님의 행동을 잘 들여다보아야 한다. 그래서 임제 스님도 낙보에게 "그가 어찌하는가를 보라"고 당부했던 것이다.

이 단락은 임제 스님이 덕산 스님을 점검하는 형식으로 되어 있지만, 사실은 덕산 스님을 점검하는 구실로 낙보 스님의 안목을 틔우게 하기 위한 것이라고 봐야 한다. 당대에 제일가는 덕산 스님과 임제 스님이 서로 간에 점검할 일이 무엇이 있겠는가? 또 설사 있다 하더라도 이 정도의 점검은 너무 뻔한 일이기 때문에 점검이라고 할 것 없다. 그래서 임제 스님도 "나는 이전부터 그가 보통 인물이 아니라고 의심해왔다"라고 말한다. 이미 임제 스님도 덕산 스님이 대단한 인물임을 알고 있었다는 말이다.

덕산 스님은 왜 "대답을 해도 30방[道得也三十棒], 대답을 못 해도 30방이다[道不得也三十棒]"라며 몽둥이로 때린 것일까? 대답을 못 하면 맞아야 하지만 제대로 대답을 했는데 왜 맞아야 하는가? 덕산 스님의 말씀을 잘 들여다보면 '대답을 해도[道得也]'와 '대답을 못해도[道不得也]'가 양변을 이룬다. 양변이라는 것은 분별이므로 변견이고 망념이며 송장이 아닐 수 없다. 이러니저러니 해도 절대로 양변에 머물러서는 안 되는 것이다. 그렇기에 대답을 해도 삼십방을 맞을 잘못이고, 대답을 못 해도 삼십방을 맞을 잘못인 것이다.

양변을 버린 바른 안목을 가진 사람만이 살아날 수 있다. 그리하여 임제 스님은 낙보 스님을 시켜서 덕산 스님이 너를 때리면 그 몽둥이를 딱 붙잡아 던져버리라고 한 것이다. 여기서 몽둥이를 던져버리는 것은 양변을 다 끊어버린다는 의미가 함축되어 있다. 그러자 덕산 스님은 방장실로 돌아가버렸는데, 이 의미는 몽둥이를 던져버린 것에 대한 화답이라고 할 수 있다. 그것은 침묵으로써 진정한 덕산 스님의 본래면목을 보인 것이다. 임제 스님이 "너는 덕산을 보았는가?" 하는 질문은 이러한 덕산 스님의 본래면목을 보았느냐는 말이다.

낙보 스님은 그저 임제 스님이 시키는 대로만 했을 뿐 덕산 스님의 본래면목을 볼 생각은 꿈에도 하지 못했다. 그러니 묻는 말에 머뭇거릴 수밖에 없는 것이다. 한 대 맞아야 정신을 차릴 수 있다. 그래서 후려쳤다.

7) 왕상시 점검 ─ 눈에 든 금가루

하루는 왕상시王常侍가 방문하여 함께 거닐다가
승당 앞에서 임제 스님을 뵙고 여쭈었다.
"이 승당에 계시는 스님들은 경을 보십니까?"
"경을 보지 않소."
"그렇다면 선을 배우십니까?"
"선도 배우지 않소."
"경도 보지 않고 선도 배우지 않는다면 결국 무얼 하십니까?"
"모두 다 부처가 되고 조사가 되게 가르치오."
"금가루가 비록 귀하기는 하나 눈에 들어가면 병이 되는데,
어떻게 생각하십니까?"
"나는 그대를 일개 속인으로만 여겼구려."

王常侍 一日 訪師 同師於僧堂前看 乃問這一堂僧 還看經麽 師云 不
看經 侍云 還學禪麽 師云 不學禪 侍云 經又不看 禪又不學 畢竟作箇
什麽 師云 總敎伊成佛作祖去 侍云 金屑雖貴 落眼成翳 又作麽生 師
云 將爲儞是箇俗漢

❀

임제 스님은 경經을 '똥을 닦는 휴지'라 하여 글자와 명칭에 집착하는
것을 멀리하라고 가르쳐왔다. 그러므로 승당에 계시는 스님들은 경
을 보지 않는다고 말하고 있다. 그리고 마음을 안주시켜 고요함을 본
다든지 마음을 한곳으로 모아 선정에 든다면 이러한 모든 것은 조작

이라고 말해왔다. 그러므로 선도 배우지 않는다고 말한 것이다.

그런데 뜻밖에도 '결국 무엇을 하느냐?'라고 물었을 때 임제 스님은 평소와는 전혀 다르게 "모든 사람들이 다 부처가 되고 조사가 되게 하오"라고 말한다. 묻고 답하는 자신이 바로 부처이므로 자신 밖에서 부처를 구하거나 찾지 말라고 말해왔는데, 이와는 전혀 다른 말을 하고 있다.

왕상시는 임제 스님을 알아보고 큰 절에 모셔 마음껏 법석을 펼수 있게 한 정부의 관료이다. 그가 "금가루가 비록 귀하기는 하나 눈에 들어가면 병이 되는데, 어떻게 생각하십니까?" 하고 물은 것은 자신 밖에서 부처를 구해서는 안 되며, 자신 밖에서 부처를 구하는 것은 또 다른 부처에 대한 집착이자 병으로서 이에서 벗어나지 않으면 안된다는 뜻을 질문에 담은 것이다. 그러한 왕상시를 보고 임제 스님은 "그대를 일개 속인俗漢으로만 여겼구려"라고 대답한다. 이 말은 이제까지 속인인 줄 알았는데 속인이 아니라 출가인이라는 뜻이 담겨 있다. 금가루는 부처에 대한 집착과 그러한 마음의 병을 표현하는 것으로, 이에서 벗어나야 함을 말하고 있는 왕상시는 이미 자신이 부처라는 진정견해를 믿고 법을 구하는 출가인이라고 할 만하다.

8) 행산 스님 점검 — 들판의 흰 소

임제 스님이 행산杏山 스님에게 물었다.

"무엇이 들판의 흰 소[露地白牛]입니까?"

행산 스님이 "음매에, 음매에!" 하자

임제 스님이 "벙어리냐?" 하셨다.

행산 스님이 "장로께서는 어떻게 하십니까?" 하니

임제 스님이 "이놈의 축생아!" 하셨다.

師問杏山 如何是露地白牛 山云 吽吽 師云 啞那 山云 長老 作麼生 師
云 這畜生

✿

노지백우露地白牛는 울타리나 지붕이 없는 땅이나 들판에 놓아두고
키우는 소를 말한다. 이런 소라면 주인의 신임이 두텁고 남의 밭에 들
어가지도 않는다. '무엇이 부처인가?'를 들판의 소에 비유해서 묻고
있다.

  그러자 행산 스님은 한 마리 소가 되어 "음매에, 음매에!" 한다. 소
그대로가 바로 부처다. 깨친 자의 눈으로 보면 눈앞에 드러난 삼라만
상이 그대로 부처 아닌 것이 없다.

  행산 스님이 소가 되어 울어대니 임제 스님이 가만히 두고 볼 수가
없다. 그래서 반격에 나선다. "벙어리냐?"라고 묻는다. 보통은 임제
스님의 이러한 반격에 무너지는 것이 대부분이리라. 그러나 행산 스
님은 보통내기가 아니다. 행산 스님은 임제 스님이 던진 흙덩이를 쫓
아가서 물고 늘어지는 그러한 개가 아니라 사자다. 사자는 흙덩이를
던진 주인을 물어버린다. 그래서 "장로께서는 어떻게 하십니까?" 하
고 질문을 되돌린다. 이쯤 되니 임제 스님도 소가 된 행산 스님을 인
정하지 않을 수 없다. 그래서 "이놈의 축생아!"라고 한 것이다.

9) 낙보 스님 점검 ─ 무엇이 진실인가

임제 스님이 낙보 스님에게 물었다.

"예로부터 한 사람은 방棒을 쓰고 한 사람은 할喝을 썼는데
누가 더 진실에 딱 들어맞느냐?"

"둘 다 진실하지 않습니다."

"그럼, 어떻게 해야 진실에 딱 들어맞겠느냐?"

낙보 스님이 "할!"을 하자 임제 스님이 후려쳤다.

師問樂普云 從上來 一人 行棒 一人 行喝 阿那箇親 普云 總不親 師云
親處作麼生 普便喝 師乃打

❀

"둘 다 진실하지 않습니다"라고 하는 말의 의미는 방과 할의 작용이
다름 아닌 진여의 작용으로, 진여의 자리에는 누가 더 진실한가 하는
것이 무의미함을 말하는 것이다. 현실적으로 볼 때 덕산 스님의 방이
나 임제 스님의 할이 학인을 깨우치기 위해 노파심절로 하는 것은 분
명하다. 그러나 그러한 것도 진여의 작용인 방과 할의 본래의 진여 작
용에서 보면 비교할 수 있는 것이 아니다. 그래서 "둘 다 진실하지 않
습니다"라고 낙보 스님이 말한다.

　이 단락에서 덕산 방과 임제 할을 놓고 누가 더 진실한가 묻고 있는
임제 스님의 깊은 의중을 살펴야 한다. 스스로 깨달아 우뚝 서게 되면
자신의 길을 뚜벅뚜벅 가게 되는 것이다. 누구의 길도 아니고 설사 그
길이 스승의 길이라 하더라도 가지 않는다. 스승은 스승의 길을 가고

낙보 스님은 낙보 스님 자신의 길을 가야 한다. '자신은 자신의 길을 간다'라는 수처작주隨處作主하는 정신을 일깨우려고 이런 질문을 한 것이다.

10) 어느 스님 점검 — 곤륜산을 쪼갤 수 없노라

임제 스님이 어떤 스님이 오는 것을 보고 양손을 펼쳐 보였다[展開兩手].
그 스님, 아무런 대꾸가 없다.
임제 스님이 "알겠는가?" 물으니 "모르겠습니다" 하므로
"곤륜산을 쪼갤 수 없으므로 그대에게 노잣돈이나 두어 푼 주겠노라"
하였다.

師見僧來 展開兩手 僧 無語 師云 會麼 云 不會 師云 渾崙 擘不開 與
汝兩文錢

❀

임제 스님이 양손을 펼쳐 보이는데도 아무런 대꾸가 없었다면 어떻게 받아들여야 하는가? 순간 '두 손을 펼친 것을 아랑곳하지 않는 무심도인인가?' 하면서 한번 점검해봐야겠다고 생각이 드는 것일 게다. 그래서 질문을 던져본 것이라고 해야 한다. 두 손을 펼쳐 보였다는 것은 인사를 하는 것이다. 사람을 만나면 인사하고, 손님이 오면 차 마시는 것 역시 진여의 작용이요, 도 아님이 없다.
　차 마시는 것과 관련하여 조주 선사의 말씀을 들어보자. 조주 스님

에게 수행자 두 사람이 찾아와서 절을 올리고 이렇게 물었다.

"불법의 큰 의미는 무엇입니까?"

이에 조주 선사는 대답 없이 되물었다. "이곳에 온 일이 있는가?"

수행자가 "한 번도 없습니다"라고 대답하자 조주 선사가 말한다. "그러면 차나 한잔 마시게[喫茶去]."

곁에 있던 다른 수행자가 물었다. "달마 대사가 서쪽에서 오신 큰 뜻이 무엇입니까?" 그러자 조주는 그에게도 똑같이 이곳에 온 일이 있는지 물었고, 그 수행자가 답했다. "예, 한 번 있습니다."

이에 조주 선사는 다시금 말한다. "그러면 차나 한잔 마시게."

옆에서 듣고 있던 원주 스님이 물었다. "스님! 어째서 한 번도 온 적이 없는 사람이나 한 번이라도 온 적이 있는 사람이나 모두 '그러면 차나 한잔 마시게'라고 말씀하십니까?"

조주 선사는 원주를 조용히 바라보며 말했다. "원주, 자네도 차나 한잔 마시게."

이러한 조주 스님의 "차나 한잔 마시게[喫茶去]"라는 것은 일상사의 묘용이며 진여의 작용이다.

임제 스님의 두 손을 펼쳐 보인 행동에 대해 그 스님이 아무런 대꾸가 없다. 그래서 임제 스님은 "알겠는가?" 하고 묻고 "모르겠습니다"라는 스님의 말에 답답함을 느낀다. 그리하여 번뇌의 두께를 곤륜산에 비유해서 "곤륜산을 쪼갤 수 없다"라고 말하며 짚신이나 사 신고 여기저기 돌아다니면서 더 공부하고 오라는 뜻으로 "노잣돈이나 두어 푼 주겠노라"고 전하고 있다.

11) 동료 대각 스님과의 법거량

대각 스님이 와서 임제 스님을 뵈었다.

임제 스님이 불자를 들어 세우니, 대각 스님이 좌구를 펼쳤다.

임제 스님이 불자를 던져버리니, 대각 스님이 좌구를 거두어

승당으로 들어가버렸다.

대중 스님들이 "이 스님은 큰스님의 친구인가? 절도 안 하고

또 얻어맞지도 않는구나" 하였다.

임제 스님이 이 말을 듣고 대각 스님을 불러오게 하였다.

대각 스님이 나오자 "대중들이 말하기를 그대는 장로인 나에게

아직 예를 표하지 않았다고 하네"라고 하였다.

그러자 대각 스님이 "안녕하십니까?" 하고는

곧 대중 속으로 돌아가버렸다.

大覺 到參 師擧起拂子 大覺 敷坐具 師擲下拂子 大覺 收坐具 入僧堂
衆僧云 這僧 莫是和尙親故 不禮拜 又不喫棒 師聞 令喚覺 覺 出 師云
大衆 道 汝未參長老 覺云 不審 便自歸衆

✵

임제 스님이 불자를 세우니 대각 스님이 좌구를 펴고, 임제 스님이 불자를 던져버리니 대각 스님이 좌구를 거두어 승당으로 들어갔다. 불자를 세웠다가 던져버리고, 좌구를 폈다가 거두는 것에서 서로 간에 나름의 인사를 하고 무언의 대화를 했다. 불자를 세우는 것은 진심의 작용에서 나온 환영 인사라고 할 수가 있다. 그러자 대각 스님이 인사

를 하려고 좌구를 편 것이다. 그러자 임제 스님이 그렇게 인사할 필요 없다는 뜻으로 불자를 던져버린다. 이를 알아챈 대각 스님이 좌구를 거두어 승당으로 들어가버린 것이다.

이미 서로를 알아보았으니 인사 같은 형식적인 예(禮)가 필요 없다. 그러나 대중 스님들은 그러한 경지를 이해할 수가 없었다. 그래서 "이 스님은 큰스님의 친구이신가? 절도 안 하고 또 얻어맞지도 않는 구나" 하며 술렁거린다. 임제 스님이 이 말을 듣고 대각 스님을 불러 오게 한다. 순간적으로 이러한 광경을 연출함으로써 대중 스님들에 게도 깨친 자의 행동을 보여 가르침을 전하고자 함에 감탄을 금할 수 가 없다. 그러자 대각 스님이 "안녕하십니까?" 하고는 곧 대중 속으로 돌아가버린다.

여기서 대각 스님의 "안녕하십니까?"라는 말은 깊은 뜻을 담고 있다. 대중 스님들이 바라는 인사라는 점이다. 이 인사는 깨친 자의 인사이고, 세간과 출세간을 아우르는 인사다.

8. 조주 스님과 문답하다

조주 스님이 행각할 때 임제 스님을 찾아왔다.

그때 임제 스님이 발을 씻고 있었는데 조주 스님이 물었다.

"조사께서 서쪽으로 오신 뜻이 무엇이오?"

"마침 내가 발을 씻고 있는 중입니다."

조주 스님이 앞으로 다가가서 귀를 기울여 듣는 시늉을 하자

임제 스님이 말했다.

"또다시 두 번째 구정물을 퍼부어야겠군요."

그러자 조주 스님은 곧 내려가버렸다.

趙州行脚時 參師 遇師洗脚次 州便問 如何是祖師西來意 師云 恰値老
僧洗脚 州近前 作聽勢 師云 更要第二杓惡水潑在 州便下去

❀

천하의 조주 스님이 발을 씻고 있는 임제 스님에게 "조사께서 서쪽으

로 오신 뜻이 무엇이오?" 하고 물었다. 임제 스님은 "마침 내가 발을 씻고 있는 중입니다"라고 말했다. 이러한 임제 스님의 대답은 조주 스님이 어느 학승에게 답한 말과 맥을 같이한다.

조주 스님에게 어느 학승이 물었다. "달마 조사께서 서쪽으로 오신 뜻이 무엇입니까?" 그러자 조주 스님이 "뜰 앞의 잣나무니라"고 대답했다. 아마도 학승이 질문할 때 조주 스님의 눈에 뜰 앞에 있는 잣나무가 들어왔거나, 그가 잣나무를 보고 있었기에 그런 답변을 했을 것이다. 잣나무를 보는 것이 진여의 작용이며, 조사가 서쪽에서 오신 뜻이기 때문이다.

마찬가지로 임제 스님이 마침 발을 씻고 있었기 때문에 그렇게 대답한 것이다. 발을 씻고 발로 걷고 하는 것이 진여의 작용이며, 이것이 조사가 서쪽에서 오신 뜻이기도 하기 때문이다. 그러자 조주 스님이 앞으로 다가가 귀를 기울여 듣는 시늉을 하니 임제 스님은 "또다시 두 번째 구정물을 퍼부어야겠군요" 하였다. 두 번째 구정물은 좀더 강력한 수단을 사용해야겠다는 뜻으로 하는 말이다.

천하의 조주 스님이 조사가 서쪽에서 오신 뜻을 몰라서 물은 것이 아님을 누구보다도 잘 아는 임제 스님이다. 귀를 기울여 듣는 시늉을 보고, 이제 서로 간에 장난은 그만하자는 뜻으로 말하고 있다. 깨친 자는 눈빛만 보아도 서로를 안다. 그런데 천하의 임제와 조주 스님이 서로를 모르겠는가! 그러면 여기서 첫 번째 구정물은 무엇인가? "마침 내가 발을 씻고 있는 중이오"라고 한 그 구정물이다. 왜 진심의 묘용인 이 표현을 구정물이라고 표현했을까? 선 특유의 이런 어법은 폄하하는 듯하지만 사실은 폄하하는 것이 아니다.

9. 정 상좌가 크게 깨닫다

정定 상좌上座가 임제 스님을 뵙고

"무엇이 불법의 대의입니까?"라고 물었다.

임제 스님이 선상에서 내려와 그의 멱살을 움켜잡고

한 대 후려갈기며 밀쳐버렸다.

정 상좌가 멍하여 우두커니 서 있으니 곁에 있던 스님이 말하였다.

"정 상좌여! 왜 절을 올리지 않는가?"

정 상좌가 절을 하려는 순간 홀연히 깨달았다.

有定上座 到參問 如何是佛法大意 師下繩床 擒住與一掌 便托開 定 佇
立 傍僧 云 定上座 何不禮拜 定 方禮拜 忽然大悟

❀

정 상좌의 질문에 대처하는 임제 스님의 활발발한 용用을 바로 보아
야 한다. 이렇게도 노파심절로 친절할 수가 있는가! 몸소 그대로 온

몸을 던져 작용을 드러내고 있다.

　선상에서 내려오는 것도 작용을 드러내 보인 것이며, 멱살을 움켜잡은 것은 한 수 더 써서 작용을 드러낸 것이다. 여기에 그치지 않고 한 대 후려갈겼다. 이쯤 되면 혼비백산하여 제정신이 아닐 것이다. 그런데 또 밀쳐버리기까지 하다니! 이 얼마나 임제 스님의 노파심절이 절절하고 간절한가. 그러나 누구도 이러한 지경을 당하면 빠져나오지 못하고 붙들리는 신세가 되고 만다. 이러한 임제 스님의 행동에 정 상좌가 멍하여 우두커니 서 있을 수밖에 없는 것은 당연하다고 여겨질 정도다. 임제 스님이 세 차례에 걸쳐 60방이나 몽둥이질을 당할 때와 같은 상황이라고 해야 하지 않을까. 곁에 있던 스님의 "정 상좌여! 왜 절을 올리지 않는가?" 하는 말을 듣고 정 상좌가 절을 하려는 순간 홀연히 깨달았다.

　철저히 두들겨 맞고 모든 것이 의문투성이인 상태에서는 멍하여 우두커니 서 있을 수밖에 없다. 이때가 깨침의 기회가 찾아오는 절호의 기회다. 모든 것이 박탈되어 존재에 대한 근원적 의심이 꽉 차오를 때, 절하는 순간 홀연히 깨닫는다. 바로 크게 죽어 크게 깨닫는 순간이다.

10. 관세음보살은 어느 얼굴이 바른 얼굴입니까?

마곡 스님이 찾아와 좌구를 펴며 임제 스님에게 물었다.
"십이면 관세음보살은 어느 얼굴이 진짜 모습입니까?"
그러자 임제 스님이 자리에서 내려와 한 손으로는 좌구를 거두고
한 손으로는 마곡 스님을 붙잡으며
"십이면 관세음보살이 어디로 갔는가?" 하였다.
마곡 스님이 몸을 돌려 임제 스님의 자리에 앉으려 하므로
임제 스님이 주장자를 들어 후려쳤는데 마곡 스님이 이를 받아 쥐니
서로 붙잡고 방장실로 들어갔다.

麻谷 到參 敷坐具 問 十二面觀音 阿那面正 師下繩牀 一手 收坐具 一
手 搊麻谷云 十二面觀音 向什麼處去也 麻谷 轉身 擬坐繩牀 師拈拄
杖打 麻谷 接却 相捉入方丈

십이면 관세음보살은 머리나 얼굴이 열두 개 있는 관음보살로, 대자 대비의 마음으로 중생을 구제하고 제도하는 보살이다. 십이면 관세음보살은 본면인 불면을 빼면 십일면 관세음보살이다. 그래서 보통 십일면 관세음보살이라 한다. 관세음보살은 세상의 모든 것을 자재하게 관조하여 보살핀다는 뜻으로 관자재보살이라고도 불린다.

마곡 스님이 "십이면 관세음보살은 어느 얼굴이 진짜 얼굴입니까?"라고 묻자마자, 임제 스님이 자리에서 내려와 한 손으로는 좌구를 거두고 한 손으로는 마곡 스님을 붙잡으며 "십이면 관세음보살이 어디로 갔는가?"라고 한 말뜻을 알아야 한다. 임제 스님은 자신이 바로 진짜 관세음보살로서 지금 자리에 있던 관세음보살은 어디로 갔는지 묻고 있다.

진실로 관세음보살은 보타락가산補陀洛迦山에 있지 않다. 지금 그리고 여기에 있는 우리 자신이 관세음보살이다. 모든 것을 자재하게 관조하고 보살피고 구제하고 제도하는 이 사람이 바로 관세음보살이다. 그러므로 임제 스님의 "십이면 관세음보살이 어디로 갔는가?" 하는 말씀은 우리 모두에게 폐부를 찌르는 경구警句다.

마곡 스님도 만만찮은 상대다. 서로가 진짜 관세음보살을 인정하고 알아봤다. 그래서 주장자를 붙잡고 방장실로 들어간 것이다. 서로가 주인이 되고 손님이 되는 방식이다.

11. 임제 스님의 네 가지 할喝

임제 스님이 어떤 스님에게 물었다.

"어떤 '할'은 금강왕의 보검[金剛王寶劍]과 같고,

어떤 '할'은 땅에 웅크리고 있는 금빛 털 사자[金毛獅子] 같으며,

어떤 '할'은 어부가 물고기를 꾀어 들이는 장대 같고[探竿影草],

어떤 '할'은 할로써의 작용을 하지 않는다[不作一喝用].

그대는 어떻게 알고 있는가?"

그 스님이 머뭇거리자 임제 스님이 "할"을 하였다.

師問僧 有時一喝 如金剛王寶劍 有時一喝 如踞地金毛獅子· 有時一喝
如探竿影草 有時一喝 不作一喝用 汝作麽生會 僧擬議 師便喝

❀

'금강왕 보검의 할'이란 표현에서 금강왕의 보검은 가장 단단하고 견
고하여 다른 모든 것을 부술 수 있는 한편, 다른 무엇에도 부서지지

않는 특징을 가지고 있다. 이러한 보검 같은 할은 일체의 번뇌와 분별 망집 등 어떤 것을 만나도 단칼에 날려 보내는 할이다.

'금빛 사자의 할'이란 사자가 모든 짐승의 왕으로 그 울음소리만 들어도 모든 짐승이 놀라 자빠지듯이 그 고함소리에 부처나 보살, 온갖 유정이나 무정들이 혼비백산한다는 것이다. 또 먹이를 사냥할 때 숨 죽이고 움직이지 않고 웅크린 채 먹잇감을 노리고 있다가 사정권 안에 들어오면 순식간에 달려들어 급소를 물어뜯는 것과 같이 학인들의 병통을 예리하게 관찰해 대처하여 깨달음으로 이끄는 할이다.

'탐간영초의 할'에서 탐간영초探竿影草란 물새의 깃을 묶어 장대 끝에 꽂아서는 물속의 고기를 그물로 유인하는 도구를 말하는데, 물새의 깃은 영초影草, 즉 풀로 그림자를 드리우는 역할을 한다. 이러한 할은 학인이 실지로 법이 있는지 없는지를, 그 허실을 염탐하고 서로의 역량을 시험하고 떠보는 할이다.

'부작일할용不作一喝用'은 할로써 작용하지 않는 할이다. 다시 말하면 고함을 지르긴 하나 할로써 소리를 지른 것이 아니라는 말이다. 분명히 할喝을 해놓고 할을 한 것이 아니라는 뜻이다. 이러한 할은 성품이 눈에 있으면 보고, 귀에 있으면 듣고, 손에 있으면 잡고, 입에 있으면 할을 하고 말도 한다. 또한 이 할은 앞의 세 가지 할을 모두 수용하지만, 어느 일정한 할에도 한정하지 않는 할로서 향상의 일할一喝이라고도 한다.

네 가지 할은 근본에서는 다 같다. 모두 다 진여의 작용으로서의 '할'에 기반한다. 금강왕보검의 할이 단지 번뇌 무명을 끊는 것으로 그친다면 그것은 진정한 할이 아니다. 번뇌 무명을 끊기만 한다면 그것은 죽고 다시는 살아나지 못하는 것과 같다. 번뇌 무명을 끊고, 끊은 그 자리가 진여로 드러날 때 만상을 비추는 지혜가 드러난다. 금모 사자의 할이나 탐간영초의 할도 마찬가지다. 진여의 작용으로서 '할' 이 네 가지 할의 뿌리에 있음을 잊지 말아야 한다. 그래야만 흉내 내는 할이 단숨에 발각되고 네 가지 할 중에 무엇을 쓰더라도 의미 있는 할이 된다.

12. 잘 왔는가? 잘못 왔는가? [善來惡來]

임제 스님이 어느 비구니에게 물었다.
"잘 왔는가? 잘못 왔는가?[善來惡來]"
비구니가 "할"을 하자 임제 스님이 주장자를 집어 들고 말하였다.
"다시 말해보아라. 다시 말해보아라."
비구니가 또 "할"을 하자 임제 스님이 곧바로 후려쳤다.

師問一尼 善來 惡來 尼便喝 師拈棒云 更道更道 尼又喝 師便打

✿

깨친 자는 종일토록 오고 가되 오고 간 적이 없으며, 종일토록 보고 듣되 보고 들은 적이 없다. 임제 스님의 "잘 왔는가? 잘못 왔는가?[善來惡來]"라는 말씀에는 선과 악의 분별이나 차별 집착 같은 것이 없다. 선래와 악래가 다르지 않으며 서로 통한다. 그러므로 선래라 할 것도, 악래라 할 것도 없다. 그런데 임제 스님의 질문에 비구니 스님은 할을 하고 있다. 임제 스님의 선래 악래의 의미를 충분히 간파하고, 그래서 변견의 선악 개념을 한 방에 날려 보내기 위해 그리한 것인지를 점검해보려고 임제 스님은 "다시 말해보아라. 다시 말해보아라"라고 말하고 있다.

그러나 그다음에 대처하는 비구니 스님의 모습이 미숙하고 부족하며 소신이 없다. 소신 있게 자신의 길을 제시했어야 할 비구니 스님은 자신의 소신을 드러내기는커녕 임제 스님의 할을 흉내 내고 있다. 그러므로 임제 스님이 곧바로 후려칠 수밖에 없었다.

13. 용아 스님이 서래의西來意를 묻다

용아 스님이 임제 스님께 물었다.

"무엇이 조사께서 서쪽으로 오신 뜻입니까?"

"나에게 선판禪版을 건네주게."

용아 스님이 바로 선판을 건네드렸다.

임제 스님이 받아서 그대로 내려치자 용아 스님이 말하였다.

"치기는 마음대로 치십시오. 그러나 아직 조사의 뜻은 없습니다."

용아 스님이 훗날 도착한 취미 스님에게 물었다.

"무엇이 조사께서 서쪽으로 오신 뜻입니까?"

"나에게 좌복[포단, 蒲團]을 건네주게" 하니 바로 좌복을 건네주었다.

취미 스님이 받아서 그대로 내려치자 용아 스님이 말하였다.

"치기는 마음대로 치십시오. 그러나 아직 조사의 뜻은 없습니다."

용아 스님이 임제원에 머무르고 있을 때

어떤 스님이 입실하여 법문을 청하였다.

"스님께서 행각하실 때 두 큰스님을 찾아뵈었던 인연이 있는데 그분들을 옳다고 인정하십니까, 아닙니까?"

"인정하기는 깊이 인정하지만, 아직 조사의 뜻은 없었네."

龍牙問 如何是祖師西來意 師云 與我過禪版來 牙便過禪版與師 師接
得便打 牙云 打卽任打 要且無祖師意 牙後到翠微 問 如何是祖師西來
意 微云 與我過蒲團來 牙便過蒲團與翠微 翠微接得便打 牙云 打卽任
打 要且無祖師意 牙住院後 有僧 入室請益云 和尙 行脚時 參二尊宿
因緣 還肯他也無 牙云 肯卽深肯 要且無祖師意

✿

조사가 서쪽에서 오신 뜻과 선판이나 좌복은 무슨 관계가 있으며, 선
판이나 좌복을 가져왔을 때 그대로 내리친 이유는 무엇인가?

선판을 예로 들어 말해보자. 사실 선판은 선판이 아니기에 선판이
라고 불리는 것이다. 본래 자리인 성품에서 보면 선판 같은 것은 없
다. 선판은 가상假相이자 허상이며 실제로 있는 것이 아니다. 임제 선
사는 진여 성품의 자리에서 선판을 말하고 있고, 용아 스님은 가상인
현상 차원에서 응대하고 있다. 그래서 임제 스님이 선판을 가져오라
고 했을 때, 선판이라 할 것이 없는데, 있지도 않은 허상인 선판을 가
져옴으로써 받아서 그대로 친 것이다.

임제 스님의 선판이나 취미 스님의 좌복이나 마찬가지다. 그런데
그다음 용아 스님의 대응이 참으로 꿋꿋하다. 임제 스님이나 취미 스
님 두 분께 똑같이 굽히지 않고 "치기는 마음대로 치십시오. 그러나
아직 조사의 뜻은 없습니다"라고 말하고 있다. "조사의 뜻은 없습니
다"라는 용아 스님의 말은 무엇을 뜻하는가?

단지 '있고 없다'는 유무의 입장에서 받아들이면 그만인가? 아니다. 주고받고 전하고 받아들이는 무엇이 있다면, 그것은 진여도 아니고 일심도 아니다. 본래무일물이기 때문이다. 이러한 무일물 차원에서 보면, 조사의 뜻 같은 것은 없다고 해야 한다.

이것이 조사의 본마음이다. 용아 스님은 이것을 깨닫고 있다. 그래서 자신의 길을 꿋꿋이 정하고 자신의 길을 제시한다. 임제의 길이나 취미의 길이 아니라 오로지 용아 자신만이 스스로 깨달아 우뚝 서서, 혼자 자신만의 길을 가는 사람이다. 그래서 꿋꿋하고 한결같이 "조사의 뜻은 없습니다"라고 말하는 것이다.

이러한 용아 스님에게 어떤 스님이 찾아와서 두 큰스님을 찾아뵈었던 일에 대해 묻자, "인정한다면 깊이 인정하지만 아직 조사의 뜻은 없었네"라고 말하는 점을 봐도 용아 스님이 자신의 길을 가고 있음을 깊이 느낄 수 있다. 이것이야말로 수처작주하고 밝은 안목을 지니고 사는 삶이라고 할 수가 있다.

14. 경산 문하 오백 대중이 흩어진 이유

경산禪山 문하에 오백 대중이 있었으나 법을 묻는 사람은 적었다.

그래서 황벽 스님이 임제 스님에게 경산에 가보라고 하였다.

황벽 스님이 "그대는 거기에 가서 어떻게 하겠느냐?"라고 묻자

임제 스님은 "거기에 가면 저절로 방편이 생기겠지요"라고 답했다.

임제 스님이 경산에 이르러 그대로 행장을 걸친 채

법당으로 올라가 경산 스님을 바라보았다.

경산 스님이 막 고개를 들려고 하는데, 임제 스님이 "할" 하였다.

경산 스님이 뭐라고 말하려 하자, 임제 스님이 소매를 떨치고 나가버렸다.

그 즉시 어떤 스님이 경산 스님에게

"저 스님이 왔을 때 무슨 말씀이 있었기에 스님에게 대뜸 '할'

하였습니까?"라고 물었다.

경산 스님은 "그 스님은 황벽 스님 회하에서 왔는데

네가 알고 싶다면 그에게 직접 묻도록 하여라"라고 하였다.

그리고 난 후, 경산의 오백 대중 태반이 흩어져버렸다.

徑山 有五百衆 少人參請 黃檗 令師 到徑山 乃謂師曰 汝到彼作麼生
師云 某甲 到彼 自有方便 師到徑山 裝腰上法堂 見徑山 徑山 方擧頭
師便喝 徑山擬開口 師拂袖便行 尋有僧問徑山 這僧 適來 有什麼言句
便喝和尚 徑山云 這僧 從黃檗會裡來 儞要知麼 且問取他 經山五百衆
太半分散

❋

경산 문하에 오백 대중이 있었으나 법을 묻는 사람은 적었다는 말은,
법을 구하고 법을 얻기 위한 활발발한 정신이 살아 있지 않았다는 것
을 말한다. 그래서 임제 스님을 보내 점검하게 한 것이다.

　경산 스님이 막 고개를 들려고 하는데 임제 스님이 '할'을 하였다.
이때 경산 스님이 눈 밝은 도인이라면 임제의 '할'에 대응하여 활발발
한 작용을 드러냈어야 한다. 그러나 활발발한 용을 드러내기는커녕
뭐라고 말하려 하자 임제 스님이 소매를 떨치고 그대로 가버렸다. 뭐
라고 말하려는 것은 무슨 말을 하기 위해 생각을 이리저리 굴리는 것
이다. 생각을 굴린다면 벌써 어긋난다.

　어떤 스님이 경산 스님에게 "저 스님이 왔을 때 무슨 말씀이 있었
기에 스님에게 대뜸 '할'을 하십니까?"라고 물었다. 이때라도 '할'에
대해 자신의 소신을 밝히든지, 아니면 왜 '할'을 한 것인지 해명이 필
요했다. 그런데 소신이나 해명이 아니라 단지 "그 스님은 황벽 스님
회하에서 왔는데 그대가 알고 싶으면 그에게 직접 물어보라"고 한다.
임제 스님이 왜 '할'을 했는지, '할'이 무슨 의미인지를 경산 스님은 모
르겠다고 실토하고 있다. 참으로 실망스러운 처신이라 하지 않을 수
가 없다.

문하에 오백 대중을 거느리고 있는 우두머리로서 자격이 없다. 과연 경산 문하에 오백 대중이 있었으나 법을 묻는 사람이 거의 없었다는 말이 사실로 받아들여지는 순간이다. 누가 이러한 스님을 모시고 법을 구하고자 하겠는가!

15. 보화 스님이 전신으로 탈거하다

어느 날 보화 스님이 저잣거리에 나가
사람들에게 장삼 한 벌을 구걸하였다.
많은 사람들이 매번 장삼을 주었으나,
보화 스님은 그때마다 필요 없다고 하였다.
임제 스님이 원주를 시켜 관을 하나 사오게 한 뒤,
보화 스님이 들어오자 말했다.
"내가 그대를 위해 장삼을 장만해 두었네."
보화 스님이 관을 짊어지고 나가서 온 거리를 돌면서
"임제 스님이 나에게 장삼을 만들어주셨다.
나는 동문으로 가서 열반에 들겠다" 하고 외쳤다.
사람들이 너도 나도 따라가서 보니
보화 스님이 "오늘은 아니다. 내일 남문에서 열반에 들리라"라고
사흘 동안 소리쳤는데 사람들이 아무도 믿지 않았다.
나흘째 되던 날은 따라와서 보려는 사람이 없었다.

혼자 성 밖으로 나가 스스로 관 속으로 들어가서

길 가는 행인에게 관 뚜껑에 못을 치게 하였다.

삽시간에 말이 퍼져 시내 사람들이 쫓아와서 관을 열고 보았다.

그런데 몸은 어디론가 다 사라지고[全身脫去]

다만 공중에서 요령 소리만 은은히 울려 퍼졌다.

普化一日 於街市中 就人乞直裰 人皆與之 普化俱不要 師令院主 買棺

一具 普化歸來 師云 我與汝做得箇直裰了也 普化便自擔去 繞街市叫

云 臨濟與我做直裰了也 我往東門遷化去 市人競隨看之 普化云 我今

日 未 來日 往南門遷化去 如是三日 人皆不信 至第四日 無人隨看 獨

出城外 自入棺內 倩路行人釘之 卽時傳布 市人 競往開棺 乃見全身脫

去 祇聞空中鈴響 隱隱而去

✿

본래 스님들은 열반에 들 때 장삼을 입었다. 2010년 3월 돌아가신 법
정 스님도 그렇게 열반에 드셨다. 장삼을 구한다는 것은 열반에 들 것
임을 암시한다.

　임제 스님이 이러한 보화 스님의 뜻을 받아들인다. 드디어 보화 스
님이 관을 짊어지고 나가 온 거리를 돌면서 "임제 스님이 나에게 장
삼을 만들어주셨다"라고 말하고 다닌다. 이러한 보화 스님에게는 생
사가 열반이니 죽고 사는 문제가 옷을 입고 벗는 정도로 아무것도 아
니다. 왜냐하면 생사와 열반이 둘이 아니기 때문이다.

　동문으로 가서 열반에 들건, 남문에서 열반에 들건 사실은 구경거
리가 아니다. 그런데도 사람들은 이를 큰 구경거리라도 되는 양 생각

하기에, 보화 스님이 동문으로 남문으로 옮겨 다니면서 열반에 들겠다고 사흘 동안 소리친 것이다.

그러나 사람들은 아무도 믿지 않았다. 나흘째 되던 날은 따라와서 보려는 사람이 없었다. 그것을 보화 스님은 노렸는지도 모른다. 원래 생사가 열반인 줄 참으로 알면 죽고 사는 것에 그렇게 큰 관심을 갖지 않는다. 그것을 보여주려고 동쪽으로 남쪽으로 사흘을 다니면서 그렇게 처신한 것이다. 혼자 성 밖으로 나가 스스로 관 속으로 들어가서, 길 가는 행인에게 관 뚜껑에 못을 치게 하였다.

왜 이렇게 행동했을까? 삶과 죽음에 대한 초연함을 보여주는 것이라고 할 수 있다. 삽시간에 소문이 퍼져 시내 사람들이 쫓아와서 관을 열고 보았다. 그런데 몸은 이미 어디론가 사라지고, 다만 공중에서 요령 소리만 은은히 울릴 뿐이었다. 이것을 어떻게 이해해야 하는가?

"관을 열어보니 몸은 이미 어디론가 사라지고 없다[全身脫去]"라는 말은 뱀이나 매미 등이 허물을 벗고 나오는 것처럼, 몸을 벗어나 탈바꿈하듯이 허물이나 허깨비 같은 육신만 있고 진여법신은 볼 수 없게 사라지고 없다는 말이다. "다만 공중에서 요령 소리만 은은히 울릴 뿐이었다"라는 말은 진여법신을 공중에서 울려오는 요령 소리에 비유한 것으로 생사의 집착에서 벗어나 평온무사한 모습을 보여주고 있다.

공중에서 은은히 울려오는 요령 소리를 한번 느껴보라. 잔잔하게 허공에서 물결이 일렁거리는 듯한 파동의 작용같이 느껴지지 않는가? 진여법신의 묘용 역시 이러한 작용과 다를 바 없다. 보화 스님의 육체는 비록 죽었지만 진여법신은 언제까지나 항상 우리 곁에 함께

하고 있어 영원하다는 것을 일깨워준다. 보화 스님은 우리 자신의 진여법신을 깨닫도록 죽음의 순간에서도 우리를 독려한다.

5장

행록行錄

행록行錄은 임제 스님의 삶과 수행에 대한 기록들이다. 임제 스님이 공부하고, 깨달음을 어떻게 얻고, 누구와 법거량을 하고, 어떤 사람들을 교화했는지에 대한 내용이다. 한마디로 임제 스님의 구도 여정이다.

1. 임제 스님의 대오大悟

1) 세 번 묻고, 세 번 맞다

임제 스님이 처음 황벽 스님의 회상에 있을 때 그 행동이 매우 순일하였다.

목주睦州 수좌가 찬탄하여 말하기를,

"비록 후배이긴 하나 다른 대중과는 상당히 차이가 있다"라고 하였다.

그 수좌가 "스님이 여기에 있은 지 얼마나 되는가?" 물으니,

임제 스님은 "3년 됩니다" 하였다.

수좌가 또 물었다.

"스님은 방장 스님을 찾아가 법을 물은 적이 있는가?"

임제 스님은 "아직 묻지 못했습니다.

무엇을 물어야 할지 모르겠습니다"라고 했다.

그러자 수좌가 "방장 스님을 찾아뵙고

'무엇이 불법의 분명한 대의입니까?' 하고 왜 묻지 않는가?"라고 하였다.

師初在黃檗會下 行業 純一 首座乃歎曰 雖是後生 與衆有異 遂問 上
座在此 多少時 師云 三年 首座云 曾參問也無 師云 不曾參問 不知問
箇什麼 首座云 汝何不去問堂頭和尙 如何是佛法的的大意

✽

임제 스님은 총명하고 지혜로웠으며, 출가해서는 황벽 화상의 지도
를 받을 때까지 순수무잡하여 많은 선객들의 동경의 대상이 되었다.
공부할 때는 율행律行을 철저히 하고 삼장三藏을 수학했으며, 화엄, 법
화, 유마, 능가 등의 경전은 말할 것도 없고『신화엄론新華嚴論』,『대승
성업론大乘成業論』 등의 논서와 달마, 혜가, 승찬, 혜능, 신회 등에 이르
기까지 자유자재로 응용하였다고 전해진다.

그러나 임제 스님은 이러한 것이 병을 치료하는 약방문이며 그대
로 생사를 초월하는 참사람의 면목이 될 수 없음을 깨닫고, 주체할 수
없이 활활 타오르는 구도의 마음으로 선방으로 들어갔다. 사교입선邪
敎入禪한 뒤에도 20년 동안 조금도 흔들리지 않고 태산부동泰山不動의
자세로 순일무잡하게 공부에 힘썼다고 기록되어 있다.

이 대목은 목주 수좌 스님이 임제 스님으로 하여금 황벽 방장 스님
께 불법을 묻도록 인도하고 있는 장면으로, 수좌 스님의 역할을 제대
로 보여주고 있다.

목주 스님이 "법을 물은 적이 있는가?" 하고 물으니 임제 스님이
"무엇을 물어야 할지 모르겠습니다"라고 답하고 있다. 사실 질문을
어떻게 하느냐 하는 것은 참으로 중요하다. 왜냐하면 질문의 수준이
대답의 수준을 결정하기 때문이다. 질문의 내용이 빈곤하면 대답 역
시 빈곤할 수밖에 없다. 어떻게 질문하느냐는 바로 그간 공부한 정도

를 가늠하는 중요한 문제이기도 하다. 임제 스님은 질문의 내용을 정하지 못하고 있었던 것이다. 단순히 아무 생각 없이 듣고 본 대로 던져보는 그런 질문이 되어서는 안 된다는 생각이 있었기 때문이리라. 그야말로 마음속의 한마디 말로 요약할 수 있는 그런 질문을 찾고 있었고, 아직 찾지 못한 것인지도 모른다. 때마침 목주 스님이 "방장 스님을 찾아뵙고 '무엇이 불법의 분명한 대의입니까?' 하고 왜 묻지 않는가?"라면서 임제 스님을 인도하고 있다.

임제 스님이 바로 가서 물으니
말이 떨어지기 전에 황벽 스님께서 대뜸 후려쳤다.
임제 스님이 오자 수좌 스님이 물었다.
"법을 물으러 갔던 일은 어찌 되었는가?"
"제가 묻는 말이 채 끝나기도 전에 방장 스님께서 느닷없이 때리니 저는 도무지 모르겠습니다."
"그렇지만 다시 가서 묻도록 하게."
임제 스님이 다시 가서 물으니 황벽 스님이 또 때렸다.
이렇게 세 번 묻고 세 번 얻어맞았다[三度發問 三度被打].
임제 스님이 돌아와서 수좌에게 말하였다.
"다행히 자비하심을 입어서 제가 방장 스님께 가서 불법을 물었는데 세 번 묻고 세 번 맞았습니다만, 업장이 두터워 방장 스님의 깊은 뜻을 깨닫지 못함을 한탄하며 지금 떠나려고 합니다."
수좌 스님이 말했다.
"그대가 만약 떠난다면, 큰스님께 꼭 말하고 가게."
임제 스님은 예배하고 물러났다.

師便去問 聲未絕 黃檗 便打 師下來 首座云 問話作麽生 師云 某甲問
聲未絕 和尙便打 某甲不會 首座云 但更去問 師又去問 黃檗 又打 如
是三度發問 三度被打 師來白首座云 幸蒙慈悲 令某甲問訊和尙 三度
發問 三度被打 自恨障緣 不領深旨 今且辭去 首座云 汝若去時 須辭
和尙去 師禮拜退

❀

임제 스님이 "무엇이 불법의 분명한 대의입니까?" 하고 물었는데 말
이 채 끝나기도 전에 느닷없이 얻어맞고는 "제가 묻는 말이 채 끝나
기도 전에 방장 스님이 느닷없이 때리니 저는 도무지 모르겠습니다"
라고 말한다.

상대방과 대화할 때 자신이 묻는 말을 마치기 전에 상대가 느닷없
이 자기주장을 펴고, 자신을 깔아뭉갠다면 심정이 어떻겠는가? 여기
에는 묻는 말이 채 끝나기 전과 느닷없이 때리고 맞는 상황이 서로 대
립되고 있는 형국이다. 그래서 그 뜻을 도무지 모르겠다고 한 것이다.
그러나 대립되는 형국으로 치달을 것이 아니라 왜 묻는 말이 채 끝나
기도 전에 때린 것일까, 그 이유는 무엇인가, 하고 궁구해야 한다. 그
래서 수좌 스님이 "그렇지만 다시 가서 묻도록 하게"라고 말한 것이다.
사실, 질문을 듣고 때리는 행동만큼 불법의 분명한 대의大意가 또
있는가? 불법의 분명한 대의는 다름 아닌 듣고 때리는 행동 바로 이
것이다. 그것이 진여의 작용이다. 황벽 스님은 그 도리를 한 번이 아
니라 세 번씩이나 제시하고 있다.

2) 황벽의 불법이 단순하구나

수좌가 먼저 황벽 스님의 처소에 가서 말하였다.
"법을 물으러 왔던 후배는 여법하게 정진해왔습니다.
만약 인사드리러 오거든 방편으로 그를 잘 이끌어주십시오.
앞으로 잘 갈고닦으면 한 그루의 큰 나무가 되어
천하 사람들이 쉬어가는 시원한 그늘을 드리울 것입니다."
임제 스님이 가서 인사드리니 황벽 스님이 말하였다.
"다른 곳으로 가지 말고 자네는 고안高安의 물가에 사는
대우 스님 처소에 가도록 하라. 반드시 그대에게 말씀해주실 것이다."

首座 先到和尙處云 問話底後生 甚是如法 若來辭時 方便 接他 向後
穿鑿 成一株大樹 與天下人作廕凉去在 師去辭 黃蘗云 不得往別處去
汝向高安 灘頭大愚處去 必爲汝說

❀

임제 스님이 세 번 묻고 세 번 맞은 것에 대해 황벽 스님을 원망하기
보다 자신이 업장이 깊어 깨닫지 못한 것을 스스로 한탄하고 떠나려
한다는 말을 들었을 때 목주 스님의 심정은 어떠했겠는가? 아마도 깨
닫지 못한 원인을 남 탓으로 돌리는 것이 아니라 자신의 업장이 스스
로 깊기 때문이라고 말하는 대목에서, 그리고 그의 평소와 변함없는
태도를 보면서 잘 다듬고 갈고닦으면 큰 재목이 되리라 생각했을 것
이다.

　그렇다면 황벽 스님은 왜 임제 스님에게 직접 가르쳐주지 않고 다

시 대우 스님에게 가도록 이끌었는가? 만약 황벽 스님이 임제 스님의 질문이 채 끝나기도 전에 때렸던 이유에 대해 친절하게 설명했다면 어땠을까? 그랬더라면 그것은 법에 대해 생각과 논리로 이해하는 것이므로 진정한 깨달음에서 멀어지게 했을 것이다.

깨달음은 머리로 이해하는 데서 오지 않는다. 이해와 사유의 틀은 자신의 생각과 견해, 어떠한 입장에 따라 치우치고 왜곡되며 뒤틀리기 마련이다. 그것은 자신의 분별과 사유의 틀에 그늘진 오염물에 불과하다. 자신의 생각을 끊어야, 사유와 분별의식을 벗어나야 있는 그대로의 모습이 보인다.

진정한 깨달음은 자신의 번뇌나 장애를 단박에 끊고 스스로 깨닫는 것이다. 그래서 황벽 스님은 설명이나 논리가 아닌 활발발한 용으로 보여준 것이다. 다만 기연機緣이 맞지 않아 깨닫지 못하자 대우 스님에게로 이끌고 있다. 황벽 스님의 자상함이 눈물겹다.

임제 스님이 대우 스님을 찾아뵙자, 대우 스님이 물었다.
"어디서 왔는가?"
"황벽 스님의 처소에서 왔습니다."
"황벽 스님이 무슨 말씀을 하던가?"
"제가 세 번이나 불법의 분명한 대의를 물었다가
세 번 얻어맞기만 했습니다.
저에게 어떤 허물이 있었는지 없었는지 도무지 알 수 없었습니다."
"황벽 스님이 그토록 간절한 노파심으로
그대를 위해 뼈에 사무치게 가르쳐주었건만,
다시 여기 나에게 와서 허물이 있네, 없네 하며 묻는가?"

師到大愚 大愚問 什麼處來 師云 黃檗處來 大愚云 黃檗 有何言句 師云 某甲 三度問佛法的的大意 三度被打 不知某甲 有過 無過 大愚云 黃檗 與麼老婆 爲汝得徹困 更來這裏 問有過無過

❀

불법의 분명한 대의를 물었는데 말이 채 끝나기도 전에 얻어맞은 것을 두고 이제껏 '무슨 허물이 내게 있는 것인가'라고 생각했는데, 뜻밖에도 황벽 스님이 때린 것은 '불법의 분명한 대의를 뼈에 사무치게 하기 위함이었다'라는 말을 듣는다. 자신의 허물에서 '황벽 스님의 노파심절한 뼈에 사무치는 가르침'으로 관점이 전환된 것이다. 여기 '불법의 분명한 대의'라는, 세 번 묻고 세 번 때리는 삼도발문三度發問과 삼도피타三度被打 사이에 진정한 연결이 이루어진다. 참으로 깨닫기 위한 모든 조건이 다 성숙되어 있다.

임제 스님이 이 말끝에 크게 깨닫고 나서 말했다.

"황벽의 불법이 복잡하지 않고 단순하구나[黃檗佛法無多子]."

대우 스님이 임제 스님의 멱살을 움켜쥐며 말했다.

"이 오줌싸개 같은 놈! 좀 전에 허물이 있느니 없느니 하더니

이제 와서는 황벽의 불법이 간단하다고 하느냐?

그래, 너는 무슨 도리를 보았기에 그런 말을 하느냐?

빨리 말해봐라. 빨리 말해!"

이에 임제 스님이 대우 스님 옆구리를 주먹으로 세 번이나 쥐어박았다

[大愚脅下 築三拳].

그러자 대우 스님이 임제 스님을 밀쳐버리면서 말했다.

"그대의 스승은 황벽이다. 나하고는 상관없는 일이다."

師於言下 大悟云 元來 黃蘗佛法 無多子 大愚 搊住云 這尿牀鬼子 適
來 道有過無過 如今 却道黃蘗佛法 無多子 儞見箇什麼道理 速道速道
師於大愚脅下 築三拳 大愚托開云 汝師 黃蘗 非干我事

❀

임제 스님이 대우 스님의 말끝에 깨닫고 "황벽의 불법이 복잡하지 않
고 단순하구나[黃蘗佛法無多子]" 하고 말하고 있는 대목을 잘 살펴보자.
   법이란 마음의 법이다. 앞서 "마음의 법은 형상이 없어서 온 시방
법계를 관통하고 있으며 눈앞에 그대로 작용하고 있다[法者是心法 心法
無形 通貫十方 目前現用]"라고 말한 바 있다. 마음은 형상 없이 사방에 꽉
차 있으며 바로 지금 눈앞에서 나타나며 움직이고 있다. 목전에서 쓰
고 있는 것이 다름 아닌 마음이다. 이 말을 달리 표현하면 '성재작용
性在作用'이다. '성품은 작용하는 것에 있다'라는 뜻이다. 보고 듣고 때
리고 구하고 찾고 하는 마음의 작용이 법이고 성품이다. 이 성품이 진
정한 본래면목이고 자신이다.
   임제 스님이 그간 부처를 찾고 법을 구했던 것이 깨닫고 보니 바로
마음의 작용이고, 이러한 마음의 작용을 하는 자신이 바로 부처라는
것을 알게 된 것이다. 꽃이 피고 있는 것을 보고, 새가 우는 것을 들으
며 웃고 떠드는 그것이 다름 아닌 진정한 법이고 마음의 작용임을 몰
랐다가 말끝에 곧바로 깨달은 것이다.
   찾고 있는 자신이 다름 아닌 본래면목이고 진정한 자신이며, 구하
고 있는 것이 다름 아닌 지금 여기서 움직이고 있는 나 자신이라는 진

리, 그 마음의 작용을 알고 보니 복잡할 게 하나도 없고 너무나 쉽고 간단하구나 하는 감탄이 흘러나올 수밖에 없다.

'옆구리를 주먹으로 세 번이나 쥐어박는 것[大愚脅下 築三拳]'은 세 번 때리는, 즉 지금 여기서 드러나고 있는 마음의 작용을 황벽으로부터 깨달아 그 법을 그대로 대우 스님에게 보여주고 있는 것이다.

눈앞에서 작용하는 것만큼 분명한 것은 없다. 이것이 바로 '목전현용目前現用'의 법이다. 이렇게 대우 스님은 임제 스님이 황벽 스님의 불법을 깨닫고 그대로 자신에게 시현한 것을 알기 때문에 "그대의 스승은 황벽이다. 나하고는 상관없는 일이다"라고 말하고 있다.

3) 호랑이 수염을 당기는구나

임제 스님이 대우 스님을 떠나 다시 황벽 스님에게 돌아오자,
황벽 스님이 말한다.
"이놈아, 왔다 갔다 하기만 하니 언제 공부를 마칠 날이 있겠느냐?"
"오직 스님의 간절하신 노파심을 알았기 때문입니다."
이렇게 인사를 마치고 곁에 서 있으니 황벽 스님이 물었다.
"어디를 갔다 오느냐?"
"지난번에 스님의 자비하신 지침을 받잡고 대우 스님을 뵙고 왔습니다."
"대우가 무슨 말을 하더냐?"
임제 스님이 지난 이야기를 말씀드리니 황벽 스님이 말하였다.
"어떻게 하면 대우 이놈이 오는 것을 기다렸다가 호되게 한 방 갈겨줄까?"
임제 스님이 "무엇 때문에 기다린다 하십니까?

지금 바로 한 방 받으십시오" 하며 바로 손바닥으로 뺨을 후려쳤다.

황벽 스님이 "이 미친놈이 다시 와서 호랑이 수염을 당기는구나" 하였다.

그러자 임제 스님이 "할" 하였다.

황벽 스님이 일렀다.

"시자야, 이 미친놈을 데려다 선방에 들여놓아라."

師辭大愚 却回黃檗 黃檗 見來 便問 這漢 來來去去 有什麼了期 師云
祇爲老婆心切 便人事了侍立 黃檗 問 什麼處去來 師云 昨奉慈旨 令
參大愚去來 黃檗云 大愚有何言句 師遂擧前話 黃檗云 作麼生得這漢
來 待痛與一頓 師云 說什麼待來 卽今便喫 隨後便掌 黃檗云 這風顚
漢 却來這裏捋虎鬚 師便喝 黃檗云 侍者 引這風顚漢 參堂去

✿

황벽 스님은 대우 스님에게 한 방 주겠다고 했는데, 도리어 임제 스님으
로부터 손바닥으로 한 대 맞는다. 맞아야 할 사람은 대우 스님인데 정
작 황벽 스님이 맞고 있다. 이 무슨 뜻인가? 마음의 성품 자리와 관련
해서 혜연과 혜적 스님의 대화를 들어보면 무슨 뜻인지 알 수가 있다.

앙산 혜적이 삼성 혜연에게 물었다. "그대의 이름은 무엇인가?"

삼성이 대답했다. "혜적입니다."

"혜적이라고?" 앙산이 되물었다. "혜적은 나의 이름이 아닌가?"

그러자 삼성은 이렇게 대답했다. "그럼 나의 이름은 혜연입니다."

앙산은 크게 웃었다.

마음의 성품인 본체를 멋진 기지로 드러내놓은 선문답이다. 밖으
로 나타난 외양의 모습에 대한 이름이 아니라, 이름 이전에 있는 마음

의 성품인 본체를 묻고 드러내놓는 것이다. 나타난 현상 측면에서는 혜연이 있고 혜적이 있어서 구분이 있지만, 현상 이전의 본체에서는 혜연과 혜적이 별도로 있는 것이 아니다.

그렇다. 깨달은 임제 스님의 입장에서 보면 황벽과 대우 스님이 별도로 있는 것이 아니다. 그래서 대우 스님에게 한 방 주겠다는 황벽 스님을 손바닥으로 때린 것이다. 황벽 스님이 대우 스님에게 한 방 주겠다는 뜻은 노파심절 운운하며 많은 이야기를 했던 것에 대한 응징의 의미가 없는 것은 아니지만, 사실은 대우 스님의 가르침에 감사의 뜻이 담겨 있는 것이라고 할 수 있다.

황벽 스님이 "이 미친놈이 다시 와서 호랑이 수염을 당기는구나"라고 한 말은 호랑이 수염을 당길 만큼 대기대용을 갖춘 안목 있는 임제로 거듭 태어난 것에 대한 인가의 말이다.

그러자 임제 스님이 "할"을 한 것은 이전의 임제가 아니라 모든 짐승의 왕으로서 품위와 소리를 갖춘 무서운 사자로 변한 모습을 보여준다. 그리고 지금부터 임제의 길이 시작되었음을 알리는 첫 포효다. 호랑이니 수염이니 인가니 뭐니 하는 모든 것을 한 방에 베어내고 날려버리는 무서운 고함소리에 천지가 진동한다. 이 고함(할)이야말로 황벽의 법을 계승하는 마음의 작용, 즉 '목전현용目前現用'이 아니겠는가!

뒷날 위산 스님이 이 이야기를 하며 앙산 스님에게 물었다.
"임제가 그때 대우의 힘을 얻었는가? 황벽의 힘을 얻었는가?"
"호랑이의 머리에 올라앉았을 뿐 아니라
호랑이 꼬리도 잡을 줄 안 것입니다."

後 潙山 舉此話 問仰山 臨濟當時 得大愚力 得黃蘗力 仰山云 非但騎
虎頭 亦解把虎尾

❀

앙산 스님이 '임제 스님은 황벽·대우 두 스님의 힘을 모두 입었다'라
고 말하고 있는 대목이다. 호랑이 머리와 호랑이 꼬리가 대우 스님과
황벽 스님의 힘이다.

  그러나 생각건대 두 스님의 힘이 있다 하더라도 정작 임제 스님 자
신의 치열한 공부가 없었더라면 불가능한 일이다. 무엇보다 중요한
것은 임제 자신이 한 공부의 힘이라고 해야 한다.

  새가 알을 깨고 부화하여 세상에 나오려면 새끼와 어미 새 사이에
기막힌 협동 작업이 이루어져야 한다. 임제가 기존의 탈을 벗어버리
고 거듭 태어나기 위해서도 마찬가지였다. 만일 이 협동 작업이 털끝
만치도 어긋나서는 새 생명은 햇빛을 볼 수가 없다. 새끼가 성장하여
부화될 때가 아닌데도 어미가 먼저 알을 쫀다든지, 아니면 어미가 알
을 쪼기도 전에 성급히 새끼가 알을 쪼아서는 안 된다. 동시에 기막힌
협동 작업이 이루어져야 한다. 이를 '줄탁동시啐啄同時'라 한다. 새끼
와 어미 새가 안과 밖에서 동시에 쪼아야 새 생명이 탄생하는 것이다.
임제의 깨달음은 임제 자신과 황벽 대우 두 큰스님들의 기가 막힌 협
동작전이 가져온 큰 쾌거다.

2. 임제 스님이 소나무를 심다

임제 스님이 소나무를 심고 있자 황벽 스님이 물었다.

"깊은 산속에 그 많은 소나무를 심어 무얼 하려는가?"

"첫째는 절의 경치를 가꾸기 위해서이고,

둘째는 후인들에게 본보기가 되기 위해서입니다."

그러고는 임제 스님이 괭이로 땅을 세 번 내려치자, 황벽 스님이 말했다.

"비록 그렇기는 하나 그대는 이미 나에게 30방을 얻어맞았다."

임제 스님이 또다시 괭이로 땅을 세 번 내리치며

"허허!"고 한숨 소리를 내니,

황벽 스님이 "나의 종풍이 그대에게 이르러

세상에 크게 일어날 것이다"하셨다.

師栽松次 黃檗 問 深山裏 栽許多 作什麽 師云 一與山門作境致 二與
後人作標榜 道了 將钁頭 打地三下 黃檗云 雖然如是 子已喫吾三十棒
了也 師又以钁頭 打地三下 作嘘嘘聲 黃檗云 吾宗 到汝 大興於世

소나무는 장수를 상징하며 사시사철 푸르름을 드러낸다. 소나무는 늘 푸르름을 잃지 않아 예전에도 푸르렀고 지금도 푸르름을 간직하고 있다. 소나무의 푸르름은 본유금유本有今有다. 본래부터 푸르렀고 지금도 푸르다. 본래부터 있었고 지금도 있는 것은 진여이며 진여의 작용이다. 소나무를 심은 뜻은 소나무의 푸르름을 통해 지금 여기의 진여의 경지를 깨닫도록 하는 깊은 뜻이 있는 것이라고 해야 한다.

임제 스님이 괭이로 세 번 내리친 것은 황벽 스님이 세 번 때리는 것과 마찬가지로 마음의 작용이고, 이 작용 속에 법이 있다는 의미다. 그래서 황벽 스님으로부터 얻은 깨달음을 괭이를 세 번 내리치는 것으로 표현한 것이다.

그런데 임제 스님은 왜 또다시 괭이를 세 번 내리치며 "허허!" 하고 긴 한숨 소리를 내는가? 임제 스님이 처음에 땅을 세 번 내리친 것을 두고 황벽 스님이 이미 나에게 30방을 얻어맞지 않았느냐고 하니까 어처구니도 없고 승복할 수도 없는 심정에서 나온 한숨 소리라고 해야 한다. 괭이든 무엇이든 세 번 내리치는 것을 모두 다 황벽 스님이 임제 스님을 때린 삼십 방에 한정해서 이해하는 것은 말도 안 될 뿐만 아니라 이치에도 맞지 않는다. 둘 다 목전현용이 법에는 차이가 없다 하더라도 마음의 작용을 나타내는 방법은 다르다. 황벽은 때리면서 나타내고, 임제는 괭이를 내리치면서 나타내어 분명한 자신의 방법을 드러낸 것이라 할 수가 있다. 그럼에도 불구하고 황벽 스님이 자신의 방법을 흉내 내는 것으로 받아들이니 "허허!" 하며 긴 한숨 소리를 낼 수밖에 없는 것이다.

이 대목에서는 소나무처럼 황벽의 불법이 언제까지나 우뚝 솟아 항상 푸르듯이 면면히 법을 이어 나가겠다는 임제 스님의 의지가 담겨 있다. 그래서 이를 알고 있는 황벽 스님도 자신의 종풍이 임제에 이르러 세상에 크게 일어날 것을 말하고 있다.

뒷날 위산 스님이 이 이야기를 하며 앙산 스님에게 물었다.
"황벽 스님이 그 당시 임제 한 사람에게만 부촉한 것인가?
아니면 다른 사람도 있는가?"
"있습니다만, 하도 먼 훗날의 일이라 스님께 말씀드리지 않으렵니다."
"그렇긴 하나, 나도 또한 알고 싶으니 그대는 말해보아라."
"한 사람이 남쪽으로 가서 대중을 이끌고 오월 지방에서 법을 펼치다가 큰바람을 만나 머물 것입니다."

後 潙山 擧此話 問仰山 黃檗 當時 祇囑臨濟一人 更有人在 仰山云 有 祇是年代深遠 不欲擧似和尚 潙山云 雖然如是 吾亦要知 汝但擧看 仰山云 一人指南 吳越 令行 遇大風卽止(讖風穴和尙也)

❀

앙산 스님의 이 예언은 임제 스님의 제5세손인 풍혈 연소風穴延昭 (896~973) 스님에 대한 예언이라고 알려져 있다. 풍혈 연소 스님은 남원 혜옹의 현지玄旨를 얻고, 여주汝州에 있는 풍혈 고사風穴古寺에 머물며 종풍을 진작했다고 전해진다.

3. 덕산 스님과 문답하다

임제 스님이 덕산 스님을 모시고 서 있는데
덕산 스님이 "오늘은 피곤하구나" 하였다.
이에 임제 스님이 "이 한심한 노스님이 무슨 잠꼬대를 하는가?" 하니
덕산 스님이 후려쳤다.
임제 스님이 의자를 뒤엎어버렸지만, 덕산 스님은 잠자코 쉴 뿐이다.

師侍立德山次 山云 今日困 師云 這老漢 寐語作什麼 山 便打 師掀倒
繩牀 山 便休

❀

임제 스님은 '피곤하고 피곤하지 않고 하는 분별의 마음이 어디 있습
니까?' 하면서 덕산 스님을 쏘아붙인다. 날이면 날마다 좋은 날이고,
일상생활이 씀씀이가 활발발한 묘용妙用인데, 오늘은 피곤하다니 이
무슨 말도 안 되는 소리를 하는가 하면서 잠꼬대한다고 쏘아붙인 것

이다.

그랬더니 덕산이 후려쳤다. 그리고 임제 스님도 의자를 뒤엎었다. 덕산 스님이 왜 모르겠는가? 그래서 화답으로 후려치고, 임제 역시 화답으로 의자를 뒤엎은 것이다. 덕산 스님은 임제의 목전현용目前現用의 마음을 확인했으므로 더 이상의 문답을 그만둔다.

4. 산 채로 매장하다

임제 스님이 밭을 일구는 울력을 하는 도중
황벽 스님이 오는 것을 보고 팽이에 기대어 서 있었다.
황벽 스님이 "이놈이 피곤한 모양이로구나" 하니
임제 스님이 "팽이도 들지 않았는데 피곤하다니요?"라고 하였다.
황벽 스님이 곧바로 임제를 후려치자,
임제가 황벽 스님이 집고 있던 지팡이를 던져버리고
황벽을 탁 밀쳐 넘어트렸다.
황벽 스님이 유나를 불러 말하였다.
"유나야! 나를 부축해 일으켜다오."
유나가 가까이 다가가 부축해 일으켜드리면서
"큰스님! 이 미친놈의 무례한 짓을 어찌 그냥 두십니까?" 하였다.
황벽 스님이 겨우 일어나 유나를 후려갈기니
임제 스님이 팽이로 밭을 매면서 말하였다.
"제방에서는 모두 화장을 한다지만

나는 여기서 한순간에 생매장을 해버린다."

師普請鋤地次 見黃檗來 拄钁而立 黃檗云 這漢 困耶 師云 钁也未舉
困箇什麼 黃檗 便打 師接住棒 一送送倒 黃檗 喚維那 維那 扶起我 維
那近前扶云 和尚 爭容得這風顚漢無禮 黃檗 纔起 便打維那 師钁地云
諸方 火葬 我這裏 一時活埋

✿

이 단락을 세 부분으로 나누어 음미해보자. 먼저 임제와 황벽 스님의
선문답이다. 임제 스님이 괭이에 기대어 서 있는 것을 보고, 황벽 스
님이 한차례 공격을 한다. "이놈이 피곤한 모양이구나" 하고 말하니
'괭이도 아직 들지 않았는데 피곤하다거나 편안하다는 것이 어디 있
습니까?'라고 응수한다. '피곤하다'와 '편안하다'의 양변의 차별에 걸
려 넘어지지 않는 대처가 돋보인다. 황벽 스님이 임제를 후려치자, 임
제가 몽둥이를 던져버렸다. 참으로 두 분의 법거량이 한 편의 드라마다.

　둘째는 황벽 스님이 유나를 일깨우고 있는 장면이다. 유나를 불
러 부축을 받았는데 유나가 '저런 미친놈의 무례한 짓을 그냥 두십니
까?'라고 하자 황벽 스님이 가까스로 일어나서는 유나를 후려갈긴다.
유나는 임제 스님과 황벽 스님의 한 편의 드라마를 이해할 수가 없었
다. 유나의 눈에는 임제가 황벽 스님의 몽둥이를 잡아 던져버리는 활
발한 목전현용을 미친놈의 무례한 짓으로밖에는 생각이 들지 않았
다. 유나는 이를 알지 못하기 때문에 황벽 스님으로부터 한 대 맞은
것이다.

　셋째로 임제 스님이 괭이로 밭을 매면서 말하고 있는 장면이다. 여

기서 생매장이란 무엇인가? 산 채로 묻어버리는 것이다. 죽은 사람을 묻는 것이 아니라 살아 있는 사람을 묻어버린다는 말이다. 생매장은 '죽음 가운데 삶이 있고, 삶 가운데 죽음이 있다[死中活 活中死]'는 것을 비유적으로 말한다. 크게 죽어서 다시 살아난다는 의미다. 크게 죽는 다는 것은 일체의 번뇌 망상은 물론 제8아뢰야식의 무기 무심 번뇌까지 다 없어져야 참으로 크게 죽는 경계이며, 여기에서 다시 살아난다는 의미다.

뒷날 위산 스님이 앙산 스님에게 물었다.
"황벽 스님이 유나를 때린 의도가 무엇인가?"
"진짜 도둑은 달아나버렸는데 뒤쫓던 순라군이 얻어맞은 꼴입니다."

後 潙山 問仰山 黃檗 打維那 意作麼生 仰山云 正賊走却 邏蹤人喫棒

❀

임제 스님을 도둑이라고 한 것은 부처님의 법을 훔쳤기 때문이다. 부처님 법을 훔쳐 달아난 임제를 유나가 뒤쫓으니, 유나를 순라군이라고 말하고 있다.

5. 임제 스님이 눈을 지그시 감다

임제 스님이 하루는 승당 앞에 앉아 있다가

황벽 스님이 오는 것을 보고 눈을 지그시 감았다.

황벽 스님이 두려워하는 시늉을 내며 곧바로 방장실로 돌아가버렸다.

임제 스님은 뒤따라 방장실로 들어가서 무례함을 사죄하였다.

그때 수좌가 황벽 스님을 모시고 서 있었다.

황벽 스님이 말한다.

"이 스님이 비록 후배이긴 하지만 이 일(본분사)을 아는구나."

수좌가 "노스님 자신의 발꿈치가 땅에 닿지도 않으면서[脚跟 不點地]

도리어 이 후배를 증명하십니까?" 하였다.

황벽 스님이 스스로 자기 입을 한 대 쥐어박으니

수좌가 "아셨으면 됐습니다"라고 하였다.

師一日 在僧堂前坐 見黃蘗來 便閉却目 黃蘗 乃作怖勢 便歸方丈 師

隨至方丈 禮謝 首座在黃蘗處侍立 黃蘗云 此僧 雖是後生 却知有此事

首座云 老和尚 脚跟 不點地 却證據箇後生 黃檗 自於口上 打一摑 首
座云 知卽得

❀

임제 스님이 황벽 스님이 오는 것을 보고 눈을 지그시 감고, 황벽 스
님이 두려워하는 시늉을 하고 방장실로 돌아가자 뒤따라 들어가서
사죄하는 이러한 일련의 과정 또한 목전현용의 유희라 할 수 있다.

깨달은 자가 겪는 일상사의 모든 활용은 유희 아님이 없다. 깨달은
자의 삶은 날마다 좋은 날이요, 유희 놀음과 같기 때문이다. 하는 일
도, 해야 할 일도 없는 무심도인無心道人은 그저 편안히 쉬고 놀기만
하면 된다. 아니, 노는 것이 일이요, 일이 노는 것이다. 다른 말로는 도
저히 표현할 길도 없고, 또 표현하면 틀린다.

황벽 스님이 임제 스님을 인가한 이후로, 임제 스님이 비록 후배이
긴 하지만 본분사를 아는 스님으로 대했다. 그러나 수좌의 말이 예상
외이다. 수좌가 "노스님 자신의 발꿈치가 땅에 닿지도 않으면서 도리
어 이 후배를 증명하십니까?"라고 말했기 때문이다. 발꿈치가 땅에
닿지도 않았다는 '각근불점지脚跟不點地'는 발꿈치가 땅에 닿는다는
'각답실지脚踏實地'와 상대되는 말이다. '각답실지'는 수행을 철저히
하여 동요 없이 확고한 상태를 뜻한다. 그러니까 동요 없이 확고한 상
태도 아니면서 후배를 증명하느냐고 이르는 것이다.

그러나 이 수좌의 말을 단순히 이렇게 받아들여서는 안 된다. 황벽
스님과 수좌 스님의 대화 역시, 임제와 황벽 스님의 대화와 마찬가지
로 깨달은 사람들이 보여주는 목전현용의 유희다. 수좌 스님의 황벽
스님에 대한 각근불점지와 각답실지는 둘이 아니고 서로 통한다. 그

래서 황벽 스님은 이에 대한 화답으로 자기 손으로 입을 한 대 쥐어박은 것이다. 이러한 행위 또한 유희다.

그런 황벽 스님을 보고 수좌가 "아셨으면 됐습니다"라고 하였다. 수좌의 근기 또한 만만치 않다.

6. 임제 스님이 방에서 졸고 있다

임제 스님이 선방에서 졸고 있던 중

황벽 스님이 내려와서 보고 주장자로 선판을 한 번 두드렸다.

임제 스님이 고개를 들어 황벽 스님인 것을 보고 다시 졸았다.

황벽 스님이 다시 선판을 한 번 두드리고는

윗방으로 가서 수좌가 좌선하고 있는 것을 보고 말하였다.

"아랫방의 후배는 좌선을 하는데

그대는 여기서 무슨 망상을 피우고 있느냐?"

수좌가 "이 노장이 무슨 수작이냐!" 하니

황벽 스님은 선판을 한 번 두드리고 나가버렸다.

師在堂中睡 黃檗 下來見 以拄杖 打版頭一下 師擧頭 見是黃檗 却睡
黃檗 又打版頭一下 却往上間 見首座坐禪 乃云 下間後生 却坐禪 汝
這裏妄想作什麽 首座云 這老漢 作什麽 黃檗打版頭一下 便出去

✿

졸리면 자는 것이다. 목마르면 물 마시고 배고프면 밥 먹는다. 가장
자연스러운 진여의 묘용이며 마음의 작용이다. 이것은 깨달은 자의
목전현용이다. 선판을 두드리는 것 역시 그대로 작용을 하는 것이다.

　선문에서 좌선은 본성을 보고 망념이 일어나지 않는 것을 말한다.
그러므로 본성을 깨친 자의 입장에서는 어묵동정語默動靜, 즉 말하고
침묵하고 움직이고 머무르는 모든 행동이 선 아님이 없다. 그래서 졸
고 있는 임제 스님을 인정하는 것이다. 이런 관점에서, 앉아서 선에
든 수좌 스님에게는 오히려 망상을 피우고 있다고 힐책한다. 이를 알
아차린 수좌가 황벽 스님이 던진 분별의 늪에 빠지지 않고 한차례 공
격을 개시한다. 그래서 수좌는 "이 노장이 무슨 수작이냐!"라며 되받
아친 것이다. 황벽 스님이 던진 분별의 늪으로부터 단숨에 빠져나온다.

훗날 위산 스님이 앙산 스님에게 물었다.
"황벽 스님이 선방에 들어갔던 뜻이 무엇인가?"
"하나의 내기판에 이기는 패가 둘입니다[兩彩一賽]."

後 潙山 問仰山 黃檗 入僧堂意作麼生 仰山云 兩彩一賽

✿

황벽 스님이 선방에 들어갔던 뜻은 임제 스님과 수좌를 시험해보기
위해서다. 졸고 있는 임제 스님과 좌선하고 있는 수좌 스님에게 각각
미끼를 던졌다. 그러나 둘 다 미끼에 걸려들지 않았다. 그래서 황벽
스님이 둘 다 인정하고 있는 형국이다.

임제 스님은 졸고 있고, 수좌 스님은 좌선하고 있기에 서로 다른 모습을 하고 있지만, 본성을 보고 망상을 일으키지 않는 것에서는 다름이 없다.

7. 곽두(괭이)에 대한 문답

어느 날 대중이 울력을 할 때
임제 스님이 황벽 스님 뒤를 따라가고 있었다.
황벽 스님이 고개를 돌려보니, 임제 스님이 빈손[空手]으로 오고 있으므로
"괭이는 어디 두고 오느냐?"라고 물었다.
"어떤 사람이 가져가 버렸습니다."
"이리 가까이 오너라. 그대와 이 일[箇事]을 따져 보자."
임제 스님이 앞으로 가까이 다가오자,
황벽 스님이 괭이를 일으켜 세우면서 말했다.
"오직 이것만은 천하의 어떤 사람도 집어 들지 못한다."
임제 스님이 손을 뻗쳐 낚아채서 잡아 세우면서
"그렇다면 어째서 지금은 제 손안에 있습니까?" 하니,
황벽 스님께서 "오늘은 대단한 사람이 울력을 하는구나"라고 하시며
절로 돌아가버렸다.

一日普請次 師在後行 黃檗 回頭 見師空手 乃問 钁頭 在什麼處 師云
有一人將去了也 黃檗云 近前來 共汝商量箇事 師便近前 黃檗 竪起钁
頭云 祇這箇 天下人 拈掇不起 師就手掣得 竪起云 爲什麼 却在某甲
手裏 黃檗云 今日 大有人 普請 便歸 院

❀

임제 스님이 빈손으로 온다는 뜻은 법을 얻어서 더 이상 할 일이 없어
힘쓸 일이 없다는 뜻이다. 그리고 괭이를 가져간 어떤 사람은 다름 아
닌 법을 얻은 자로서 깨달은 사람을 뜻한다. 황벽 스님이 이 일을 따
져 보자는 것은 다름 아닌 궁극적 진실로서 본분사本分事를 말한다.

　"괭이를 일으켜 세운다"라는 의미는 다름 아닌 황벽의 법이고 임제
가 깨달은 법이다. 황벽 스님이 괭이를 세워 목전현용의 법을 쓰고 있
으므로 임제 스님 역시 그 괭이를 낚아채 목전현용의 법을 쓰고 있다.

훗날 위산 스님이 앙산 스님에게 물었다.
"괭이가 황벽 스님의 손에 있었는데 왜 다시 임제에게 빼앗겼느냐?"
앙산 스님이 대답하였다.
"도둑은 소인이지만 지혜는 군자를 능가합니다."

後 潙山 問仰山 钁頭在黃檗手裏 爲什麼 却被臨濟奪却 仰山云 賊是
小人 智過君子

❀

괭이는 법을 비유한다. 황벽 스님의 손에 있던 괭이를 임제 스님이 빼

앗아 든 것은 황벽 스님의 법을 임제 스님이 훔쳤다는 의미다. 그 훔
치는 행위는 소인배지만, 임제 스님의 혜안은 군자를 능가할 정도로
뛰어나다.

8. 앙산 스님과의 만남

임제 스님이 황벽 스님의 편지를 전하기 위해 위산 스님에게 갔다.
그때 앙산 스님이 지객知客(절에서 오고 가는 손님을 안내하는 일) 소임을 보고
있었는데, 편지를 받고서 물었다.

"이것은 황벽 스님의 것이다. 그대의 것은 어느 것인가?"

임제 스님이 손바닥으로 후려치자, 앙산 스님이 그의 손을 잡으며 말하였다.

"노형께서 이 일을 아신 바에야 그만둡시다."

둘이 함께 가서 위산 스님을 뵈니 위산 스님이 물었다.

"황벽 사형께서는 대중이 얼마나 됩니까?"

"칠백 대중입니다."

"누가 우두머리인가요?"

"방금 전에 이미 편지를 전해드렸습니다."

이번엔 임제 스님이 위산 스님에게 물었다.

"이곳 큰스님의 회하에는 대중이 얼마나 됩니까?"

"천오백 대중입니다."

"매우 많군요."

"황벽 사형께서도 적지 않으십니다."

師爲黃檗 馳書去潙山 時 仰山 作知客 接得書 便問 這箇 是黃檗底 那
箇是專使底 師便掌 仰山約住云 老兄 知是般事 便休 同去見潙山 潙
山 便問 黃檗師兄 多少衆 師云 七百衆 潙山云 什麽人 爲導首 師云
適來 已達書了也 師却問潙山 和尙此間多少衆 潙山云 一千五百衆 師
云 太多生 潙山云 黃檗師兄 亦不少

❀

여기서 핵심 구절은 앙산 스님이 "그대의 것은 어느 것인가?" 하고 묻
자, 임제 스님이 손바닥으로 후려갈긴 대목이다. 손바닥으로 후려갈
긴 것은 눈앞에 그대로 작용하고 있는 임제 스님의 법이다.

앙산 스님이 임제 스님을 붙잡으며 "노형께서 이 일을 아신 바에야
그만둡시다"라고 말하고 있다. 앙산 스님도 임제의 법을 바로 알아본
것이다.

임제 스님이 위산 스님을 하직하고 나오니

앙산 스님이 전송하면서 말하였다.

"그대가 훗날 북쪽으로 가면 머물 곳이 있을 것입니다."

"어찌 그런 일이 있겠습니까?"

"가시기만 하면 한 사람이 노형을 보좌해드릴 것입니다.

그런데 이 사람은 머리만 있고 꼬리는 없으며,

시작은 있고 끝은 없을 것입니다."

임제 스님이 훗날 진주에 이르자, 보화 스님이 이미 거기에 와 있었다.

임제 스님이 세상에 알려지는 것을 보화 스님이 도와주었다.

임제 스님이 진주에 머문 지 오래지 않아

보화 스님은 온몸을 벗어던지고 이 세상을 떠나가버렸다.

師辭潙山 仰山 送出云 汝向後北去 有箇住處 師云 豈有與麽事 仰山
云 但去 已後 有一人 佐輔老兄在 此人 祇是有頭無尾 有始無終 師後
到鎮州 普化已在彼中 師出世 普化佐贊於師 師住未久 普化全身脫去

❀

앙산 스님은, 임제 스님이 보화 스님을 만날 것이며, 그 스님이 임제
스님을 도와주긴 하되 오래 못 갈 것이라고 예언한다. 훗날 이 말이
그대로 들어맞는다.

　사실 예언 이야기가 나와서 하는 말인데 깨친 자에게 예언은 큰 의
미가 없다. 깨친 자는 미래의 본성까지도 다 알아서, 다가올 일 등이
지금 여기의 본성을 떠나 있지 않음을 다 안다. 본성을 떠나 있지 않
으므로 길흉화복에 관심이 없다.

9. 여름 안거의 인연

1) 황벽산에서 여름 안거를 마치다

임제 스님이 여름철 안거 중에 황벽산에 올랐다가

황벽 스님이 경을 읽고 계시는 것을 보고 말하였다.

"그래도 저는 스님을 뛰어난 분으로 생각해왔는데

알고 보니 검정콩이나 주워 먹는 노스님이군요."

며칠을 머물다가 떠날 인사를 드리러 가니 황벽 스님이 말한다.

"그대는 여름 안거를 깨트리고 오더니

결국 여름 안거를 마치지도 않고 가려 하는가?"

"저는 스님께 잠시 인사를 드리러 왔을 뿐입니다."

그러자 황벽 스님은 임제 스님을 후려갈겨 내쫓아버렸다.

임제 스님이 몇 리를 가다가 이 일을 의심하고 다시 돌아와

그 여름 안거를 마쳤다.

師因半夏 上黃蘗 見和尚 看經 師云 我將謂是箇人 元來是揞黑豆老和
尙 住數日 乃辭去 黃蘗云 汝破夏來 不終夏去 師云 某甲 暫來禮拜和
尙 黃蘗 遂打 趁令去 師行數里 疑此事 却回終夏

✿

임제 스님은 경을 읽고 계시는 황벽 스님을 검정콩이나 주워 먹는 노
스님이라고 폄하하고 있다. '검정콩이나 주워 먹는다'고 하는 것은,
희고 검고 하는 분별에 집착하듯이 아직도 경전의 문구나 언어 문자
에 집착하여 경전을 벗어나지도 못하고 참뜻을 알지 못하는 노스님
이라고 말하는 것이다. 경전을 읽는 것은 그렇게까지 폄하할 일이 아
니다. 황벽 스님 같은 깨친 분이 경을 읽는 것은 경을 자유자재로 운
전한다. 그러나 깨닫지 못한 자는 경에 이끌려 갈 수 있다.

깨닫고 난 뒤의 수행, 깨닫고 난 뒤 그 깨달음을 잘 지켜 나가는 것
을 '오후보임悟後保任'이라 한다. 황벽 스님이 보기에 임제 스님은 오
후보임의 수행이 부족하게 여겨졌나 보다. 그래서 임제 스님에게 "그
대는 여름 안거를 깨뜨리고 오더니 결국 여름 안거를 마치지도 않고
가려 하는가?"라며 질책하고, 결국엔 내쫓은 거라고 생각된다.

깨달음 후의 수행이란 '원증견성圓證見性'한 후의 일상생활로, 추우
면 옷을 입고 더우면 옷을 벗으며, 배고프면 밥을 먹고 때맞춰 예불드
리는 것이다. 일상사 그대로가 깨달음의 묘용이다. 이러한 깨달음 이
후의 수행을 계속 이어 나가야 한다. 그래서 석가모니 부처님께서도
깨달으신 후 열반에 들기까지 안거에 드셨다. 황벽 스님의 충정이 통
했던 것일까? 황벽 스님이 말한 대로 임제 스님은 다시 돌아와 안거
를 마친다.

2) 세상 사람들의 입을 막게 될 것이다

임제 스님이 어느 날 황벽 스님을 하직하니, 황벽 스님께서 물었다.

"어디로 가려느냐?"

"하남 아니면 하북으로 돌아갈까 합니다."

황벽 스님이 곧바로 후려치자,

임제 스님이 몽둥이를 붙잡고 뺨을 한 대 때렸다.

이에 황벽 스님이 큰소리로 웃으며 시자를 불렀다.

"백장 큰스님이 물려준 선판과 경상을 가져오너라."

그러자 임제 스님이 "시자야! 불을 가져오너라"라고 하였다.

황벽 스님이 말하였다.

"비록 그렇긴 하지만 그냥 가져가거라.

훗날 앉아서 세상 사람들의 입을 막게 될 것이다."

師一日 辭黃檗 檗問 什麽處去 師云 不是河南 便歸河北 黃檗 便打 師
約住 與一掌 黃檗 大笑 乃喚侍者 將百丈先師禪版机案來 師云 侍者
將火來 黃檗云 雖然如是 汝但將去 已後 坐却天下人舌頭去在

❀

떠날 인사를 하는데 왜 후려치고, 뺨을 때리고 있는가? 도인들에게
작별이란 없다. 항상 지금, 그리고 여기에 있다. 어디로 가든 인연 그
대로가 진여일심의 작용이며 목전현용이다. 물론 그렇다 하더라도
가는 곳이 없는 것은 아니다.

이별하는 순간, 황벽 스님이 백장 스님으로부터 깨달음의 증표로

전해 받은 선판과 경상(경을 올려놓는 책상)을 가져와서 임제 스님에게 물려주려고 하지만, 임제 스님은 시자를 불러 불을 가져오라고 말한다. 과연 임제 스님다운 걸출한 행동이다. 사실 깨달음의 증표라는 것이 말이 되지 않는다. 깨달음을 얻었다는 생각마저 하나의 망념인데 깨달음을 나타내는 증표라니 이 또한 망념이 아닐 수 없다. 선판이나 경상이라는 것이 무엇인가? 나무로 만든 판때기나 궤짝 같은 것이 아닌가? 그리고 불 속에 집어넣으면 순식간에 재가 되어 사라지는 게 아닌가? 이게 무슨 증표란 말인가? 증표는 필요 없다. 그래서 임제 스님은 불을 질러버리려 불을 가져오라고 말하고 있다.

그러자 황벽 스님은 "비록 그렇긴 하지만 그냥 가져가거라. 훗날 앉아서 세상 사람들의 입을 막게 될 것이다"라고 말한다. 임제 스님의 뜻은 잘 알고 있으나, 그렇다고 하더라도 세상 사람들이 법을 받았느니 안 받았느니 하고 시시비비가 끊이지 않을 것이므로 이를 대비해서 방편으로 가지고 있으라고 말한다.

3) 은혜를 알아야 은혜를 갚을 줄 아는 법이다

훗날 위산 스님이 앙산 스님에게 물었다.
"임제가 황벽 스님을 저버린 게 아닌가?"
"그렇지 않습니다."
"그럼 그대는 어떻게 생각하는가?"
"은혜를 알아야 은혜를 갚을 수 있는 법입니다."
"옛사람들에게서도 이 같은 경우가 있었는가?"

"있습니다만, 너무 오래된 일이라 스님께 말씀드리고 싶지 않습니다."

"그렇긴 하나 나도 알고 싶으니, 말해보아라."

"마치 저 능엄회상에서 아난이 부처님을 찬탄하기를,

'이 깊은 마음으로 먼지같이 많은 국토를 받드는 것이

부처님 은혜를 갚는 일입니다'라고 하였으니,

이 어찌 은혜를 갚는 일이 아니겠습니까?"

"그렇다. 그렇다. 견해가 스승과 같으면 스승의 덕을 반이나 깎아 먹는

것이고, 견해가 스승보다 나아야 법을 전해줄 만하다."

後 潙山 問仰山 臨濟莫辜負他黃檗也無 仰山云 不然 潙山云 子又作
麼生 仰山云 知恩 方解報恩 潙山云 從上古人 還有相似底也無 仰山
云 有 祇是年代深遠 不欲擧似和尚 潙山云 雖然如是 吾亦要知 子但
擧看 仰山云 祇如楞嚴會上 阿難 讚佛云 將此深心奉塵刹 是則名爲報
佛恩 豈不是報恩之事 潙山云 如是如是 見與師齊 減師半德 見過於師
方堪傳授

❀

위산 스님이 앙산 스님에게 깨달음의 증표로서 선판과 경상을 태워
버리겠다고 불을 가져오라고 한 것은 임제 스님이 황벽 스님을 저버
린 게 아닌가 묻고 있으며, 앙산 스님은 그렇지 않다고 말하고 있다.
사실 마음의 법이 형상이 없는데 깨달음의 증표가 어디 있으며 선판
과 경상은 어디 있는가. 그래서 그것들을 태워버리려고 불을 가져오
라고 한 것이다.

　이런 행위는 스승의 법을 저버리는 게 아니라, 오히려 스승의 법을

더 빛낸다. 그래서 앙산 스님이 "은혜를 알아야 은혜를 갚을 수 있는 법입니다"라고 답하고 있는 것이다.

　그러자 위산 스님은 "그렇다. 그렇다. 견해가 스승과 같으면 스승의 덕을 반이나 깎아 먹는 것이고, 견해가 스승보다 나아야 법을 전해 줄 만하다"고 말하고 있다. 임제 스님이 법을 받는 모습이 황벽 스님보다 뛰어나서 그런 것이라고 우회적으로 말하고 있는 것이다. 그야말로 청출어람靑出於藍이요, 이것이야말로 황벽 스님의 은혜를 크게 갚는 일이다.

10. 달마 대사의 탑에 가다

임제 스님이 달마 조사의 탑 앞에 이르렀는데, 탑주塔主 스님이 말하였다.

"장로는 부처님께 먼저 절합니까? 조사에게 먼저 절합니까?"

"부처와 조사 모두에게 절하지 않습니다."

"부처님과 조사가 장로에게 무슨 원수 집안이라도 됩니까?"

임제 스님이 곧바로 소매를 떨치고 가버렸다.

師到達磨塔頭 塔主云 長老 先禮佛 先禮祖 師云 佛祖俱不禮 塔主云
佛祖與長老 是什麼寃家 師便拂袖而出

❀

진짜 부처는 여기, 그리고 지금 살아서 말을 듣고 대답하는 임제 자
신이다. 묻고 있고 보고 있는 스님 자신이 진짜 부처고 살아 있는 부
처다.

이렇게 엄연히 살아 있는 부처는 놓아두고, 형상을 보고 누구에게

먼저 절을 하느냐고 물으니 대답이야 뻔하다. 당연히 둘 다에 절하지 않는다. 그런데도 탑주가 무슨 원수지간이라도 되는가 하고 묻고 있으니, 더 이상 상대해서 말해봐야 실익이 없다. 이를 알고 임제 스님은 곧바로 소매를 떨치고 가버린다.

11. 용광 스님에게 가다

임제 스님이 행각을 할 때, 용광龍光 스님이 계시는 곳에 이르렀다.

용광 스님이 마침 법당에 올라 설법하고 있던 차, 임제 스님이 물었다.

"칼을 뽑지 않고 어떻게 해야 이길 수 있습니까?"

용광 스님이 자세를 고쳐 똑바로 앉자 임제 스님이 말하였다.

"대 선지식께서 어찌 방편이 없으십니까?"

용광 스님이 눈을 부릅뜨고 '사ㅡ' 하는 소리를 내자,

임제 스님이 손으로 가리키면서 말하였다.

"이 늙은이가 오늘 낭패를 보았구나."

師行脚時 到龍光 光 上堂 師出問 不展鋒鋩 如何得勝 光 據坐 師云
大善知識 豈無方便 光 瞪目云嗄 師以手指云 這老漢 今日敗闕也

❀

임제 스님이 "칼을 뽑지 않고 어떻게 해야 이길 수 있습니까?"라고 물

은 것은 용광 스님에게 마음의 본성품자리에 서서 한마디 해보라는 것이다. 검객이 싸워서 이기려면 서로 칼을 뽑아서 검을 겨루어야 한다. 그러나 칼도 뽑지 않고 어떻게 싸워서 이길 수가 있겠는가? 논리와 순리로 받아들여서는 안 된다. 이 자리는 논리와 순리가 사라지고 없는 본성품의 자리다. 진여일심의 자리에는 말이 없고, 논리가 없고, 순리가 없다. 말없이 불법의 진리를 말해보라는 뜻이다.

그러나 용광 스님이 자세를 고쳐 똑바로 앉자, 다시 임제 스님이 "대 선지식께서 어찌 방편이 없으십니까?" 하고 미끼를 던진다. 용광 스님은 이러한 미끼를 단칼에 베어냈어야 한다. 그러나 용광 스님은 그러지 못하고 미끼를 덥석 물고 말았다. 용광 스님이 눈을 크게 뜨고 쉰 목소리로 '사嘘-' 하는 소리를 냈다. 용광 스님의 이러한 태도는 칼을 빼어 들지 말라고 했는데 칼을 빼어 든 것이다. 진여일심의 자리에는 칼로 베는 소리마저 없다. 그래서 임제 스님은 "이 늙은이가 오늘 낭패를 보았구나"라고 말한 것이다.

12. 삼봉의 평 화상에게 가다

삼봉三峯에 이르렀을 때 평平 화상이 물었다.

"어디서 왔는가?"

"황벽 스님 회상에서 왔습니다."

"황벽 스님은 어떤 말을 하시는가?"

"금빛 소가 간밤에 진흙탕에 빠져

아직까지도 그 자취를 찾을 수가 없습니다."

"가을바람에 옥피리를 부니, 누가 이 소리를 알아들을까?"

"곧바로 만 겹 관문을 뚫고 지나가버려 맑은 하늘에도 머물지 않습니다."

"그대의 한마디 물음이 매우 높구나."

"용이 금빛 봉황의 새끼를 낳으니 푸른 유리 빛 창공을 뚫고 날아갑니다."

"자, 앉아서 차나 들게" 하였다.

到三峯 平和尚 問 什麼處來 師云 黃檗來 平云 黃檗 有何言句 師云

金牛昨夜 遭塗炭 直至如今不見蹤 平云 金風 吹玉管 那箇是知音 師

云 直透萬重關 不住淸霄內 平云 子這一問 太高生 師云 龍生金鳳子
衝破碧瑠璃 平云 且坐喫茶

❁

"금빛 소가 간밤에 진흙탕에 빠져 아직까지도 그 자취를 찾을 수가
없습니다." 이 무슨 말인가? 황벽 스님의 불법은 금빛 소처럼 아름답
고 눈부시지만, 언설과 마음을 떠나 있어 자취를 찾을 수가 없다는 뜻
이다. 그랬더니 평 화상이 "가을바람에 옥피리를 부니, 누가 이 소리
를 알아들을까?" 하고 시적으로 되물었다. 자취를 찾을 수 없다면 누
가 있어서 황벽 스님의 불법을 알아들을 수 있겠느냐고 반문한 것이
다. 그러자 임제 스님은 "곧바로 만 겹 관문을 뚫고 지나가버려 맑은
하늘에도 머물지 않습니다"라고 대답한다.

　임제 자신은 황벽 스님의 불법을 알아들었으며, 맑은 하늘에 비유
하는 황벽 스님의 불법에 머물지 않는다고 답했다. 평 화상이 임제의
한마디 말이 매우 높다고 하자, 임제 스님은 바로 "용이 금빛 봉황의
새끼를 낳으니 푸른 유리 빛 창공을 뚫고 날아갑니다"라고 답했다.
임제는 당당하게 자신을 봉황의 새끼에 빗대어 푸른 유리 빛 창공을
뚫고 날아간다고 비유하여 말하는 것이다. 아무것에도 거리낄 것이
없으며 어느 무엇에도 걸림이 없는 당당하고 우뚝 솟은 모습이다. 도
저히 상대하기가 벅차다. 그러니 평 화상은 "자, 앉아서 차나 들게"라
고 말하고 있다.

평 화상이 다시 물었다.
"최근에는 어느 곳에서 왔는가?"

"용광 스님 처소에서 왔습니다."

"용광 스님이 요즈음 어떠하시던가?"

임제 스님은 곧바로 나가버렸다.

又問 近離甚處 師云 龍光 平云 龍光 近日如何 師便出去

✤

평 화상이 "용광 스님이 요즈음 어떠하시던가?" 하고 묻자, 임제 스님
은 왜 바로 나가버린 것일까? 용광 스님이 요즘 어떻게 지내든지 말
든지 자신이 상관할 바가 아니라는 뜻이며, 용광 스님을 거론할 필요
가 없다는 뜻이다.

13. 대자 스님에게 이르다

임제 스님이 대자大慈 스님이 계신 곳에 갔을 때,

대자 스님이 방장실에 앉아 있었다. 임제 스님이 여쭈었다.

"방장실에 단정히 앉아 계실 때의 경지는 어떻습니까?"

"추운 겨울에도 소나무는 한결같아서 그 푸른빛이 천년을 변치 않고,

시골의 노인이 꽃을 꺾어 드니 온 세상이 봄이로다."

임제 스님이 말하였다.

"고금에 길이 뛰어난 원만한 지혜의 본체여,

삼산三山은 만 겹의 관문으로 꽉 닫혀버렸습니다."

대자 스님이 대뜸 "할!" 하니, 임제 스님도 "할!" 하였다.

대자 스님이 "어떤가?" 하니, 임제 스님은 소매를 떨치며 가버렸다.

到大慈 慈在方丈內坐 師問 端居丈室時如何 慈云 寒松一色 千年別 野
老拈花萬國春 師云 今古永超圓智體 三山 銷斷萬重關 慈便喝 師亦喝
慈云 作麼 師拂袖便去

임제 스님이 "방장실에 단정히 앉아 계실 때는 어떻습니까?"라고 한 말은 영원히 변치 않는 깨달음의 경지에 있는지를 묻고 있는 것이다. 이에 대한 대자 스님의 답변이 실로 시적이다. "추운 겨울에도 소나무는 한결같아서 그 푸른빛이 천년을 변치 않고, 시골의 노인이 꽃을 꺾어 드니 온 세상이 봄이로다."

소나무는 변치 않는 불생불멸한 진여일심을 비유하고, 온 세계가 봄이라는 말은 진여의 활발발한 용을 드러내고 있다. 참으로 맑은 경지다. 그러나 이어지는 임제 스님의 말이 폐부를 찌른다.

"고금에 길이 뛰어난 크고 원만한 지혜의 본체여, 삼산三山(봉래산, 방장산, 영주산)은 만 겹의 관문으로 꽉 닫혀버렸습니다." 이 구절은 삼산처럼 우뚝한 참사람의 경지, 그 깨달음을 말과 생각의 길을 끊고 직접 드러내보라는 뜻이다.

깨달음은 언어나 문자를 떠나 있고 마음의 길도 끊어져 있기에 말로 드러내지 못한다. 임제 스님이 깨달음을 물었을 때, 대자 스님은 그 즉시 목전현용目前現用의 법을 드러냈어야 한다. 그런데도 대자 스님은 깨달음을 비유적으로 설명했다. 입을 여는 순간 틀린다는 사실을 대자 스님은 몰랐던 게 아닐까! 그래서 임제 스님은 아직도 깨달음이 만 겹의 관문에 갇혀 있어서 통과하지 않으면 안 된다고 말하고 있다.

그러자 대자 스님이 대뜸 "할!"을 하니 임제 스님도 "할!"을 하였다. 서로가 "할!"을 하고 있는 상황이다. 임제 스님의 "할!"은 대자 스님이 대뜸 한 "할!"마저 날려 보내고 목전현용의 깨달음을 드러낸 것이다. 그러자 대자 스님은 "어떠한가?" 하고 다시 묻는다. 여기까지다. 더 이상 대화하면 군더더기다. 임제 스님은 소매를 떨치며 가버린다. 있는 그대로 보여준다.

14. 양주의 화엄 스님에게 가다

양주의 화엄華嚴 스님에게 갔을 때,

화엄 스님이 주장자에 기대어 조는 시늉을 하고 있었다.

임제 스님이 "노스님께서 졸기만 하면 어떻게 합니까?" 하였다.

화엄 스님이 말한다.

"훌륭한 선객은 정말 다르구나."

임제 스님이 말했다.

"시자야! 차를 달여와서 큰스님께서 드시게끔 하여라."

화엄 스님이 유나를 불러 말했다.

"이 스님을 셋째 자리에 모시도록 하여라."

到襄州華嚴 嚴倚拄杖 作睡勢 師云 老和尙瞌睡作麼 嚴云 作家禪客
宛爾不同 師云 侍者 點茶來 與和尙喫 嚴乃喚維那 第三位 安排這上座

화엄 스님이 주장자에 기대어 조는 시늉을 하는 것은 임제 스님을 시험하기 위한 덫이라고 할 수 있다. 여기에 걸려들 임제 스님이 아니다. 그래서 임제 스님은 "노스님께서 졸기만 하면 어떻게 합니까?" 하고 반격을 가한다. 졸고 있다는 것은 깨어 있지 못하다는 말로서 망념에 빠져 있다는 말이다.

　화엄 스님 역시 "훌륭한 선객은 정말 다르구나" 하고 또다시 임제 스님을 시험하고 있다. 이렇게 자신을 추켜세우는 말에 속아 넘어갈 임제 스님이 아니다. 그래서 임제 스님은 화엄 스님이 잠꼬대 같은 소리를 그치고 깨어나도록 하기 위해 유나를 불러 차를 준비해 와 화엄 스님께서 차를 드시도록 하고 있다. 그러자 화엄 스님은 시험을 멈추고 유나를 불러 학인을 지도하는 자리로 임제 스님을 안내하도록 한다. 임제 스님을 알아보는 화엄 스님 역시 보통의 스님은 아닌 것 같다.

15. 취봉 스님에게 가다

임제 스님이 취봉翠峯 스님 계신 곳에 이르자, 취봉 스님이 물었다.

"어디서 왔는가?"

"황벽 스님 회상에서 왔습니다."

"황벽 스님은 무슨 말로 학인을 지도하는가?"

"황벽 스님은 별다른 말이 없었습니다."

"어째서 없는가?"

"설령 있다고 하더라도 이것이라고 말할 것이 없습니다."

"그렇더라도 한번 말해보아라."

"화살이 서천을 지나가 버렸습니다."

到翠峯 峯問甚處來 師云 黃檗來 峯云 黃檗有何言句 指示於人 師云
黃檗 無言句 峯云 爲什麼無 師云 設有 亦無擧處 峯云 但擧看 師云
一箭過西天

✿

임제 스님은 왜 황벽 스님에게서 별다른 말이 없었다고 하는가? 여기에 이 선문답의 핵심이 들어 있다. 황벽 스님이 학인을 지도할 때 말을 안 했을 리 없다. 그런데도 임제 스님은 왜 이렇다 할 말이 없었다고 할까? 그것은 진리는 말하는 순간 벗어나기 때문이다.

마음의 법은 무형상으로 눈앞에서 그대로 작용하는 것이며 살아 움직이고 활발발한 작용을 하는 것인데, 말과 문자로 가르치는 순간 죽은 진리로 떨어진다. 그래서 설령 있다고 하더라도 소개하는 순간 문자에 집착하기 때문에 이렇다 할 별다른 말이 없었다고 하는 것이다. 그러나 취봉 스님의 집착은 끈질기다. 끝까지 달라붙어 요구하고 있다. 이미 황벽 스님의 법문이 없다고 말했을 때 알아챘어야 하는데 그때 이미 놓치고 화살은 지나가 버렸다.

16. 상전 스님에게 가다

임제 스님이 상전象田 스님 계신 곳에 이르러 물었다.

"범부도 아니고 성인도 아닌 경지를 스님께서는 어서 말씀해주십시오."

"노승은 그저 이럴 뿐이네."

임제 스님이 바로 "할!" 하며 말했다.

"허다한 머리 깎은 바보 중들아,

여기서 도대체 무엇을 배우고 있단 말인가?"

到象田 師問 不凡不聖 請師速道 田云 老僧 祇與麼 師便喝云 許多禿
子 在這裏覓什麼椀

❀

범부도 아니고 성인도 아닌 경지를 물었다. 범부도 아니고 성인도 아
닌 경지는 범부이기도 하고 성인이기도 한 경지로, 범부와 성인을 초
월한 경지다. 중도진여中道眞如의 참사람의 자리를 말해달라는 뜻이

다. 그런데 상전 스님은 "노승은 그저 이럴 뿐이네"라고 답하고 있다. 이 말에 실망스러웠는지 임제 스님은 바로 "할!"을 하며 말했다. "허다한 머리 깎은 중들아, 여기서 도대체 무엇을 배우고 있단 말인가?"

임제의 화살이 상전 스님에게서 상전 스님을 모시고 사는 스님들에게로 향하고 있다. 상전 스님같이 제대로 답조차 할 수 없는 공부하지 않는 게으른 스님을 모시고 산다는 것은 그를 모시고 사는 여러분들도 형편없다는 것이다.

17. 명화 스님에게 가다

임제 스님이 명화明化 스님이 계신 곳에 이르자
명화 스님이 물었다.

"왔다 갔다 하면서 무엇을 하고 있는가?"

"다만 짚신이 닳도록 돌아다니고 있습니다."

"결국 그렇게 해서 뭘 어쩌겠다는 말인가?"

"이 노인장이 말귀를 못 알아듣는구나."

到明化 化問 來來去去作什麼 師云 祇徒踏破草鞋 化云 畢竟作麼生
師云 老漢 話頭也不識

❀

"다만 짚신이 닳도록 돌아다니고 있습니다"라는 임제 스님의 말을
새겨들어야 한다. 우리가 흔히들 허송세월을 보내고 있다는 말로 주
로 사용하지만, 여기서 임제 스님의 말은 그런 뜻이 아니다. 구경무심

의 자리에서 함이 없이 하고 한가로이 편하게 쉰다. 가야 할 곳이 없고, 갈 곳도 없다. 다만 아무런 목적이나 목표 없이 왔다 갔다 하다 보니 짚신만 떨어뜨릴 뿐이라고 말하는 것이다. 이미 목적을 다 이루었고 공부를 다 끝냈으므로 목표가 없다. 그런데 명화 스님은 임제 스님의 깊은 뜻이 담긴 말뜻을 모르고 "결국 그렇게 해서 뭘 어쩌겠다는 말인가?" 하고 다시 묻는다. 그러자 임제 스님은 "이 노인네가 말귀를 못 알아듣는구나"라고 말한다.

18. 봉림 스님에게 가던 길에 노파를 만나다

임제 스님이 봉림鳳林 스님에게 가던 길에
어떤 노파를 만났는데 노파가 물었다.
"어디로 가십니까?"
"봉림 스님이 계신 곳으로 갑니다."
"마침 봉림 스님은 계시지 않습니다."
"어딜 가셨습니까?"라고 묻자, 노파가 그냥 간다.
임제 스님이 노파를 불러 노파가 고개를 돌리자,
임제 스님이 바로 후려쳤다.

往鳳林 路逢一婆 婆問 甚處去 師云 鳳林去 婆云 恰値鳳林不在 師云
甚處去 婆便行 師乃喚婆 婆回頭 師便打

❀

노파의 답변에 주의를 기해야 한다. 임제 스님은 현상적으로 봉림 스님을 찾아간다고 말하고 있는데, 노파는 본체 차원에서 봉림 스님은 안 계신다고 말하고 있다. 사실 현상적으로는 봉림 스님이니 임제 스님이니 하고 차별이 있지만, 본체에서 보면 봉림 스님이니 임제 스님이니 하는 차별이 없다. 그래서 봉림 스님은 계시지 않는다고 한 노파의 말은 참으로 옳다.

그러자 임제 스님이 노파를 시험하기 위해 불렀다. 참으로 진여일심을 깨닫고 성품의 본체 차원에서 대답했다면 노파 역시 없으며 불러도 응답이 없어야 한다. 그런데 노파를 부르자 그 노파가 고개를 돌렸다. 노파가 조금 전에 하던 말은 그냥 깨달음을 흉내 낸 것에 지나지 않았음이 탄로가 난 것이다. 임제 스님은 바로 후려쳤다.

19. 봉림 스님에게 가다

1) 봉림 스님과의 문답

임제 스님이 봉림 스님이 계신 곳에 이르자 봉림 스님이 물었다.

"구체적인 실상[事相]을 들어 물어보려는데 괜찮겠는가?"

"무엇 때문에 생살을 긁어 부스럼을 만드십니까?"

"바다에 비친 달이 너무나 밝아서 그림자 하나 없는데

노니는 고기가 스스로 헤매는구나."

"바다에 비친 달은 그림자가 없는데

노니는 고기가 헤맬 리가 있겠습니까?"

"바람을 보고 물결이 이는 것을 알고 물을 보고 돛단배 띄운다."

"저 달이 홀로 비치어 강산은 고요한데

혼자서 웃는 소리가 천지를 놀라도다."

"세 치 혀로 천지를 비추는 것은 알아서 할 일이나,

기틀에 맞는 한마디를 던져보시게."

"길에서 검객을 만나면 칼을 보여주되,
시인이 아니면 시를 말하지 마십시오."
봉림 스님이 잠자코 있자 임제 스님이 게송을 지었다.

"대도는 같음마저도 끊어버렸으니
동쪽과 서쪽을 마음대로 향함이라.
부싯돌 불빛도 따라잡지 못하고
번갯불도 통과하지 못하도다."

到鳳林 林問 有事相借問得麼 師云 何得剜肉作瘡 林云 海月澄無影
游魚獨自迷 師云 海月 旣無影 游魚何得迷 鳳林云 觀風知浪起 翫水
野帆飄 師云 孤輪 獨照 江山靜 自笑一聲天地驚 林云 任將三寸輝天
地 一句臨機試道看 師云 路逢劍客須呈劍 不是詩人莫獻詩 鳳林便休
師乃有頌 大道絕同 任向西東 石火莫及 電光罔通

❀

구체적인 실상을 들어 물어보고자 하는 것은 다름 아닌 성품이라고
할 수 있다. 마음의 성품자리에는 묻고 답하는 사량분별이 사라지고
없다. 그래서 봉림 스님이 물어보려는 것을 진여일심의 차원에서 부
스럼으로 받아넘기고 있다. 그랬더니 봉림 스님이 마음의 성품자리
는 밝고 밝은데 임제 스님이 스스로 미혹하여 돌아다닌다고 한 방 먹
이고 있다. 이에 임제 스님의 역공이 없을 수 없다. 본성품의 자리에
는 밝고 밝아 그림자 하나 없는데 미혹할 리가 있겠느냐고 반문한다.
그랬더니 봉림 스님이 바람을 보고 물결을 알듯이 그대가 하는 모습

을 보고 하는 말이라고 응수하고 있다. 이쯤 되니 임제 스님은 당당하게 우뚝 솟은 자신의 모습을 드러내어 봉림 스님이 자신을 잘못 보고 있음을 확인시키는 한마디 말이 필요했다. 그래서 자신의 깨달음을 표현하는 말을 약산 유엄 선사의 고사를 인용하여 말하고 있다. "저 달이 홀로 비치어 강산은 고요한데 혼자서 웃는 소리가 천지를 놀라도다."

봉림 스님은 도저히 말로써 당할 재간이 없음을 알아차리고 세 치 혀가 아니고 제대로 살아 있는 한마디 말을 해보라고 한다. 그러자 임제 스님은 "검객을 만나면 칼을 보여주되, 시인이 아니면 시를 말하지 마십시오"라고 뼈 있는 말 한마디를 한다. 상대의 경지를 살펴가면서 물어봐야 한다는 뜻이다. 봉림 스님의 깨달음이든 자신의 깨달음이든, 깨달음은 동과 서를 초월해 있으며 서로가 인정할 수 있는 게 아니냐고 게송의 의미를 넌지시 말하고 있다.

2) 공적公的으로는 바늘 하나도 용납할 수가 없다

위산 스님이 앙산 스님에게 물었다.
"부싯돌 불빛도 따라잡지 못하고 번갯불도 통과할 수 없다고 하였는데, 옛날부터 여러 성인들은 무엇으로 학인들을 지도하였는가?"
"스님께서는 어떻게 생각하십니까?"
"말만 있을 뿐 실다운 뜻은 없다."
"그렇지 않습니다."
"그럼 그대는 어떤가?"

"공적公的으로는 바늘 하나도 용납할 수가 없지만
사적私的으로는 수레나 말까지도 통합니다."

潙山 問仰山 石火莫及 電光 罔通 從上諸聖 將什麼爲人 仰山云 和尚
意作麼生 潙山云 但有言說 都無實義 仰山云 不然 潙山云 子又作麼
生 仰山云 官不容針 私通車馬

❀

"공적으로는 바늘 하나도 용납할 수가 없다"라는 말은 무슨 뜻인가?
대도大道는 모든 것을 품고 만사를 관통하며 열려 있기에 공적이라
할 수 있고, 문자나 말을 떠나 있으며 마음의 길이 끊어져 있다. 그것
은 바늘 하나도 찾을 수도 없으며 볼 수도 없고 잡을 수도 없다. 번갯
불도 통과 못 한다.

 "사적으로는 수레나 말까지도 통합니다"라는 말은 무슨 뜻인가?
바늘 하나 용납할 수 없을 만큼 아주 철저하게 진여와 대도에 투철하
지만, 그 속에 활달자재한 대용大用이, 깊고 그윽한 묘용妙用이 자리한
다는 뜻이다.

 도의 묘용은 항사묘용恒沙妙用으로 사람마다 그 쓰임이 이루 말할
수 없이 다양하고 천차만별이므로 사적이라 말한 것이다.

20. 금우 스님에게 가다

임제 스님이 금우金牛 스님이 계신 곳에 이르자,
금우 스님이 임제 스님이 오는 것을 보고
주장자를 가로놓이게 두어 문에 걸터앉아 있었다.
임제 스님이 주장자를 손으로 세 번 가볍게 두드리고는
선당으로 들어가 첫 번째 자리에 앉으니,
금우 스님이 내려와서 바라보며 물었다.
"손님과 주인이 만나면 서로 위의가 있어야 하거늘,
상좌는 어디서 왔기에 이다지도 무례한가?"
"노스님께서는 무슨 말씀을 하십니까?"
금우 스님이 입을 열려는데 임제 스님이 그대로 후려쳤다.
금우 스님이 넘어지는 시늉을 하자 임제 스님이 또 치니
금우 스님이 말하였다.
"오늘은 순조롭지 않구나."

到金牛 牛見師來 橫按拄杖 當門踞坐 師以手 敲拄杖三下 却歸堂中第
一位坐 牛下來見 乃問 夫賓主相見 各具威儀 上座從何而來 太無禮生
師云 老和尙 道什麼 牛擬開口 師便打 牛作倒勢 師又打 牛云 今日 不
著便

✿

금우 스님이 주장자를 가로누인 것은 조사 관문이 높고 험준하여 측
량할 길이 없음을 보인 것이다. 문 앞에 걸터앉은 것은 임제 스님을
당당하게 만나보겠다는 뜻이리라.

　그래서 임제 스님이 손으로 주장자를 세 번 두드리고 선당에 들어
가 첫 번째 자리에 앉는다. 아무리 높고 험준하여 측량할 길이 없는
조사 관문이라 하더라도 세 번 두드리는 목전현용 앞에서는 조사 관
문이 관통될 수밖에 없다.

　그랬더니 금우 스님이 분별변견으로 흔히들 하는 주인이니 손님이
니 예의니 무례니 하는 말로 다그친다. 이를 보고 임제 스님이 "노스
님께서는 무슨 말씀을 하십니까?"라고 한마디 쏘아붙인다. '왜 허망
분별로 말하십니까'라는 뜻이다. 조사의 마음에는 주인도 없고 손님
도 없는데 무슨 주인이니 손님이니 하고 예의를 차리라고 하느냐는
말씀이다.

　그러자 금우 스님이 뭐라고 말하려고 입을 열려 하는데 임제 스님
이 곧바로 후려친다. '금우 스님이 내 말에 무슨 답을 하려고 하십니
까?', '답 같은 것은 필요 없습니다'라는 뜻이다. 금우 스님이 넘어지
는 시늉을 하자 또다시 친다. 시늉 같은 것은 필요하지 않다는 뜻이
다. 그제야 금우 스님이 "오늘은 순조롭지 않구나" 하고 말한다. 참으

로 깨달은 임제 스님의 거침없는 행동을 보니 자신의 행동이 순조롭지 않다. 기가 막힌다. 한편으로는 너무나 반갑다.

위산 스님이 앙산 스님에게 물었다.
"이 두 어른 중에 누가 이기고 누가 졌느냐?"
"이겼다면 다 이겼고, 졌다면 다 졌습니다."

潙山 問仰山 此二尊宿 還有勝負也無 仰山云 勝卽總勝 負卽總負

❀

마음의 본성에는 이기고 지는 것이 없다. 임제 스님과 금우 스님 사이에도 이기고 지는 것이 없다. 본성은 같다. 대도를 통한 어른들이 서로를 알아보고 진검승부를 보이는 자리는, 지는 것이 이기는 것이고, 이기는 것이 지는 자리다. 그래서 앙산 스님은 "이겼다면 다 이겼고, 졌다면 다 졌습니다"라고 말하고 있다.

21. 임제 스님께서 열반하시다

임제 스님께서 열반에 들 무렵, 자리에 앉아 말하였다.

"내가 가고 난 뒤에 나의 정법안장正法眼藏이 없어지지 않도록 하여라."

삼성 스님이 나와서 아뢰었다.

"어찌 감히 큰스님의 정법안장을 없앨 수 있겠습니까?"

"이후에 누가 그대에게 법을 물으면 무어라고 말해주겠느냐?"

삼성 스님이 "할!" 하므로 임제 스님이 말하였다.

"나의 정법안장이 이 눈먼 나귀한테서 모조리 없어질 줄

누가 알았겠는가?"

임제 스님은 말을 마치자 단정하게 앉아 열반을 보였다.

師臨遷化時 據坐云 吾滅後 不得滅却 吾正法眼藏 三聖 出云 爭敢滅

却和尙正法眼藏 師云 已後有人問儞 向他道什麼 三聖便喝 師云 誰知

吾正法眼藏 向這瞎驢邊滅却 言訖 端然示寂

✿

일반 사람들이 돌아가시면서 흔히 남기는 유훈遺訓을 보면 가문을 잘 지키고 조상의 명예를 더 높이라든지, 아니면 평소에 일궈 놓은 재산이 대대로 이어지도록 잘 간수하라는 말씀이 보통이다. 임제 스님 역시 자기의 정법안장이 없어지지 않도록 잘 지키라고 말하고 있다. 뭔가 잘못된 게 아닌가 하는 생각이 든다. 평소에 임제 스님은 '자신의 말을 기억하지 말고 금과옥조로 삼지 마라'라고 말해왔다. 자신의 말을 적은 어록 역시 '똥을 닦는 휴지'라고 스스럼없이 말했다. 그런데 여기서 평소에 하던 말과는 전혀 다른 말을 하고 있는 것이다.

법은 없어지고 생기고 하는 것이 아니다. 없어질 물건이라면 정법안장이 아니다. 정법안장이라면 임제 스님이 죽었다고 어찌 없어지겠는가? 없어지지도 않는 정법안장을 두고 없어지지 않도록 당부하는 임제 스님이 뭔가 이상하다.

그래서 삼성 스님이 임제 스님의 정법안장을 없앨 수 없다고 말하자, 곧이어 "이후에 누가 그대에게 법을 물으면 무어라고 말해주겠느냐?"고 묻고 있다. 삼성 스님은 임제 스님의 말씀을 누구보다도 잘 알고 있는 터라 "할!"을 하였다. 그 고함소리에 임제 스님이 말한 자신의 정법안장이 산산조각이 나서 사라졌다. 눈먼 당나귀의 뒷발에 차여 없어져버렸다. 임제의 정법안장뿐만 아니라 부처도 나귀의 뒷발에 차여 없어지고 중생도 뒷발에 차여 사라졌다. 고함소리에 모든 것이 다 사라지고 아무것도 남아나지 못했다. 그때 참으로 새로운 정법안장이 뚜렷이 드러났다. 이것이 임제 스님이 이미 기대하고 벌려 놓은 열반식장에서의 전등傳燈의 한 장면이 아닐까?

임제 스님은 자신을 곧이곧대로 맹종하는 자는 오히려 자신에게 허물만 입히는 꼴이 된다는 것을 잘 아는 터라, 자신을 훨씬 능가하는 후계자를 기대하고 이런 장면을 연출했다는 생각이 든다. 삼성의 "할"은 스승 임제의 정법안장을 떨쳐버리고 삼성의 새로운 정법안장의 시대를 알리는 할이다. 그래서 임제 스님은 "나의 정법안장이 이 눈먼 나귀한테서 없어질 줄 누가 알았겠는가?" 하고 말하면서 눈먼 나귀에 비유한 삼성에게 법을 전해주면서 인가하고 있으며, 자기 시대의 종언과 함께 삼성의 시대를 예고하고 있는 것이다.

탑기塔記

임제 스님의 탑을 세우면서 스님의 삶을 간단하게 기록하여 후세 사람들에게 알리기 위해 쓰인 전기를 '탑기塔記'라 한다.

임제 혜조 선사 탑기臨濟慧照禪師塔記

임제 선사의 휘는 의현義玄이고, 조주曹州 남화南華 사람이다.

속성은 형邢씨다.

어려서 남달리 영특하였으며 자라서는 효성이 자자하였다.

출가하여 구족계를 받고 나서 강원에 머물면서

계율을 깊이 연구하고 경과 논을 널리 공부하였다.

그러다가 어느 날 갑자기

"이것은 세상을 구제하는 약 처방일 뿐,

교외별전의 뜻이 아니다" 하며 탄식하고는

바로 옷을 갈아입고 선지식을 찾아 세상을 행각하였다.

맨 먼저 황벽 스님을 찾아가 참문하고,

다음으로 대우 스님을 알현하였다.

그 기연과 말씀들은 교화록에 실려 있다.

황벽 스님에게 인가받은 후 하북으로 가서

진주성 동남쪽 호타하滹沱河 강 곁에 있는 작은 절에 머물렀다.

'임제'라는 이름은 그 지역의 지명을 딴 것이다.

그때 보화 스님이 그곳에 먼저 와서 거짓으로 미친 척을 하며

대중에 섞여 살았는데 성인인지 범부인지 분간할 수 없었다.

임제 스님이 그곳에 이르자 옆에서 보필하다가

정작 스님이 교화를 왕성하게 펼칠 즈음에

온몸 그대로 홀연히 자취를 감추었다.

이는 작은 석가모니라는 앙산 스님의 예언에 부합하는 것이었다.

때마침 병란이 나서 임제 스님은 그곳을 떠났다.

태위인 묵군화黙君和가 성안에 있던 자기의 집을 희사하여 절로 만들었다.

역시 '임제'라는 절 이름을 달고 스님을 모셔 머물도록 하였다.

훗날 옷깃을 떨치고 남쪽으로 향하여 하북부에 이르렀다.

주장관인 왕상시王常侍가 제자의 예를 갖추어 맞이하였다.

거기에 머문 지 얼마 되지 않아 곧 대명부大名府의 흥화사興化寺로 옮겨

동당에 기거하였다.

스님은 병 없이 지내다가, 하루는 옷깃을 여미고 자리에 앉아

삼성 스님과 문답을 마치고서 조용히 돌아가셨다.

때는 당나라 합통 8년 정해(867년) 정월 10일이었다.

문인들이 스님의 전신을 대명부 서북쪽에 탑을 세워 모셨다.

시호는 혜조慧照 선사, 탑호는 징령澄靈이라 하였다.

합장하고 머리 숙여 스님의 행장을 간략히 쓰노라.

법제자 진주 보수사 주지 연소延沼가 삼가 쓰고
법제자 대명부 흥화사 주지 존장存奬이 교감하다.

師諱 義玄 曹州南華人也 俗姓 邢氏 幼而穎異 長以孝聞 及落髮受具
居於講肆 精究毘尼 博賾經論 俄而歎曰 此濟世之醫方也 非敎外別傳
之旨 卽更衣遊方 首參黃檗 次謁大愚 其機緣語句 載于行錄 旣受黃檗
印可 尋抵河北 鎭州城東南隅 臨滹沱河側 小院住持 其臨濟 因地得名
時普化先在彼 佯狂混衆 聖凡莫測 師至卽佐之 師正旺化 普化全身脫
去 乃符仰山小釋迦之懸記也 適丁兵革 師卽棄去 太尉默君和 於城中
捨宅爲寺 亦以臨濟爲額 迎師居焉 後拂衣南邁 至河府 府主王常侍 延
以師禮 住未幾 卽來大名府興化寺 居于東堂 師無疾 忽一日 攝衣據坐

與三聖問答畢 寂然而逝 時唐咸通八年丁亥孟陬月十日也 門人以師全
身 建塔于大名府西北隅 勅諡慧照禪師 塔號澄靈 合掌稽首 記師大略

住鎭州保壽嗣法小師 延沼 謹書

住大名府興化嗣法小師 存獎 校勘

자신과 마주하는 임제록

초판 1쇄 찍음 2019년 8월 30일
초판 1쇄 펴냄 2019년 9월 5일

지은이.   성윤갑
발행인.   정지현
편집인.   박주혜

사 장.   최승천
편 집.   서영주, 신아름
디자인.   이선희
마케팅.   조동규, 김영관, 김관영, 조용, 김지현
구입문의.   불교전문서점(www.jbbook.co.kr) 02-2031-2070~1

펴낸곳.   (주)조계종출판사
　　　　　서울 종로구 삼봉로 81 두산위브파빌리온 232호
　　　　　전화 02-720-6107~9 | 팩스 02-733-6708
　　　　　출판등록 제2007-000078호(2007. 04. 27.)

ⓒ 성윤갑, 2019
ISBN 979 - 11 - 5580 - 126 - 0 03220

이 도서의 국립중앙도서관 출판예정도서목록(CIP)은 서지정보유통지원시스템 홈페이지(http://
seoji.nl.go.kr)와 국가자료종합목록 구축시스템(http://kolis-net.nl.go.kr)에서 이용하실 수 있습니다.
(CIP제어번호 : CIP2019032975)